Édition : BoD · Books on Demand, 31 avenue Saint-
Rémy, 57600 Forbach, bod@bod.fr
Impression : Libri Plureos GmbH, Friedensallee 273,
22763 Hamburg (Allemagne)
ISBN : 978-2-3225-6097-4
Dépôt légal : Mai 2025

*«Dans les derniers temps, il y aura dans le ciel d'effrayantes apparitions et des signes extraordinaires»*

*(LUC vers. 21:11)*

Jean Michel LESAGE

# LES OVNI IDENTIFIES

## sur le fondement du discernement chrétien

Sujet thématique spécial écrit par l'auteur en 1995 dans le cadre de la Commission d'Etudes OURANOS, revu et corrigé par Georges Emmenegger
- 2024 -

Ce livre représente une synthèse du contenu de deux petits ouvrages diffusés en 1996, à titre exclusivement privé, au sein de la Commission d'Etudes OURANOS, spécialisée dans les enquêtes sur les OVNI.

Voici donc ce qui résume les termes d'une longue série de ces recherches conduites auprès de personnes ayant été sujettes à des apparitions inexpliquées, classées sous le vocable OVNI.

Après avoir lu cet ouvrage, le lecteur comprendra ce que cachait véritablement ces phénomènes, pourvu qu'il fasse agir son discernement sous l'éclairage de la foi chrétienne qui en donne la clé, généralement fermée à son intelligence obscurcie.

Quoi qu'il en soit, rien de tel n'a jamais été publié sur les OVNI, sur cette base d'explications, qui semble bien être la seule à lever le voile, définitivement, sur un «mystère» - quant à sa nature et surtout sa source - qui n'en est plus un.

Georges Emmenegger - juin 2024

*«Les anciens Egyptiens les appelaient «les cercles lumineux», les romains parlaient de «boucliers lumineux». Aujourd'hui nous les nommons «vaisseaux spatiaux»... mais il peut aussi s'agir de phénomènes semi-matérialisés et parapsychologiques... et d'ailleurs les OVNI pourraient être autre chose de tout-à-fait différent. Seulement, personne n'a encore pu découvrir jusqu'à ce jour de quoi il s'agit exactement.»*

Pr. H. Oberth (1960)

*Ce qui est troublant, c'est que ces objets sont capables d'immatérialité, tout en même temps qu'ils soient provisoirement capables de matérialité, laissant des traces sur le sol, brûlant ce qui les entoure, laissant échapper des odeurs fortes, comme le soufre et l'ozone, et transportant quelquefois, semble-t-il, de petites créatures assez curieuses... le tout disparaît comme par enchantement.*

R. P. Binoche (1972)

*«De ces apparitions théâtrales(...) nous savons qu'elles s'insèrent dans une longue série de manœuvres adroites, dont le seul intérêt serait de nous faire passer à côté du problème».*

Ouranos n°9, p.4 - 1973

# QUELQUES EXTRAITS DE LETTRES RECUES A LA SUITE DE LA PREMIERE EDITION

«Votre livre est tout à fait remarquable et convainquant et je considère qu'il peut effectivement apporter une lumière sur tous ces faits étranges (...)

Je trouve tout à fait fantastique de voir à quel point votre démarche «colle» avec les Prophéties de La Salette et Fatima.»

Mme N. Lacheny Secrétaire du CESHE.

«Votre ouvrage est tout aussi captivant que «La Manipulation Occulte» (Ed. Atlantic). Il n'existe à ma connaissance aucun auteur ayant à ce point approfondi la recherche sur ce sujet brûlant qu'est l'apparition de l'A. C. et surtout qui en ait fait le corollaire du phénomène OVNI»

Mme Monique Pierre.

«Le diabolique secret des OVNI» est super et il explique bien la nature occulte des OVNI. Il rejoint mes propres convictions et celles d'amis. Bravo pour votre courage».

M. Roger Thomé (ex ufologue).

«Cet ouvrage est excellent, démystificateur et dialectique, pour tous ceux qui veulent savoir. C'est un livre de très haut niveau, il dénonce clairement la falsification du Verseau ou New Age et de ses promoteurs, via un décryptage du cerveau et ensuite conditionnement des cerveaux, via des fausses révélations parodiant les Ecritures Saintes».

M. Maurice Eugène André spécialiste N. B. C. / Belgique

«Longue vie à vous et à OURANOS! Je suis contente d'avoir pu apprendre tant de vérité, si loin cachées. Les erreurs se sont dissipées. Je vous admire et vous félicite».

Mme Plissonnier.

«J'ai lu votre livre, admirant comme d'habitude, votre valeur intellectuelle et votre aptitude à vous mettre à la portée des gens. Il devrait figurer dans toutes les bibliothèques».

Mme Danielle Pouvasseau.

«Votre livre montre très bien que ces sujets nous dominent et que l'esprit humain ne peut les absorber sans se munir préalablement d'une formation psycho-religieuse, prémunissant contre l'orgueil de certains, qui penseraient dominer la question, mais tout autant contre la lassitude de ceux qui seraient rebutés par ces sujets qui sont au cœur des mystères chrétiens».

M. Pierre Behaghel.

«Sincèrement Bravo! pour ce livre, car un «non initié» ne peut avoir une idée de l'effort mental et de contrôle nécessaire pour parvenir à traduire des éléments spirituels de cette recherche de réflexion en des mots et un langage qui demeure compréhensible pour ce qu'on appelle le lecteur non averti(...) Je souhaite que ce document connaisse un succès aussi large que possible».

M. Joël Vermeersch/Belgique.


«Parmi les livres que j'ai lus sur les OVNI, «Le diabolique secret des OVNI» a été le plus impressionnant d'entre eux, je l'ai lu deux fois. Le livre décrit parfaitement ce que j'ai subi en me passionnant pour les OVNI. J'ai maintenant tout compris à la lecture du livre de J. M. Lesage (...) OURANOS est pour ses adhérents le phare qui guide la barque».

Mme Marie-Hélène Ferrant.

# Préléminaires

*Le titre de ce document, **«Les OVNI Identifiés sur le fondement du discernement chrétien»**, en surprendra sûrement plus d'un, surtout parmi les lecteurs partisans de la thèse «extraterrestre» des OVNI. Bien que cette thèse - qui, aux vues de l'auteur, fasse partie de la construction d'un mythe - n'exclut pas pour autant l'aspect diabolique de la phénoménologie OVNI.*

*Cet ouvrage est à considérer comme une introduction à un ensemble de phénomènes très disparates, en apparence, mais qui, étudiés en profondeur, constituent la trame occulte d'un plan d'ensemble, œuvrant paliers par paliers, dans le même dessein. Il serait certes fastidieux de rassembler dans les détails tous les faits établis témoignant en cette faveur, c'est pourquoi **«Les OVNI s'identifient sur le fondement du discernement chrétien»**. Il servira néanmoins de base de réflexion auprès des promoteurs pour qui les OVNI viennent des étoiles, dans le contexte matérialiste de notre concept habituel.*

*Certains réclameront des preuves vérifiables dans les mots. Il n'y en a pas véritablement, car comme tout ce qui relève de l'occulte, dont les OVNI sont, comme du surnaturel, la réponse dans les faits n'est pas dans le matériel. C'est une démarche qui répond d'abord à une disposition de l'esprit. Et par ce biais, l'auteur repose ici sa conviction sur une recherche établie depuis une septantaine d'années d'observations attentives du phénomène, et après avoir rassemblé de nombreux éléments d'enquêtes. Je laisse donc libre l'opinion du lecteur; son désir étant simplement de donner une indication dans une direction totalement délaissée parce qu'elle n'est pas très conformiste et dérange notre schéma de pensée classique.*

*Seul le proche avenir, d'ici peut-être 2030-35, pourra nous dire si son témoignage est à prendre en considération ou à rejeter. Il est personnellement intimement convaincu que les événements, encore à venir, lui donneront raison et que son expérience permettra à d'autres d'y voir plus clair. En cela, les OVNI n'étant qu'une facette d'un puzzle titanesque et diabolique, destiné à tromper les hommes sur le véritable but poursuivi, qui lui, demeure caché.*

*Georges Emmenegger (juin 2024)*

# INTRODUCTION

Est-il encore utile de parler des OVNI, alors que notre connaissance scientifique n'a pas permis de faire avancer le problème, depuis plus d'une septantaine d'années que le phénomène s'est actualisé dans notre quotidien? Les manifestations sporadiques, autrefois inscrites dans une périodicité qualifiée de «vagues», n'ont guère varié dans la façon de se présenter à notre interrogation. Par contre, ce qui semble avoir beaucoup changé, c'est la façon d'appréhender le problème, tant par les promoteurs que par les médias. Le phénomène n'est plus ridiculisé mais **banalisé,** c'est déjà une singulière étape de franchie dans la pensée cartésienne de nos pays, issue très certainement d'une littérature de plus en plus crédible et de la compilation impressionnante des témoignages, complétés quelquefois de troublantes photographies, restant néanmoins occultées par un certain flou, il faut bien le reconnaître.

Qu'il fascine ou que le doute subsiste, le phénomène OVNI ne laisse plus personne indifférent. La question de savoir s'ils existent ou pas (les OVNI) n'est plus de mise aujourd'hui, elle est devenue caduque du fait des nombreux éléments recueillis justifiant cette réalité insaisissable. L'important est désormais de connaître la nature exacte du phénomène, toutes les explications avancées étant réduites à des hypothèses.

Nous n'avons certes pas la prétention, dans cette étude, d'apporter la solution idéale à un problème qui concerne toute l'humanité, et qui captive bien des passions, mais seulement d'y effectuer une approche, dans une «démarche» qui nous est particulière. Peut-être est-il intéressant de noter, pour l'attention du lecteur, que mon intérêt personnel pour les OVNI a débuté en 1952; mon activité se réduisant à collectionner les articles de presse sur les «soucoupes volantes», juste deux années avant «l'affaire de Quarouble» (voir page 39) qui joua le rôle de «détonateur», tout en déclenchant la célèbre «vague» d'observations de l'automne 1954. Ma fascination pour le sujet trouva certainement sa source dans l'aspect irrationnel, du fantastique et de l'étrange de ces apparitions, et surtout, dans la façon dont elles se présentaient, avec la conviction absolue d'une intervention «extraterrestre», plus exactement de «martiens» ou de «vénusiens». Le film de H.G. Wells, «La Guerre des Mondes», passait sur les écrans, et il fallait attendre l'année géophysique internationale pour en savoir plus sur ces proches planètes, encore auréolées d'un voile de mystères. Ajouté aux fameux «canaux» de la planète Mars, découverts par Schiaparelli, on imagine fort bien le contexte de l'époque, et l'atmosphère dans laquelle un esprit imaginatif pouvait y baigner. Néanmoins, le décor était planté et devait devenir le point de départ d'un scénario, qui n'est pas encore terminé aujourd'hui.

Notre connaissance scientifique, dans le domaine astronomique tout particulièrement, grâce aux sondes spatiales, a beaucoup augmenté. Mais en ce qui concerne les OVNI, rien n'aura guère avancé, le mystère demeure et aura surtout donné naissance à divers mouvements de «recherches» et de croyance, qui, s'ils n'en sont pas forcément conscients, s'orientent graduellement dans l'univers aquarien du «New Age». Nous rappelons à cette occasion, que nous fûmes certainement les premiers à mettre ce contexte en relation avec «l'ère du Verseau» (en 1974), ceci non pas pour nous valoriser, mais pour répondre à certains auteurs catholiques qui abordent, depuis peu, ces domaines spécifiques de l'occulte. On a beau avancer Madame

Blavatski, comme étant la «pionnière» du mouvement de pensée «spirituel», qui semble s'être maintenant bien infiltré au sein des divers groupements de réflexion «newageux», l'influence aquarienne qui détermine une nouvelle forme de religiosité, est plus complexe que cela. C'est pourquoi, dans la troisième partie de cet ouvrage, nous montrerons les connexions spécifiques qui relient les OVNI au «New Age».

Le problème est d'envergure, et nous concevons la gravité de ces questions, en désirant aborder un domaine d'influence tentaculaire, dont on connaît mal la source émettrice et l'aboutissement auquel il peut donner lieu. En ce qui nous concerne, nous nous limiterons à remonter la source de notre propre connaissance, et de nos expériences, depuis une trentaine d'années que nous observons l'évolution de la «nébuleuse», non sans y avoir été impliqués dans son mouvement «d'aspiration», pour en sortir ensuite, grâce à la Providence qui nous a permis ainsi d'y jeter un regard neuf, hors de l'attraction qu'elle exerce sur l'esprit. Et c'est bien cette spécificité qui fait l'objet de notre présente démarche, tout en souhaitant que certains lecteurs, sans doute concernés comme nous avons pu l'être puissent s'y reconnaître et prendre un certain recul, avant d'être totalement absorbés - si ce n'est déjà le cas - dans une dimension qu'ils peuvent difficilement soupçonner, et qui les met en péril, spirituellement, dès lors qu'on suit le chemin initiatique, sous prétexte d'appréhender un phénomène qui apparaît bien posséder une puissance de contrôle sur l'individu. Ce qui nous permet de dire que cette intelligence surhumaine, qui supervise le tout, connaît jusqu'au zones secrètes de notre inconscient et qu'elle pourrait bien l'utiliser pour nous leurrer.

Nous examinerons donc rapidement si, depuis ces dernières années, le phénomène a évolué et savoir si un changement de comportement notoire a été observé dans le scénario qu'il nous présente, avant d'aborder plus en profondeur ses différents aspects «anthropologiques» au sein du courant de pensée et de croyance «New Age». Et comment nous devons concevoir et interpréter son influence dans la nouvelle «religiosité» du 21$^{ème}$ siècle qui tend vers une recherche d'unité, et laquelle? Pourquoi le phénomène ne peut être compris que de cette façon, et par conséquent, ne permet aucune explication scientifique. Enfin quel rôle joue-t'il auprès de nous, de notre société, de notre humanité? Autant de questions fondamentales auxquelles nous nous efforcerons de répondre, dans un minimum d'espace.

# PREMIERE PARTIE

# SCENARIOS MAGONIENS ET CINEMA

# PARANORMAL

## LA CONSTRUCTION DE LEURRES

# 1 - La périodicité dans les observations d'OVNI répond-elle à un phénomène de synchronicité jungien?

- *«Il était 3 heures du matin, dans la nuit du 30 janvier 1993, dans le bois du Poiré à Ligugé (Vienne). Monsieur Fenneteau se repose entre deux surveillances de ses fours à charbon de bois, dont l'un est en combustion, l'autre prêt à être chargé. Soudain, il entend un bruit et aperçoit dans le ciel une boule orangée avec des ouvertures, comme des «fenêtres», à travers desquelles il distingue une créature faisant des gestes».*

Dans la même région :

- *«Le 16 janvier 1993, à 19 h, un couple de Ligugé filme au camescope «un triangle lumineux vert et bleu». Un objet identique est observé le même soir à Béruges. Les témoins parviennent à le suivre en voiture pendant une demi-heure».*

- *«Le 18 janvier à 19 h, deux habitantes de Trimouille déclarent à la gendarmerie avoir remarqué un objet de forme rectangulaire vert turquoise avec une lueur rouge à l'avant, qui se déplaçait à grande vitesse».*

- *«Le 28 février, il est 5 h. 30 lorsqu'une jeune étudiante aperçoit en bordure d'une route, sur la commune de Rouillé, «un objet très lumineux en forme de coupole».»*

De nombreuses observations d'OVNI du genre sont ainsi mentionnées dans la presse locale poitevine, durant tout le premier trimestre 1993. A tel point qu'il est fait mention d'une «seconde vague d'OVNI» après celle qui a été observée dans la Vienne, en 1978, rapportée dans le n°24 d'«OURANOS», cataloguée, après avoir fait l'objet d'enquêtes sur le terrain, pour la plupart des témoignages, par notre délégué régional, M. Jacques Coudert. L'une de ces observations attira plus particulièrement notre attention, c'était celle du 10 septembre 1978: six témoins qui, depuis le balcon d'un immeuble, virent entre 21 et 22 h, durant 1 heure donc, un objet lumineux au-dessus de Poitiers qui changeait constamment de forme. D'abord d'apparence ovoïde, se balançant d'une extrémité à l'autre, il apparut soudain sous la forme d'un cercle bien marqué, au milieu duquel était nettement visible une «grille» régulière. Puis, l'objet se transforma en une nouvelle forme ovoïde, et devint triangulaire. Le phénomène disparut ensuite brutalement du ciel («OURANOS» n°24, p.12*).

Eu égard à ces «vagues» locales d'observations d'OVNI sur une zone déterminée, nous ferons d'abord une remarque assez singulière: c'est que dans notre analyse, déjà ancienne, du phénomène OVNI, nous avons observé une recrudescence des observations en fonction de l'intérêt qu'on portait aux OVNI. Cela a souvent été effectivement le cas avec la Commission OURANOS; dès qu'un Comité local d'enquêteurs était nommé et structuré dans une localité, peu après il s'ensuivait un déferlement de phénomènes OVNI dans le même secteur, comme pour donner matière à réflexion et de travail à ce Comité. Il semble que ce critère est toujours valable. Ici, pour le Poitou, le Comité C.E.O. OURANOS, patronné en 1975-1978 par Monsieur Jacques Coudert qui enregistra une «vague» impressionnante d'observations, de témoignages, (OURANOS n°14, p.7), durant la même période est aujourd'hui remplacé par un autre groupe d'investigateurs, le C.E.P.A.N. dirigé par Patrick Pothier. Aussitôt, le ciel de la Vienne se peuple de «patrouilles lumineuses», comme

(*)   Il est souvent fait rappel à cette revue qui a publié de nombreux cas d'observations et
      rapports d'enquêtes sur les OVNI.

le titre le journal «Centre Presse» de Poitiers: «Les OVNI sont parmi nous», «deux vagues en vingt ans». Rappelons aussi que la «vague belge» de 1991 (5000 témoins) semblait bien s'adresser au groupe SOBEPS, comme nous l'avions déjà fait remarquer (Cahier d'OURANOS n°11), et qui édita d'ailleurs un livre très convaincant soutenu par les médias. Cette vague d'observations d'OVNI sur la Belgique fit orienter l'opinion des spécialistes, aussi sérieux soient-ils, vers la thèse d'un «phénomène intelligent, structuré et artificiel, donc extraterrestre», sans toutefois trop oser l'affirmer... prudence oblige. Plusieurs scientifiques se rallient déjà à cette hypothèse, sans trop non plus catégoriquement le reconnaître, faute de preuves certaines. Toutefois, c'est déjà un pas en avant d'affirmer sérieusement que «le phénomène est réel et qu'il est produit par une technologie qui n'est pas humaine. Le «modèle terrestre» ne tient pas la route» («Républicain Lorrain» du 18 avril 1993).

Le lien relationnel entre OVNI et intéressés possède peut-être un début d'explication hypothétique avec la théorie jungienne qui postule que la «forme OVNI» serait l'archétype projeté par l'inconscient collectif d'une humanité en temps de crise. Si cette hypothèse a été reprise en maintes occasions, elle n'explique pas tout, et nous pensons qu'elle ne représente qu'une partie des mécanismes psychiques qui mettent en jeu une forme de «contact» sur lesquels il nous faudra revenir. Notons seulement que la crise qui sévit dans les pays communistes, juste avant le démantèlement de l'U.R.S.S., fut précédée par une «vague de phénomènes irrationnels» dont nous avons fait quelque peu allusion dans notre cahier n°18. Faut-il placer cette relation comme simple coïncidence? Outre ce fait, nous savons que l'ex-U.R.S.S. s'intéressait depuis longtemps aux OVNI et au paranormal, dans le terme plus spécifique de «psychotronique». Au niveau de

l'étude des ondes de forme, encore plus particulièrement nommée
«radionique» par les «spécialistes», les soviétiques mirent la main
sur les travaux entrepris, dans ce domaine, par les chercheurs
français Chaumery et Belizal. Cette recherche a donné lieu à la
réalisation d'appareils de radionique, capables de détecter et
d'enregistrer les vibrations d'un «champ de rayonnements
subtils». D'une certaine manière ces appareils représentent un
perfectionnement du pendule de radiesthésie[1].

Mais, pour en revenir à la théorie de Jung, qui s'est lui-
même beaucoup intéressé à l'occultisme et au spiritisme en
particulier, concernant les phénomènes de l'inconscient, il fonde
celle-ci sur le **principe de synchronicité!** Il explique que
l'existence de phénomènes psychologiques parallèles entre
lesquels il n'est absolument pas possible d'établir une relation
causale, doivent être placés dans un autre ordre de connexions.
Une telle connexion ne lui parut pas consister essentiellement
dans la simultanéité relative, d'où le nom de «synchronicité»!
(«Cahier de psychologie jungienne» n°28, 1er trimestre, 1981). Il
en donne une meilleure définition dans un ouvrage en langue
allemande, paru en 1952: «Explication de la nature et psyché»:
«J'emploie donc ici le concept général de synchronicité dans le
sens particulier de coïncidence temporelle de deux ou plusieurs
événements sans lien causal entre eux et possédant un sens
identique et analogue. Le terme s'oppose à «synchronisme» qui
désigne la simple simultanéité de deux événements». «La
synchronicité signifie donc d'abord la simultanéité d'un certain
état psychique avec un ou plusieurs événements parallèles
signifiant par rapport à l'état subjectif du moment et -
éventuellement - vice-versa».

---

(1)   Le pendule est un amplificateur d'ondes, de quelle source? A une question mentale,
      il répond sous forme de vibrations, agissant comme un « émetteur- récepteur ».

Le phénomène de synchronicité se compose donc de deux facteurs:

**1 - Une image inconsciente** vient directement ou indirectement, souvent sous forme symbolique, au conscient sous l'aspect de rêve, d'image spontanée ou de pressentiment.

**2 - Un fait objectif** coïncide avec ce contenu.

Ainsi, le subjectif s'aligne-t-il avec le fait objectif dans ce phénomène d'où les «coïncidences» souvent répétées, que plusieurs d'entre nous enregistrent dans leur vie, certains plus que d'autres pour le peu qu'ils soient plus attentifs et observateurs. Toutefois, à notre propre expérience, nous avons aussi noté que cette relation psychologique de synchronicité est plus intense auprès des personnes en «symbiose affective», d'où peut s'établir une image inconsciente spontanée en relation directe avec le fait objectif, celui-ci se déroulant en dehors du champ de perception de l'observation, et vérifiable après coup. Il intervient, dans cet état psychique avec l'événement extérieur, un «canal de perception télépathique» qui se concrétise sous forme d'une vision, au moment même où cet événement se déroule.

Dans ces situations le temps et l'espace ne sont qu'une abstraction, et bien plutôt **un continuum concret,** renfermant les conditions fondamentales qui peuvent se manifester en différents endroits selon un parallélisme dénué d'explication causale: d'où apparition simultanée de pensée, d'images-symboles ou d'états psychiques identiques. Dans ce cas, il y a donc «coïncidence» d'un état psychique avec un événement extérieur qui a lieu hors du champ de perception de l'observateur.

Dans l'autre cas, l'événement peut être situé dans le futur, donc pas encore existant, et qui peut être aussi vérifié après coup. La synchronicité de ces faits réduit à zéro le temps et l'espace; le phénomène se situant en dehors des normes habituelles.

Précisément, selon Jung, ces phénomènes de synchronicité se manifestent à certains moments particuliers de l'existence. Ce sont en général des moments où le vécu émotionnel est intense, des périodes stressantes, de crise intérieure. Les circonstances sont favorables, par «abaissement du psychisme», à l'activation **d'archétypes;** cette sorte d'«irruption de l'inconscient». Ainsi, **certains** phénomènes parapsychologiques, de type OVNI, par exemple, pourraient s'expliquer - notamment dans les phénomènes de «vagues d'observations» - de cette manière «jungienne». En d'autres situations, l'attente d'un résultat où le désir intensif de parvenir à un résultat peut activer l'«archétype du miracle», d'où peut-être certains aboutissements ou guérisons «magiques» pour celui qui y croit vraiment. La théorie de Jung paraît très audacieuse car elle ne cherche pas à expliquer l'irrationnel par le rationnel. Elle remet seulement en cause notre confort intellectuel, nous obligeant à changer radicalement nos concepts usuels, en relativisant nos références et modes de pensée. Le fait est-il qu'un certain nombre de phénomènes parapsychiques pourraient trouver là une explication satisfaisante: clairvoyance, précognition, télépathie, visions «holographiques»... etc. Soulignons toutefois que Jung n'a pas présenté son principe de synchronicité comme une affirmation définitive, mais bien comme une recherche théorique qui vaudrait d'être poursuivie. Il y a là un domaine d'investigation, à la limite de la raison humaine, face à cette frontière de l'irrationnel, où les relations psychiques conscient-inconscient sont plutôt mal connues. Cet univers des profondeurs de l'inconscient pourrait-il être celui où siègent les phénomènes OVNI, issus de l'inconscient collectif en certaines périodes de crises? Ou l'inconscient serait-il le tremplin mis à profit par le phénomène, une action intelligente extérieure? Poser la question c'est déjà y répondre et cela mériterait de s'y attarder un peu. Pour l'instant, mettons ces phénomènes de synchronicité jungiens en réserve.

Et revenons à nos OVNI, en rappelant ces coïncidences relationnelles relatives au phénomène de «vagues», dès lors qu'une volonté intentionnelle à s'attentionner aux OVNI s'installe, comme nous le relations au début du chapitre. Ce constat s'appuie sur l'observation d'une expérience, répétée dans le temps en divers lieux géographiques. Ce fait intentionnel a d'ailleurs donné l'idée d'un titre thématique, publié par la C.E.O en 1978: «Ces OVNI qui nous observent». Nous avions déjà remarqué que les observations d'OVNI s'intensifiaient dès qu'il y avait actualisation du phénomène. Certes, on peut expliquer cela par l'installation d'une certaine psychose collective, et que des phénomènes naturels peuvent donner lieu à une recrudescence de témoignages plus ou moins crédibles, d'où nécessité de l'enquête. Néanmoins, il reste un certain nombre de manifestations inexpliquées qui ne se rangent pas dans cette explication.

Vers 1972, avec une équipe de chercheurs de la région de Montluçon, nous avions réussi à provoquer un «contact» à partir d'un médium, là était le fait nouveau. Seulement ces expériences d'apprentis sorciers étaient irrecevables dans le milieu «spécialisé» de l'époque, d'autant plus que la direction «scientifique» était exclusivement recherchée. Parler de telles expériences c'était donc perdre toute crédibilité. Toutefois nous avions, sans vraiment le savoir, mis le doigt sur l'essentiel du mécanisme occulte: mis en action **une technique...** une technique occulte à la manière des chamans! actualisée d'une certaine manière peu de temps après par Castaneda, un initié en la matière qui en initia bien d'autres par ses livres qui eurent grand succès (et qui en ont toujours) parmi un certain public, à travers le monde. Comme tout se tient ici encore, dans une certaine synchronicité! Le phénomène OVNI devenait donc **initiatique.** Et il l'est! De plus, cette «voie initiatique» ouvrait une porte sur ce que les sociétés secrètes gardaient jalousement depuis des temps immémoriaux. Déjà la pensée New Age s'infiltrait par celle-ci, pour se lancer à l'assaut et renverser l'«ancien monde», pour préparer l'aube d'une nouvelle ère, celle du Verseau. Ce qui était le «privilège» de quelques initiés, disciples des enseignements des «maîtres invisibles» peut maintenant sortir des gîtes secrets afin d'ouvrir la voie aux envahisseurs se présentant comme des êtres venus de l'espace. Et aussi stupéfiante que puisse paraître l'affirmation qui suit, elle n'en demeure pas moins la conséquence «logique»: si on devient conscient de cette manipulation occulte de l'esprit et qu'on en dénonce les «messages trompeurs», nous faisons systématiquement office de «résistants», voire de subversifs ou de «terroristes intellectuels». C'est bien, d'ailleurs, pour cette raison capitale que nous nous heurtons à toutes sortes de «barrières», comme tout chercheur authentique, soucieux d'aller «creuser au fond des choses», dès lors qu'il se met à contre-courant des influences, généralement suggestives, actionnant d'autant plus efficacement l'inconscient collectif qu'elles utilisent désormais l'outil médiatique.

L'inconscient et le subconscient, sont «subalternes», nous le voyons, semblent donc prendre une part importante dans l'activation et l'actualisation des phénomènes psychiques, et dans ce qui semble effectivement se présenter comme une véritable manipulation des esprits. Pour l'instant, le «lien» avec le conscient nous semble encore obscur, mais nous y reviendrons. Nous n'avons pas tout dit, en ce qui concerne le «canal relationnel» entre OVNI-expérimentateurs, voir OVNI-témoins dans certains cas. «L'expérience montluçonnaise», citée plus haut, fut reprise par d'autres chercheurs, sûrement issus de la même équipe, vu que celle-ci fonctionnait un peu comme une société secrète. A moins d'une influence suggestive synchronisée, là-aussi, en 1974 - donc dans la même période - Pierre Vieroudy (auteur d'un livre remarquable: «Les OVNI qui annoncent le Surhomme» - Ed. Tchou, 1977), constate, également, que son intérêt personnel pour les OVNI semble attirer le phénomène dans son environnement. Et, aussitôt, il pense pouvoir influer sur le phénomène, voire le provoquer. Il réitéra alors l'expérience que nous connaissions, et constate que cela fonctionne! Bien des rapports d'observations, enfouis dans nos archives, ne mentionnent-ils pas cette relation OVNI-témoins, quand l'OVNI répond, en clignotant par exemple, aux appels de phares ou de lampes électriques, avec des signaux lumineux dirigés vers l'OVNI? Cet «échange» est souvent «pulsant», mais la «liaison» peut aller plus loin, et devenir «télépathique». Dans l'exercice de plusieurs expériences, une pensée, ou plus précisément, un ordre mental a été donné à l'OVNI, et celui-ci répondit, en variant dans son comportement ou son intensité lumineuse, par exemple.

Peut-on pour autant dire que le phénomène OVNI peut avoir une origine psychique, être le fruit d'une image «archétypturale», issue de l'inconscient individuel ou collectif, donner ainsi une approche d'explication dans certaines périodicités d'observations, qualifiées improprement de «vagues»? Ou encore que la «synchronicité jungienne» puisse donner une explication, dans la production de phénomènes qu'il faudrait alors ranger dans la catégorie des phénomènes parapsychologiques? Mais, comme nous l'avons déjà montré dans nos articles publiés dans la revue «OURANOS», au tout début des années soixante-dix, tout en étant directement une «variante» des phénomènes parapsychologiques, le phénomène OVNI ne pourrait-il pas être produit par une intelligence, étrangère à celle de l'intelligence humaine, et donc d'origine «surhumaine» - sans pour cela intégrer le contexte «extraterrestre» - tout en utilisant, comme tremplin, ou «relais», l'inconscient du cerveau humain, capable de produire lui-même un «modèle» d'archétype? Et que ce modèle d'archétype serait capable de «matérialiser», dans notre espace visuel - sous contrôle de cette intelligence - une multiplicité de leurres, adaptés à nos concepts de pensée et de croyance, de façon à nous tromper sur sa propre identité, tout en nous conduisant sur une voie initiatique susceptible de «transformer» l'humanité future?

## 2 - La construction archétypturale de leurres et autres manipulations

Cette matérialisation de leurres dans la «fabrication» même, n'est pas exempte dans les témoignages OVNI. La forme «soucoupe» qui apparut depuis la Seconde Guerre mondiale, n'a pas toujours maintenue ce «modèle d'archétype». Nous savons qu'avant cette période, dans les années trente, les OVNI prenaient un autre mimétisme; ils étaient observés sous la forme de dirigeables, de ballons (avec nacelle) et d'avions fantômes, et dans la vague d'observations - suivant les témoignages recueillis - des années 1896-97, ils prenaient l'apparence d'«aéroplanes» ou de «bateaux aériens». Il est donc possible qu'en repoussant encore plus loin, dans le passé, ces apparitions se présentaient sous des «modèles» insoupçonnés. Cela nous amène inexorablement au «folklore magonien», cher à Jacques Vallée, avec les manifestations d'elfes, de lutins et gnomes, rapportées dans les récits légendaires. Ceux-ci disparurent avec le développement des techniques, avec elles le concept mental changea et de ce fait, le mimétisme magonien se modela à cette évolution. Ainsi, quelquefois le «modèle» anticipa légèrement sur les nouvelles inventions. Ce fut le cas quand la marine à voile laissa le pas à la marine à vapeur. Vers le $18^{ème}$ siècle apparurent alors plusieurs formes «d'aéroplanes» bizarroïdes qui tenaient à la fois du bateau et de la locomotive. La machine à vapeur commençait à se répandre et à constituer un moyen de locomotion appréciable. Afin d'illustrer notre propos, citons un cas précis. Il s'agit de l'observation du capitaine James Hooton, du 20 avril 1897, publiée dans «l'Arkansas Gazette», et que nous avons nous-mêmes repris dans une série d'articles fort étudiés par Francis Consolin: «L'ufologie a-t-elle un avenir?» (OURANOS n°8, page 13), et dont une maquette avait été réalisée par l'auteur, suivant les données du témoignage de l'époque. En voici l'essentiel:

## L'impossible «bateau aérien»

*«Vers 18 heures, le témoin revenant de la chasse entendit un bruit de locomotive provenant d'une clairière. Il s'y dirigea et trouva «le fameux bateau aérien», visiblement en panne. A l'arrière un homme de taille moyenne, portant des verres fumés «vérifiait la tôlerie de ce qui semblait être l'arrière de l'engin» et ne prêtait pas attention au témoin qui s'approchait».*

Arrêtons-nous un instant. Indéniablement, nous tombons ici dans le **scénario** classique, retrouvé plus tard dans plusieurs cas connus «d'atterrissages d'OVNI»: aérodrome de Guyancourt en juillet 1950 où deux humanoïdes furent vus occupés à «réparer» un engin posé sur la piste d'atterrissage de l'aéroport, et dans d'autres cas, ces «extraterrestres» furent surpris(?) à recueillir des échantillons de la flore locale, voire d'animaux domestiques ou de cailloux: le cas le plus connu est celui de Valensole (1965) où le témoin surprit un humanoïde dans son champ de lavande. C'est ce que, dans les témoignages relatifs aux «atterrissages d'OVNI», nous classerons dans la «mise en scène». Dans la majorité des cas répertoriés, aucun dialogue témoin-humanoïde ne fut enregistré, sauf quelques cas, comme celui de l'observation de Guyancourt, où le témoin, interrogea ainsi les humanoïdes: «vous êtes en panne?» L'un d'eux répondit, en bon français: «oui, mais pas pour longtemps», et à une autre question sur le mode de propulsion de «l'engin», le témoin interrogeant sur la façon dont la machine fonctionnait, ceux-ci répondirent simplement: «l'énergie!» Reprenons maintenant le récit de l'observation du 20 avril 1897, au moment où le témoin s'approchait de l'homme:

*«Il me regarda, surpris et me dit: «bonjour monsieur, bonjour». Je lui demandais: «c'est ça le bateau aérien?» (Plusieurs observations analogues étaient déjà connues dans la même période NDLR). Et il me répondit: «oui, monsieur.» Là-dessus, trois ou quatre autres hommes sortirent de ce qui, apparemment, formait la quille du bateau. En examinant de plus près je vis que la quille était divisée en deux parties, et se terminait à l'avant en pointe, tandis que les flancs grossissaient jusqu'au centre puis diminuaient. Il y avait trois grandes roues de chaque*

côté, faites d'un métal recourbé et travaillées de façon qu'en avançant elles deviennent concaves».

Le lendemain de cette observation, au Texas cette fois-ci, un autre témoin, monsieur Frank Nickols, réveillé par un sifflement, sortit de chez lui et se trouva en face d'une toute aussi étrange machine:

*«(...) il fut accosté par deux hommes qui portaient des seaux et qui lui demandèrent la permission de tirer de l'eau de son puits» (...) Il parla librement avec l'équipage. La machine était si compliquée (?) que le temps lui manqua pour comprendre comment elle fonctionnait (à rapprocher avec l'observation de Guyancourt, NDLR). Cependant un des hommes de l'équipage lui dit que le problème de la navigation aérienne avait été résolu. Le bateau est construit avec une matière récemment découverte qui a la propriété de se maintenir par elle-même dans l'air...» (...) On l'informa que cinq ou six de ces appareils avaient été construits dans une petite ville du comté de Iowa, que bientôt l'invention serait livrée au public(...) et que dans le courant de l'année prochaine, on se servirait partout de ces machines».*

*Reconstitution de l'objet vu le 20 avril 1897, à 18h. par **le Capitaine
James Hooton**, à **Homan (Arkansas - USA)**
(Maquette réalisée par Francis Consolin - Photo OURANOS]*

Bien entendu, une telle machine était dans **l'impossibilité de
voler,** et la prédiction ne vit pas le jour. Malgré les différences,
on retrouva des points communs avec des «classiques» plus
«modernes». Par exemple, avec le non moins célèbre cas de Villas
Boas, rappelons que cette histoire eut lieu en octobre 1957, au
Brésil, au moment où les soviétiques lancèrent la petite chienne
Laïka à bord de «Spoutnik 2». Ce témoignage apportait tant de
détails qu'à l'époque les deux enquêteurs décidèrent de garder

l'histoire secrète. La description complète de l'intérieur de l'engin que Villas Boas put détailler, sur les indications d'un des ravisseurs, semblait d'une haute technicité, mais de cette description, de nombreux points insolites apparaissaient, comme ceux-ci, par exemple:

*«Il y avait une porte ouverte à l'arrière du vaisseau. Elle s'ouvrait vers l'extérieur en basculant vers le bas, formant une sorte de pont, de l'extrémité duquel pendait une échelle métallique(...) déroulée vers le sol.*
*(...) Elle était flexible et mobile, se balançant sous mes efforts pour me libérer(...) J'eus plus tard l'impression, en recherchant, que la rampe n'était pas monobloc, mais constituée de petites pièces de métal articulées.»*

Bref! Une échelle de spéléologue, tout simplement, dans un engin spatial sophistiqué? Même le LEM des vols américains, de la série «Apollo», réalisé une dizaine d'année plus tard, possédait une échelle rigide. Ces incohérences sont le fait de la plupart des observations d'OVNI au sol, lorsqu'il y a apparitions d'humanoïdes ou «enlèvements» dans les cas plus spécifiques. Nous ne les sélectionnons pas pour appuyer notre démarche; ils sont nombreux, et nous verrons qu'il existe une sorte de «structure de tromperie» organisée sous de multiples aspects, en examinant par la suite, plusieurs témoignages extraits de nos archives. En son temps, lorsque nous en étions encore à examiner le matériel recueilli de nos enquêtes, nous avions été très vite surpris par le caractère **«absurde»** de la plupart des observations au sol. A l'époque, Aimé Michel, qui joua aussi un rôle d'influence non

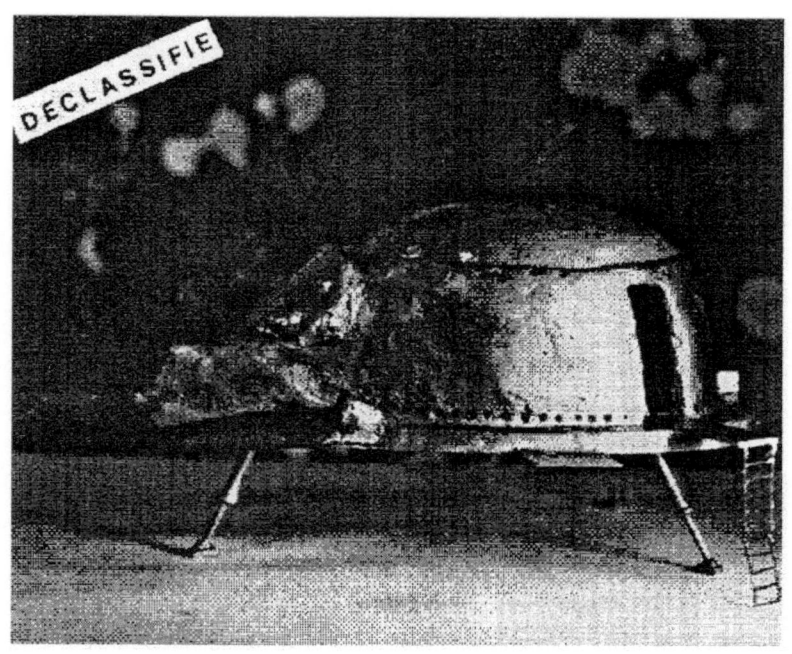

*Reconstitution de l'objet vu le 16 octobre 1957, à 01 h. par Antoine Villas-Boas à Francisco de Sales (Brésil)*
(Maquette réalisée par Francis Consolin - Photo OURANOS)

négligeable en matière d'OVNI, supposa que l'impression d'absurdité et d'incohérence provient de ce que l'homme ne peut appréhender «leurs» mobiles. Cette supposition ne peut plus convenir ici, car lorsque l'incohérence se situe à notre niveau, comme ici où elle est purement technique, cette explication ne satisfait plus. Le «coup de la panne», comme nous l'avons vu avec les observations de Guyancourt (1950) et de l'Arkansas et du Texas (1897) tout comme les scènes du «recueil d'échantillons» par les ufonautes, ne comportent aucune objectivité logique, ni même «l'effet de surprise», que nous mettons en doute; ces «scénarios» correspondent plutôt à un «piège» dressé volontairement envers le témoin fortuit, en vue de faire croire à une fausse réalité, tout en camouflant une autre.

Ce scénario ne peut être mis en doute, il répond à de nombreux témoignages, très dispersés dans le monde, et que ni les auteurs qui les ont rapportés dans leurs écrits, ni les témoins (cas de Villas Boas, au Brésil, et de Maurice Masse à Valensole, par exemple), ne pouvaient connaître les indices d'étrangeté, à cette époque. Le phénomène ne pouvait être perçu de cette façon qu'après un certain recul dans le temps. Nombre de détails étaient inconnus aussi bien des témoins que des auteurs, ce qui incite à admettre l'authenticité du cas. En ce qui concerne le «coup de la panne» classique, ce scénario revient si souvent dans les annales de l'ufologie, durant une certaine période à partir des années cinquante, que cette éventualité ne peut certes tenir. Il y aurait aussi trop de risques qu'un engin tombe aux mains d'un pays (dans l'hypothèse d'engins secrets ou «extraterrestres»). D'ailleurs, de ce que nous en savons aujourd'hui, on peut sérieusement mettre en doute que ces «machines» comportent un mécanisme technologique, voire même un moteur et qu'elles soient donc réellement pilotées. Nous reviendrons sur cette question. Quant à ce qui concerne les «crashs d'OVNI» montés en épingle dans la presse médiatique ces derniers temps, sous influence de certains milieux ufologiques en recherche de sensationnel, comme pour mieux gonfler les leurres, déjà nombreux et diversifiés, nous pouvons les mettre sérieusement en doute; sinon une «construction» de plus pour nous amener à y croire. Et là aussi, nous verrons dans un autre chapitre, l'existence de plusieurs «relais», fonctionnant à différents niveaux, de façon à «piéger» un certain nombre de chercheurs, mais dont le point fort réside sous la chape de plomb d'un lourd secret qui dure depuis déjà bien longtemps. Ce qui n'exclut pas la réalité dans l'existence de leurres, aussi matériels qu'organiques, dirigés à notre attention, de la même manière que ceux exposés précédemment.

En ce qui concerne les «enlèvements», dont on relève maintenant des centaines de cas - voire des milliers - dans les témoignages plus actuels, là aussi, une quantité d'incohérences apparaît. Déjà, pour reprendre une affaire très connue, parmi les plus anciennes, au sujet de l'enlèvement de Barney et Betty Hill (1966), leurs ravisseurs semblaient ignorer ce qu'étaient l'âge, le vieillissement, la durée. Ils semblaient découvrir l'homme qu'ils examinaient comme une «bête étrange», corroborés par de nombreux autres cas ensuite (par exemple l'affaire d'Hélène Guiliana, dans l'Isère, en 1976, qui fit l'objet d'une enquête très particulière de la C.E.O.). Dans la plupart de ces affaires, les êtres imprimèrent dans le cerveau des témoins un blocage psychologique infaillible... qui sauta à la première investigation hypnotique. Encore que là, le «scénario» était imprimé au niveau mental, dans l'inconscient, que les ravisseurs avaient certainement construit, sachant qu'il serait découvert de cette manière, fortifiant aussi d'autant plus le leurre, opéré à deux étages. La réalité ainsi révélée est toute aussi fausse que la mise en scène préliminaire. La construction de leurres est ainsi nombreuse et ces derniers jalonnent toutes les annales ufologiques. Ne serait-ce que les «voies de garage» sur lesquelles les ufologues se cassèrent les dents: les pseudo corrélations des «vagues d'observations d'OVNI» avec les oppositions de la planète Mars (1955-60), mises en évidence par J. Vallée après étude sur ordinateur. A cette même époque - il nous faudra réexaminer l'affaire de Quarouble qui joua un rôle déterminant dans la «séquence martienne» - le 24 avril 1964, un fermier américain, G. T. Wilcox, aperçut un engin de forme oblongue, posé dans un champ. Il s'en approcha et, comme bien d'autres affaires du genre, deux «nains» apparurent soudain, surgis du néant (ou par magie). Ils parurent surpris (bien sûr!) que le témoin ait vu leur appareil. Ils conversèrent en anglais, affirmèrent qu'ils venaient de la planète Mars, qu'ils ne pouvaient venir que tous les deux ans, qu'ils avaient des problèmes agricoles sur Mars et s'intéressaient aux techniques terrestres. Ce témoignage répondait exactement aux études de corrélations d'OVNI avec la planète Mars, effectuées par les chercheurs de cette époque (Thirouin, Vallée). Ne pourrait-on pas plutôt y déceler une corrélation dans le phénomène de synchronicité jungien? Néanmoins mise en circuit d'une façon inverse, c'est-à-dire depuis un facteur «X» extérieur, une Intelligence tire les ficelles de tout cet ensemble. Ensuite vint l'orthoténie, ces fameux alignements de points d'observations mis en évidence sur 24 heures par Aimé Michel, qui fut le premier à reconnaître la non fiabilité de ces traces, dont un seul - la ligne BAVIC, Bayonne-Vichy - pouvait être retenu, dans le meilleur des cas. Enfin, succéda à ces «études», une autre corrélation «OVNI-failles», de par un proche collaborateur de M. R. Veillith, Francis Lagarde, mais dont le point de départ partait d'un chercheur australien. Cette recherche de corrélation donna lieu à des traces d'alignements des points d'observations proches de failles géologiques, qui captivèrent les ufologues durant une dizaine d'années. En fait, si des phénomènes lumineux sont parfois effectivement observés près de ces failles, ou peu avant ou après des tremblements de terre, ces «OVNI» sont explicables par des «distorsions magnétiques» dues aux glissements ou au «travail» des plaques tectoniques en sachant que notre planète est vivante et qu'elle se rappelle ainsi à nous par des phénomènes géologiques connus.

Sans aller plus loin, nous voyons donc que l'histoire des OVNI, surtout son actualisation, en 1947, jalonne ainsi d'artifices, jusqu'au jour où le fait fut décelé et dénoncé par quelques rares chercheurs, obligeant ainsi le phénomène OVNI à changer de tactique, voire à faire disparaître ses marionnettes de la scène classique. Le décor avait été planté depuis plusieurs décennies et les scènes répétées ne pouvaient plus distraire les spectateurs. Néanmoins, derrière les coulisses, ceux qui étaient chargés de changer les décors, demeuraient toujours dans l'ombre et étudiaient déjà un autre spectacle, en de multiples variantes et beaucoup moins visible pour le spectateur non averti.

Dans les premiers actes, tout se passait donc comme si les manipulateurs - qui n'étaient peut-être que de simples figurants - avaient cherché à se camoufler, se mimétiser en «visiteurs de l'espace», en martiens et vénusiens d'abord, puis après une meilleure connaissance de ces planètes, en «intergalactiques» ensuite. Et cette mystification fonctionne si bien, qu'aujourd'hui le phénomène OVNI, dans sa banalisation médiatique, est intimement confondu au problème de la vie extraterrestre, alors que les deux problèmes sont forcément distincts l'un de l'autre. Il ne peut être extraterrestre dans le sens que nous le concevons ordinairement, il l'est si on admet que par derrière toutes ces manifestations, il y a existence d'une Intelligence non humaine qui orchestre le tout, en agissant sur la psyché humaine qu'elle connaît très bien, jusqu'aux mécanismes complexes et secrets de notre cerveau comme nous l'avions déjà montré dans une étude de la paralysie des témoins, en 1973 («OURANOS» spécial «paralysie» et «le mimétisme ou l'art de passer inaperçu» par l'équipe Gabriel, 4ème trimestre 1973). Déjà, à l'époque, nous avions bien cerné le problème, où nous concluions, entre-autres, que: «le phénomène «soucoupe» varie en fonction de l'attitude que nous montrons envers lui (c'était déjà beaucoup s'avancer) **et modifie son apparence** au fur et à mesure de l'avancement des connaissances que nous avons de lui. Les OVNI sont une succession **d'images matérielles** qui ne se présentent à nous qu'en vue d'étudier notre comportement et notre raisonnement». Sur ce dernier point, nous commettions la même erreur qu'Aimé Michel, le critère est plutôt inverse; c'est l'OVNI qui se modèle en fonction de notre comportement et notre raisonnement. Nous aurions dû le concevoir en étudiant ses aspects mimétiques. En fait, il n'agit sur nous que dans le but de nous induire en erreur, **de nous leurrer** en nous présentant des facettes multiformes. Voilà qui est plutôt obscur et inquiétant, de la part d'une intelligence qui paraît étrangère à la nôtre, d'origine non humaine donc, et qui pourrait laisser supposer qu'elle nous est très supérieure. Si cette hypothèse peut se confirmer, il y a réel danger pour le futur de notre humanité, dans le cas où celle-ci se ferait piéger dans le vaste scénario final. Car il y a bien une finalité dans cette mise en œuvre, qui nous semble bien régir à un plan.

Et qui dit plan, dit but.

... Et si les OVNI étaient «les dieux de notre futur»? Ils ont effectivement leurs prophètes qui annoncent le Nouvel Age (New Age), et recrutent les adeptes des religions de demain. Avant d'aborder les expériences vécues «d'enlèvements» et de «voyages», et de voir qu'il existe une source de stimuli commun pour les «contacts» et «rencontres rapprochées», les pratiques occultes, rites initiatiques, donnant cours à certaines croyances ou philosophies sur une «autre réalité», il nous faut parler d'une autre forme de leurres: celle de la manipulation mentale à partir du cerveau.

# 3 - Constructions de scénarios: l'orchestration d'une «réalité» qui n'existe pas dans la nôtre

**Quarouble (Nord),** le 10 septembre 1954 (22h.15-22h.30). Sujet de l'expérience: Marius Dewilde, 34 ans, ouvrier métallurgique.

«Alerté par les aboiements de son chien, Marius Dewilde qui lisait, sortit. Il remarqua alors, mais sans y prêter attention, une forme sombre stationnant sur la voie ferrée, à «une dizaine de mètres» de lui. Puis son intérêt fut mobilisé par deux êtres (dont la taille n'excédait guère un mètre) vêtus de scaphandres.
Le témoin se précipita vers la porte de son jardin afin de couper la route aux petits êtres et tenter d'en capturer un. Il n'était plus qu'à deux mètres des créatures, lorsque, jaillissant d'une ouverture rectangulaire de la masse noire - tout d'abord entrevue et prise pour une charrette - une illumination à reflets verts, aussi vive que la combustion de magnésium, l'aveugla. Il ferma instinctivement les yeux et voulut crier. Mais il **ne le pus pas.** Il était comme paralysé. Il tenta de bouger, mais ses jambes refusèrent de lui obéir.
Affolé, monsieur Dewilde entendit comme dans un rêve, un bruit de pas sur la dalle de ciment devant la porte. C'était les deux êtres qui passaient à un mètre de lui et se dirigeaient vers la voie ferrée.

Enfin, le «projecteur» s'éteignit. Le témoin retrouva instantanément l'usage de ses membres et le contrôle de ses muscles. Il se précipita aussitôt vers la voie ferrée, mais la «masse sombre» s'élevait déjà dans le ciel nocturne...»

Voilà, succinctement rapporté, un témoignage capital qui fit grand bruit dans la presse de l'époque. Il fut même le point de départ à la «vague d'observations d'OVNI de 1954», où pour la première fois, un «atterrissage avec humanoïdes» était décrit. Nous le prenons comme référence, par rapport à beaucoup d'autres témoignages du genre qui survinrent par la suite, à cause de cette primauté, d'une part, et surtout de son effet de fascination qu'il exerça sur les esprits. Mais aussi parce que la C.E. OURANOS y mena elle-même une enquête, peu après l'observation (en 1955), par Marc Thirouin, ainsi qu'une contre-enquête en 1976, par Pierre Delval. Nous possédons donc un substantiel dossier sur cette affaire, que nous pouvons examiner aujourd'hui sous un nouvel éclairage.

Beaucoup d'encre a coulé sur cette histoire, mais à présent, soixante ans après, nous nous intéresserons qu'à ses effets psychiques, de paralysie et à son aspect théâtral. Dans ce contexte, il ne nous semble guère utile d'y ajouter la seconde expérience **qu'aurait** subie le témoin, un mois après, jour pour jour. Les «rajouts» qui sont quelquefois le fait des «contacts OVNI» ne vont généralement pas pour éclaircir une situation déjà bien confuse, tout au contraire. Nous y retrouvons chaque fois le déroulement d'un vaste scénario dont le but, comme nous l'avons déjà dit, va dans le sens d'une initiation, de façon à frapper les consciences, afin de nous amener à nous interroger sur une autre réalité. Mais cette réalité existe-t-elle vraiment? Ou fait-elle partie d'une énorme mystification par la création de leurres, de telle manière à diriger notre pensée vers un objectif déterminé. Après tant d'années, et après avoir glané tant de renseignements sur les phénomènes, que pouvons-nous en dire? Avant tout, revenons aux faits et surtout sur celui de Quarouble.

Sur ce cas, notre intérêt se portera d'abord sur le phénomène de paralysie, dont le témoin fut victime: «il ferma instinctivement les yeux et voulut crier. Il était comme paralysé. Il tenta de bouger, mais ses jambes refusaient de lui obéir». A cette scène, s'adjoint le fameux «rayon vert paralysant» qui frappa Dewilde. Cette manipulation avait un indéniable côté dramatique et théâtral. Néanmoins, dans la majorité des cas de «paralysies», lors d'observations d'OVNI, dont la plupart au sol, il se trouve toujours associé une lumière ou un faisceau lumineux, généralement accompagné, chez le témoin, d'une sensation de picotement. Ici le critère «peur» ne peut être pris en compte au même titre d'une réaction psychologique bien connue. Ceci dit, le phénomène de paralysie est particulièrement efficace, et les humanoïdes ont parfaitement confiance dans cette efficacité, autrement les deux êtres que Dewilde désirait capturer ne se seraient pas risqués à passer à un mètre de lui. A noter que le rayon paralysant n'a aucun effet sur eux. Et que, d'autre part, contrairement aux «enlèvements», les témoins ne perdirent conscience en aucun instant. La paralysie n'a donc pas atteint les fonctions physiologiques et les rythmes des ondes du cerveau ne furent même pas ralentis, semble-t-il. Nous savons, en effet, que c'est en abaissant le niveau **vibratoire** des ondes cérébrales que peuvent se produire certaines manifestations paranormales, de type P.K. (psychokinèse). Il est donc difficile de dire ici qu'un état de conscience particulier ait été mis en **synchronisation** avec le «phénomène lumineux». Nous avons montré que des **états de conscience** sont indispensables pour la manifestation de phénomènes paranormaux («Le Monde Occulte du Surréel Paraphysique», Ed. C.E.O. 1982) indiquant une «ouverture», à savoir sur quoi celle-ci débouche.

Le phénomène OVNI est donc plus complexe qu'on pourrait le croire, il semble posséder plusieurs facettes ou en tout cas le cerveau humain paraît remplir un rôle majeur. La question est, en effet, est à savoir si les témoins furent affectés par un phénomène subjectif, proche des phénomènes de synchronicité de l'inconscient, dont nous avons parlé en premier lieu, ou par un phénomène objectif, surgi de l'inconnu, agissant sur ces mêmes témoins. A priori, c'est la seconde hypothèse qui nous paraît devoir être retenue. Indéniablement, dans ces apparentes contradictions, un mystère est là, mais c'est là aussi que réside la solution. Avant de nous enfoncer plus avant dans les phénomènes relationnels du psychisme, par rapport aux OVNI, restons avec les effets «paralysants» mis en évidence avec l'affaire de Quarouble, prise pour modèle du genre.

Nous avions déjà montré, en 1973 («OURANOS» numéro spécial sur la paralysie des témoins) que si «les mouvements ne pouvaient être «bloqués» au terminal (le muscle), et pas davantage sur le relais (le nerf), il fallait bien qu'ils le soient au point de départ, c'est-à-dire **au cerveau!**» C'était déjà avoir beaucoup avancé dans le domaine occulte de la manipulation, et il est tout aussi curieux que notre argumentation soit tombée dans «l'oubli». Toutefois, ce l'est déjà moins quand nous prenons conscience qu'une certaine occultation infiltre cette recherche. A savoir d'où elle provient, c'est une autre affaire. Pour en revenir à notre siège central, le cerveau, rappelons qu'en chacun des points de notre corps, à chacun de nos muscles correspond une zone précise de notre encéphale; la liaison entre ces points et ces zones étant justement assurée par des nerfs. En touchant notre système nerveux on peut donc agir sur notre cerveau. Voilà qui nous amène déjà à réfléchir sur certaines «thérapeutiques» orientales, comme l'acupuncture, qui si elles «rectifient» quelques déficiences vitales, peuvent tout aussi bien avoir une action néfaste sur le cerveau, en le «dévitalisant» en quelque sorte. Nous savons aussi que nombre de pratiques psychiques agissent par le système nerveux. C'est donc lui qui est ici en cause dans la paralysie des témoins de «rencontres rapprochées» relative au phénomène OVNI. Nous avons donc repris, de notre étude précédente, la carte du cerveau sur laquelle est reportée l'origine des nerfs de chacun des muscles «paralysés». Et comme nous l'avions mis en évidence, à l'époque, l'ordre jaillit de l'apparente confusion! Nous reprenons ce que nous avions écrit en décembre 1973:

*«Tous les muscles «paralysés» correspondent à une aire cérébrale parfaitement circonscrite et localisée à l'arrière du lobe frontal, le long de la scissure de Rolando. C'est de cette zone que proviennent tous les influx nerveux (ordres) entraînant une motricité volontaire.*

*En arrière ce cette scissure se trouve le pariétal ascendant qui est le siège de la sensibilité générale. Cette aire serait elle aussi touchée. Cela expliquerait certaines «fausses sensations» perçues, les picotements par exemple (...) Pour résumer, qu'il nous suffise de dire que la «paralysie» constatée porterait sur une étroite bande de notre cerveau située peut-être de part et d'autre, mais avec certitude, en avant de la scissure de Rolando.*

**«Que les occupants des OVNI puissent ainsi violer notre cerveau, c'est à la fois affolant et révoltant, *mais c'est.»***

Cette première conclusion était surprenante, il y a tout juste vingt ans, et on comprend qu'elle en «bloqua» plus d'un au niveau de leur encéphale, préférant voir les OVNI continuer à peupler leur rêve, plutôt que de les étudier sous cet angle. Cette hypothèse de travail montrait que l'intelligence, qui manœuvre le phénomène OVNI, connaît parfaitement notre cerveau et que par conséquent, elle n'a rien à apprendre de nous et qu'à partir de là, elle peut nous manœuvrer à sa manière, dans toutes sortes de facéties invraisemblables, jusqu'à nous faire prendre des visions mystificatrices comme réelles et artificiellement «matérielles». Ce à quoi, les témoins et «expérimentateurs» viendront d'autant plus renforcer que leur sincérité **dans le témoignage**, au cours des enquêtes, ne pourra être mise en doute. Cette simple étude sur la paralysie des témoins, devait nous indiquer que c'est le cerveau qui occupe le siège central de la manipulation occulte à partir des OVNI. Et qu'ainsi, les liens relationnels entre l'inconscient et le conscient doivent y prendre une grande part, dans la vérité soigneusement occultée, par le chef d'orchestre de toute cette symphonie d'illusions. Outre le fait, qu'au cours de multiples enquêtes, nous eûmes l'occasion d'entendre de nombreux témoins nous confier que, durant leur observation, leur cerveau était comme **«vidé»**. Et que d'autres auraient voulu réagir d'une certaine façon, mais le comportement adéquat refusa de leur venir à l'esprit. Ou que d'autres encore virent leur volonté annihilée, leur pensée comme «effacée» à l'instant même, et que certains «oublièrent» ainsi de saisir leur appareil photo pour fixer un phénomène évident sur la pellicule... etc.

# «Géographie» de l'encéphale
## (hémisphère gauche)

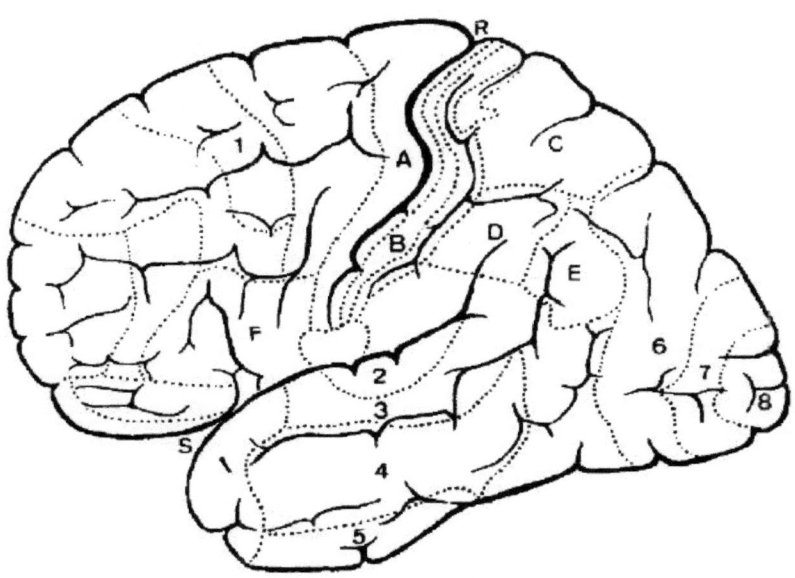

R   Scissure de Rolando

S   Scissure de Sylvius

A   Aire somatomotrice «paralysée» chez tous les témoins

B   Aire sensitive profonde, peut être «paralysée» d'où sensation de picotements électriques

C   Aire motrice (séparée) jambes et tronc, peut être «paralysée»

D   Aire motrice (séparée) bras et mains, peut être «paralysée»

E   Aire constructive (écriture par exemple), peut être «paralysée»

F   Centre du langage, «paralysé» dans de nombreux cas

1   Centre de la perception des postures et des mouvements

2   Aire auditive
3   Centre de compréhension des mots et des phrases
4   Centre de l'attention auditive
5   Aire auditive-sensorielle affectée chez M. Dewilde
6   Mémoire optique (lecture)
7   Centre des mouvements oculaires (muscles ciliaires)
8   Aire visuelle (mouvements, formes, couleurs ...)

Mais il y a pire encore: le phénomène OVNI, ou plus précisément **l'Intelligence qui le manœuvre peut nous faire voir ce qu'elle veut.**

Nous verrons par la suite - et plus spécifiquement dans une autre étude - qu'il existe une certaine analogie entre ces «expériences OVNI», intervenant sur le cerveau, et «l'expérience intérieure» **provoquée par les substances psychédéliques.** Le parallélisme est très étroit dans la résurgence d'anciens cultes religieux, mettant «l'officiant» en contact avec une «autre réalité» qui l'illumine. Ces pratiques remontent aux premières communautés du paléolithique, le centre religieux dirigeait la vie culturelle de toute la communauté. Aussi devrait-on s'interroger sur la fascination qu'exercent, à notre époque, ces substances sur une partie de la population en Occident, les conséquences de leur emploi, les «pèlerinages aux sources des anciens centres sacrés, au Mexique, au Pérou (Machu Picchu), par exemple. La résurgence de ces anciennes traditions atteste que le lien n'a jamais été rompu dans la transmission. Pour le peu qu'on y réfléchisse, on ne peut être surpris que ce «réveil» des religions, antérieures au christianisme, suive une courbe sensiblement parallèle à celle des expériences particulières d'OVNI, dont la plupart des «spécialistes» réfutent catégoriquement de prendre sérieusement en considération[2].

Pourtant le siège central de ces expériences, qui mettent en relation avec une «autre réalité», se situe au même niveau: celui de certaines zones mal connues du cerveau, relevant plus particulièrement **du psychisme.** Afin d'illustrer un peu notre démarche dans ces «zones interdites», rappelons ici le témoignage d'une expérience particulière d'OVNI, cité dans deux anciens numéros d'«OURANOS» (spécial paralysie, 1973, p. 14 et n° 5, 4ème trimestre, 1972, p. 10):

*«Cela commence par une série de phénomènes inhabituels auprès d'un cultivateur de la région de Chouvigny, dans l'Allier. A la fin de l'année 1971, ce cultivateur aperçoit d'abord de mystérieuses boules de feu, tombant lentement du ciel selon une trajectoire verticale. Toujours au même endroit, vers 20h.30, en rentrant chez lui des travaux des champs.*

*Puis, un soir, au cours de sa trajectoire, la boule de feu soudainement «explosa», elle se transforma en un éclair aveuglant. Instinctivement le témoin ferma les yeux, non sans avoir eu auparavant la nette impression d'un faisceau de lumière dirigé droit sur son pare-brise et sur lui. Il ressentit une forte brûlure dans l'œil gauche. («OURANOS» n° 5 - décembre 1972).»*

Enfin, l'enquête permit de déterminer un précédent à cette étrange histoire:

*«Le 7 août de la même année, le témoin, comme de coutume rentrait chez lui en voiture. Parvenu à un endroit où presque chaque soir, depuis un mois, il avait l'habitude de voir un groupe*

---

(2)  (page 46) De même, nous noterons un accroissement du fléau de la drogue, parallèlement à celui de l'occultisme... et des «voies intérieures» qui conduisent jusqu'au meurtre.

*de trois OVNI, il fut surpris de ne pas les voir ce soir-là. Dans le ciel, il n'y avait que la pleine lune. Soudain, de cette «lune», jaillit une boule de feu rouge qui s'écrasa sur la route en face de son véhicule. La voiture fut immédiatement immobilisée, sans inertie, passant de 60 km/h à 0 km/h, sans que le témoin ait eu la sensation de ralentir ou que sous la force de l'inertie, il ait été projeté en avant.*

*Alors, à son immense stupéfaction, le paysage nocturne habituel **fut remplacé** par un paysage champêtre ancien et diurne, éclairé comme en plein jour. Cela dura quelques secondes, **puis tout s'éteignit.** A la place, il n'y eut plus que la nuit ordinaire, mais la «lune» (!) avait disparu. («OURANOS» spécial n° 1 – 4ème trimestre, 1973).*

L'enquête menée à l'époque, c'est-à-dire en 1972, permit de déterminer la véracité des faits. Bien entendu, une telle observation cadrait très mal avec les observations habituelles répertoriées dans les annales de l'ufologie. Mais, il est bien évident que le témoin en question fut l'objet d'une expérience et qu'en fait il assista à une sorte de «scénario paranormal». Il ne vit, certes pas, avec ses yeux, mais **par son cerveau,** comme nous percevons les images de nos rêves. Cette expérience se présentait aberrante à l'époque, peu crédible aux enquêteurs, d'où l'hésitation du témoin à se confier. Néanmoins, des effets physiques sur lui-même purent être relevés. Aujourd'hui, elle vient conforter notre conviction dans la série des leurres «construits» dans le cadre d'un «cinéma paranormal», en utilisant certaines zones du cerveau humain, comme il en est pour certaines visions d'apparitions religieuses, expliquant ainsi que d'autres témoins rapprochés ne peuvent rien voir. Mais, bien entendu, on ne peut mettre dans le même sac toutes les observations OVNI, les manifestations sont de plusieurs types, outre le fait de «formes matérialisées», pouvant laisser des traces physiques (brûlures, magnétisme, empreinte...); le problème est plus complexe. Momentanément, ce qui nous intéresse ici, c'est la construction de scénari, montrant ainsi que l'intelligence qui se trouve dans «l'envers du décor» peut facilement se jouer des personnes «choisies» pour conduire le jeu comme elle l'entend. C'est également de cette façon, nous le pensons, qu'il faut comprendre les «expériences médicales» aberrantes, menées auprès des «enlevés», ayant vécu, comme dans cette fameuse «affaire Hill», des expériences OVNI. L'ensemble répond d'une véritable mystification, comportant de multiples incohérences, comme nous l'avons déjà vu avec le «bateau aérien» de 1896. Cette «tromperie organisée», depuis tant d'années, est déjà une indication qui nous réclame d'exercer la plus grande prudence pour tout ce qui concerne les OVNI. La thèse, autrefois avancée, des «rats de laboratoire», selon laquelle nous serions l'objet d'une observation minutieuse et étudiée, ne peut plus tenir dans un tel contexte. Nous constatons plus exactement ici une franche **manipulation,** qui se moque bien de l'intégrité humaine, vu qu'il y a viol de la conscience - c'est-à-dire **de l'esprit** - en intervenant sur les mécanismes cérébraux de l'inconscient. Pire! Dans bien des cas, des expériences du genre ont lieu à l'insu de la personne, ce que dans un autre langage nous nommons les «contactés inconscients», plus nombreux qu'on ne le pense. Voilà qui nous ramène le problème **OVNI** à une autre dimension, et c'est ainsi que nous le voyons, personnellement, depuis que l'étude des phénomènes **OVNI** a laissé la place à celle des témoins, et d'une manière plus prononcée, à celle des sujets plus concernés par des manifestations répétées et suivies, interférant dans leur système de pensée et de croyance. C'est à ce niveau que réside toute la **motivation** dans la construction de «leurres archétypaux». Sans parler du rôle exercé par certains spectateurs paranoïas qui tout aussi inconsciemment, œuvrent à la déstabilisation des esprits, en se croyant «élus et sauvés». La marge n'est pas si éloignée d'avec les contactés-médiums des OVNI, tout aussi inconscients, qui ont fait des expériences involontaires, de type «near death experience», autant de signes alarmants d'une certaine décadence spirituelle. Bien de nouvelles religions et philosophies ont pris corps à partir de là. Il y a une source et un stimulus commun entre tous ces phénomènes, qui frisent les frontières de la psychiatrie, du fait qu'ils siègent au même centre moteur, et cette relation commune sera abordée dans le prochain chapitre.

En connaissance de cause, il nous semble bien difficile de diversifier les phénomènes parapsychiques, entre les faits et les effets objectifs du subjectif. Ils sont sûrement de deux sortes dans les manifestations d'OVNI, et des contacts rapprochés, rencontres et histoires d'«enlèvements», en particulier. L'Intelligence qui opère derrière tout cet ensemble, nous l'avons vu, connaît parfaitement notre cerveau et ses mécanismes mentaux, étant donné qu'elle les utilise à son avantage, en usant de la crédulité des «victimes» qui tombent dans son champ d'attraction. A moins qu'elle sélectionne certains, suivant des critères inconnus de nous. On remarquera seulement qu'aucun scientifique, aucun converti à la religion chrétienne, sur le plan religieux, n'a, à notre connaissance, fait l'objet d'une expérience OVNI de «contact». C'est déjà un indice notoire, à savoir d'une part que cette Intelligence ne cherche pas trop à faire identifier ses archétypes, tout en faisant croire le contraire, en demeurant néanmoins dans le flou, et que, d'autre part, certaines particularités spirituelles, touchant la conscience «éveillée» à la foi chrétienne, semble constituer une barrière à celle-ci, un interdit. Cet irrationnel n'est pas compatible avec le problème religieux, entrant dans le domaine des forces insoupçonnées de l'inconscient, et de l'esprit-conscient, d'autre part, deux «étages» que l'on situe au niveau du cerveau et qui constituent, l'un dans l'autre, l'identité de l'être. Il est bien entendu, qu'une fois franchie cette limite, la science perd ses droits, mais elle peut nous apporter ses connaissances dans une meilleure approche de cet irrationnel, vu que notre pensée est attachée à la conscience. Disons alors seulement, pour mieux nous faire comprendre, que l'éclairage de l'Esprit peut nous aider à franchir cette limite et donc, nous amener à une vue plus globale d'un problème qui se manifeste entre ces deux mondes de réalités différentes. Ceci dit, la difficulté reste à savoir départager les deux manifestations, virtuelles d'un côté et subjectives, psychiques, de l'autre. Car si l'Intelligence est capable de nous «imprimer» ce qu'elle veut, dans une fausse réalité proche du rêve éveillé, tout devient alors possible.

Pour en revenir à l'affaire de Quarouble, suivant la relation faite par M. Thirouin, lors de l'enquête, M. Dewilde aurait eu l'impression de percevoir le rayon lumineux non par les yeux, mais **à l'intérieur du crâne.** C'est ce que l'un des membres de notre commission avait qualifié (en 1972) de rayon «para-lumineux», agissant au niveau des cellules intermédiaires de la rétine, toujours donc sur le tissu nerveux cérébral, qui est une extension du cerveau jusqu'à l'œil. A moins que le processus soit plus complexe encore et agisse au niveau du conscient, en construisant instantanément un archétype par l'intermédiaire de l'inconscient, et qu'en vérité le leurre ainsi réalisé s'imprime directement dans le conscient, créant alors un phénomène visionnaire tel que le témoin aurait la certitude de le vivre. C'est insensé et diabolique...

Justement!

Est-il possible qu'une Intelligence suprahumaine puisse agir ainsi sur notre psychisme et utiliser une des «fenêtres» mal connue dans les mécanismes secrets de notre cerveau pour nous imprimer ainsi une autre réalité? L'étude attentive des faits, recueillis parfois même au plus profond de notre inconscient, nous prouve que oui. Cela dépasse même tout ce que nous pouvons imaginer; la réalité dépasse ici la fiction. C'est une véritable révolution dans la manipulation des cerveaux, une telle influence pourrait progressivement transformer notre société, dans son mode de culture, son système de pensée, sans que nous en prenions véritablement conscience. Or, n'est-ce pas ce qui intervient avec le mouvement «New Age», qui étend ses racines à tous les niveaux de la nouvelle culture, qui préconise un homme «libéré» des entraves de l'ancien monde? En est-il vraiment esclave? Toutes sortes d'exercices et d'expériences «spirituelles», diffusés par ce mouvement, prétendent à cette «transformation», sous des apparences diverses, auxquelles on peut joindre le «renouveau spirituel» et charismatique, en ses différentes phases d'approche. Toute cette action se concilie très bien dans une finalité que nous comprenons de plus en plus clairement. En cela, nous le verrons, le phénomène OVNI ne fut jamais qu'un des leviers de manœuvre utilisé pour conduire au même but, selon un vaste programme qui nous apparaît comme particulièrement **subversif.** Déjà, en son temps, l'ufologue Jacques Vallée, avait vu juste - bien que sa profession l'ait empêché d'aller plus loin - en écrivant dans «Le Collège invisible»: une force étrangère se manifeste dans notre environnement. Elle apparaît comme un système régulateur qui agit sur notre humanité, **en inversant** les mythes. C'était déjà un constat très significatif, d'autant qu'un peu plus loin, dans le même ouvrage, il précise: «Si quelqu'un voulait avoir une action profonde sur la société humaine, qui ne soit décelable ni par la minorité cultivée, ni par l'Eglise, ni par les autorités militaires, et ne perturbe ni le niveau politique ni les rouages administratifs, tout en distillant à un niveau fondamental les germes d'une révolution philosophique, **il n'agirait pas autrement**». Nous n'avons rien à ajouter à cela et son verdict se joint absolument à notre conviction, depuis déjà plus d'une dizaine d'années. Nous voyons seulement maintenant une sérieuse avancée dans ce programme «révolutionnaire», depuis cette dernière décennie. C'est une action super-intelligente qui utilise des «agents inconscients» du rôle qu'ils jouent vraiment, afin de parvenir à ses fins, du fait que celle-ci ne peut intervenir directement. Il ne faut pas perdre de vue que cette action est **occulte** et procède par étapes à différents niveaux, en «inversant les mythes». Pour y parvenir, il faut nécessairement aussi agir par la séduction et la fascination des sens. A ce propos, la «coopération» des médias n'est pas dérisoire, loin de là, en ce qui concerne **«l'éducation des masses» et la banalisation du mythe en question**.

Par ailleurs, les «expériences d'OVNI», vécues par les «expérimentateurs», nous plongent dans un univers de fiction. Les témoignages de «voyages», d'enlèvements et d'expériences par les ravisseurs «extraterrestres» ne sont pas recevables, leur caractère superficiel, absurde et incohérent nous laisse entrevoir une réalité bien différente de celle «qu'on» voudrait bien nous faire croire. Encore que cette réalité n'est certainement qu'une **réalité virtuelle,** une réalité qui n'existe pas, que le cerveau enregistre, coupé des perceptions habituelles. Une sorte de «cinéma paranormal», une véritable action magique par la manipulation d'images mentales. Nous y ferons un rapprochement avec les «voyages chamaniques», les expériences de transes provoquées par des hallucinogènes et drogues psychédéliques. Cette réalité virtuelle peut sembler réellement vécue par les sens, les témoins ou victimes de ces expériences sont véritablement sincères avec eux-mêmes; ils rapportent bien ce qu'ils ont vécu, mais c'est une **fausse** réalité. C'est donc bien une manipulation, néanmoins pour ce qui concerne les expériences de contacts OVNI, cette manipulation est provoquée par un stimulus intrinsèque, généralement à partir d'une lumière dirigée, ou d'un objet lumineux au sol. Le témoin est aussitôt isolé des perceptions habituelles, il perd toute notion spatio-temporelle, sans doute est-il sous état hypnotique. A partir de cet instant commence le scénario, il est tout à coup entouré de créatures étranges qui «l'enlèvent à l'intérieur de l'OVNI» et lui font subir un examen médical, **comme si** des «extraterrestres» venus d'une lointaine galaxie voulaient étudier notre métabolisme. C'est bien, effectivement, ce qu'ont pensé comprendre certains ufologues. Pourtant, le fait qu'aucun des «expérimentateurs» n'ait pu emmener une seule pièce à conviction, qui aurait été favorable à la thèse E.T., conforte directement cette réalité virtuelle **provoquée.** Là encore la réalité rejoint la fiction. En effet, n'est-il pas singulier qu'aujourd'hui nous soyons technologiquement capables de provoquer des scénari similaires, de créer une fausse réalité par un «casque électronique» branché à un ordinateur? Et nous voilà emmenés dans un univers magique, où la manipulation d'images prend une réalité convaincante, **néanmoins fausse,** un véritable «LSD électronique». Quand on conçoit toutes les possibilités de créations d'images de synthèse par ordinateur, on peut se demander ce qu'il en sera d'ici dix ou vingt ans[3]. Voilà qui donne le vertige, et nous ne risquons guère de nous tromper en disant que l'informatique et maintenant l'intelligence

---

(3) Le contact médiumnique avec les entités passe depuis peu par la «voie électronique». Il existe désormais des appareils électroniques permettant d'accéder directement à ce contact. La transcommunication ne permet-elle pas de communiquer avec les «morts»?

artificielle, auront rejoint la magie. Ce sera véritablement de la magie, le procédé seul change, car si on prend le cerveau comme siège central ou relais, le stimuli reste relié **à la source émettrice extrinsèque.** Par le procédé électronique, si la source qui envoit les impulsions est l'ordinateur, mais alors, dans les expériences de contacts OVNI, qui est l'ordinateur?

## 4 - Quelle réalité ?

**L'image** est le **symbole** qui remplit le même rôle au seuil de l'inconscient. Qu'elle soit utilisée dans les procédés magiques ne peut donc nous étonner, le lecteur conviendra combien la force d'impact suggestive que prend de nos jours l'image dans notre vie quotidienne est importante. Outre le fait de l'impact qu'aura pris l'audiovisuel, la manipulation d'images, en imprimant des symboles suggestifs dans notre inconscient (images subliminales) de manière à agir sur notre conscient, peut nous conduire à bien des excès. Et malheureusement, c'est ce qui se passe déjà. L'image revêt **un symbole magique** par son pouvoir de séduction, de fascination; elle exerce de cette manière une forte attraction sur notre conscience. Ce n'est pas d'aujourd'hui. Au paléolithique, l'homme ne possédait pas l'électronique et pourtant il utilisait déjà l'image pour exercer une magie sur le gibier; comme en témoignent les fameuses fresques de Lascaux. Les idoles qu'on vénérait dans les anciennes religions (et encore de nos jours), comme si c'était le dieu lui-même, sont encore une autre forme de l'utilisation de l'image-symbole pour exercer une magie. C'est donc, en fait, un simulacre ayant pour but d'agir sur nos consciences, capable d'intervenir dans **notre** réalité. Cependant une autre question se pose: peut-on distinguer une réalité imaginaire, c'est-à-dire fausse, d'une réalité autre, en dehors de nos repères habituels? A savoir, suivant un autre aspect, si les religions ont été construites sur des mythes ou si elles proviennent de l'influence d'une réalité, d'un plan d'existence différent du nôtre. A savoir encore, si les visions, les apparitions religieuses, sont le fruit d'une réalité virtuelle ou des interventions d'un univers situé hors de nos perceptions usuelles. Serait-il possible de concevoir que toutes les anciennes croyances se soient construites sur du virtuel? Comme on le voit, notre investigation nous pose plus de questions qu'elle nous donne de réponses. Et d'abord, comment notre cerveau conçoit-il la réalité que nous vivons, existe-t-il une pensée unique ou des systèmes de pensées? Pour cela, laissons dire Jean Fourastié, dans «La grande mutation du 20ème siècle»:

*«L'homme est avant tout un être qui pense. Nous pensons, et nous raisonnons, presque malgré nous, par le seul fait que nous sommes doués d'un cerveau qui vit. Nous nous faisons des idées au sujet de la réalité. Mais ces idées sont souvent non conformes à la réalité; elles sont construites à partir d'elle, sans doute, mais la même réalité engendre dans des cerveaux différents des idées différentes, de sorte que l'écart est souvent considérable entre le monde tel qu'il est réellement et le monde tel que nous nous le représentons intellectuellement.*
*Notre faculté de représentation s'empare de quelques aspects du monde à partir desquels elle façonne une image du monde pratiquement arbitraire, et qui dépend bien davantage du stade d'idées introduites dans le cerveau par l'éducation, que la réalité perçue. Ainsi se construit l'opinion que chacun se fait du monde.»*

Rendons-nous donc à l'évidence, il y a une sorte d'incapacité du cerveau humain à percevoir certaines réalités du monde sensible lorsque ces réalités ne sont pas en accord avec le contenu même de ce cerveau. A ce niveau réside toute une «zone à mystères» qui mériterait d'être explorée. Si déjà nous pouvons distinctement avoir des perceptions différentes de la réalité que nous vivons, comment donc situer la «réalité paranormale», si encore celle-ci existe réellement? Ce qui paraît déjà certain, c'est que le cerveau peut être utilisé pour nous donner des perceptions auditives et visuelles qui sont fausses, comme nous l'avons montré en parlant de la réalité virtuelle. Dans ce cas, il y a forcément **une action dirigée** artificiellement, éliminant le libre arbitre dans le «tri» habituel du cerveau. Ordinairement, celui-ci a tendance à ne voir dans les faits que ce qui l'intéresse ou ce auquel il s'est préalablement intéressé à ne voir que l'aspect des choses auxquelles il a d'abord réfléchi. L'application systématique de ce «mode d'emploi» de la pensée humaine, dans la recherche de compréhension du réel qui nous entoure, présente donc aussi pas mal de lacunes. D'autant plus lorsque cette «méthodologie» est appliquée au paranormal, surtout si «l'intelligence ordinaire» exploite et amplifie l'image archétypale orientée vers un aboutissement inconnu de nous et donc plutôt inquiétant. Cette intrusion dirigée dans «l'autre réalité» serait organisée de manière très subtile, par association de faits à différents étages de la pensée, tenant certainement compte aussi des faiblesses humaines, afin de susciter dans la conscience intellectuelle des chercheurs «l'intime conviction qu'ils sont sur le bon chemin», ou qu'ils viennent - pour les plus mystiques - d'avoir une révélation, de détenir un «secret» ou un «pouvoir». Cette action dirigée va donc vers **une intention d'illusion.** Les pouvoirs psychiques sont cela, c'est bien pourquoi on les qualifie de «magiques» et quelquefois, plus improprement, de «pouvoirs spirituels». Ces «acquisitions psy» sont d'autant plus obscures, que généralement, elles nécessitent un «vide mental», un vide qui laisse passer une influence étrangère, cette infiltration supprime, de ce fait, le libre arbitre de l'individu. Il en est de même avec les expériences de contacts-OVNI, où le témoin est confronté à une «absence de conscience» juste après la vision, et qu'il est spontanément introduit dans «l'autre réalité». Ce seul fait nous amène à penser qu'il s'agit du même «agent manipulateur» des cerveaux. Et qu'il existe donc très certainement une unicité entre tous ces phénomènes. Cette obscurité dans la manipulation, et l'intention, devraient susciter la prudence et amener les «séduits» par ces manifestations à prendre un certain recul, ne pas se laisser leurrer par l'attraction de l'occulte et les «nouvelles doctrines» qui sont, en vérité, aussi vieilles que le monde paganisé. Ces soi-disant «élévations de conscience» représentent plus exactement une fermeture de l'esprit, dans sa lucidité et raison, c'est véritablement **une action dirigée sur l'esprit.** La vulgarisation des pratiques occultes conduit malheureusement un maximum de gens dans ces voies d'égarement, en passant de l'expérience initiatique à une fausse connaissance.

# DEUXIEME PARTIE

# OVNI: Nouvel Ordre Mondial

# 1 - La conspiration occulte - son objectif

Lorsque l'on approfondit toutes ces questions au fil des années, on constate que le phénomène OVNI n'est qu'un des aspects d'une gigantesque ramification occulte, destinée à agir sur les esprits, de façon à nous amener à une modification de la pensée. Ce que, précisément, le New Age (Nouvel Age, précursuer du Nouvel Ordre Mondial) nomme «transformation», certes une transformation de l'être qui équivaut à un renversement des valeurs et de l'éthique, englobé dans le terme «renouveau spirituel». Ce renouveau spirituel se caractérise par une notion qui est indiscutablement issue de l'univers occulte: il faut passer par une **expérience intérieure** de l'illumination - en cela les expériences OVNI en sont une - qui, par elle-même, est **initiatique.** L'initiation équivaut à un accord consenti, de la conscience, d'être relié à cet univers: autrement dit **un pacte.** L'auto-exploration mentale, les champs intérieurs de la conscience, l'élargissement des facultés mentales de l'homme, l'harmonisation des vibrations de la conscience intérieure (résonance) avec celle du cosmique, deviennent pour les «enfants du Verseau», des moyens de se «canaliser» avec cette «autre réalité» qui semble avoir toute liberté d'intervenir dans les profondeurs de notre psyché, en brisant les barrières de notre conscience spirituelle. Mais, si on s'en réfère à l'éthique chrétienne, fondement de base de notre civilisation occidentale, c'est aussi **un interdit.** Un interdit qui semble être outrepassé par les influences du New Age, infiltrées à tous les niveaux de la société. C'est pourquoi les adeptes du Verseau sont radicalement opposés aux valeurs chrétiennes; c'est dans cette subtile inversion que se comprend le conflit, tant moral que spirituel, à la charnière de deux mondes d'influences. Ainsi, on ne peut s'étonner que des contactés OVNI, après avoir reçu l'illumination d'un «contact», se voient investis d'une «mission», et que, pris individuellement, chacun d'eux se croit «sauveur du monde». Des sectes se sont créées à partir de là. A ce nouveau degré, **la croyance** aux OVNI a franchi une nouvelle étape pour atteindre une croyance religieuse ou messianique, sinon encore une philosophie nouvelle, ou de conception de vie. Ce qui apparaît aussi certain dans ce contexte, c'est que le mouvement New Age a pris naissance dans la continuité des apparitions d'OVNI - ce qui se sait moins - et surtout avec les «contactés-missionnés», ayant suivi une voie convergente avec les influences religieuses des doctrines orientales. En effet, les mêmes caractéristiques se retrouvent dans ces «interventions». Le contacté-missionné remplit les mêmes fonctions qu'un «contact spirite», du fait qu'il est **médium,** un canal par lequel intervient la force cosmique manipulatrice. Un simple exemple (parmi tant d'autres) pourra nous le faire comprendre (pris dans la revue «Inexpliqué» - no 101) :

*La «Famille du monde unique», fondée par A. Michael Noonan, est une religion californienne (on notera, que comme les OVNI, ces influences nouvelles ont pris naissance aux U.S.A. NDA), qui a réuni quelques fidèles. Beaucoup de caractéristiques se retrouvent dans d'autres groupes. Dans le cas de Noonan, il raconte qu'il travaillait à coller des affiches quand, soudain, il fut transporté dans une autre galaxie (donc ici pas nécessairement d'apparition d'OVNI - NDA). Il se trouva tout à coup entouré de créatures angéliques, assises autour d'un trône fluorescent. Une voix tonna: «Acceptez-vous d'être le Sauveur du Monde?» (Là intervient le libre arbitre et la réponse sera décisive pour établir le lien occulte dans la «mission» - NDA). **Noonan accepta.** Il reste **depuis** en contact avec un extraterrestre du nom d'Ashtar (bien connu du monde des «contactés» - NDA), a fait des voyages jusque* *dans les régions habitées de Vénus (cinéma paranormal habituel - NDA) et se considère comme le Messie. Il s'emploie à écrire une volumineuse réinterprétation de la Bible: «L'Evangile Eternel», que ses fidèles l'aident à publier. Il croit être le porte-parole attitré d'Ashtar. **Des hallucinogènes et l'exercice de pratiques psychiques structurent le culte.** Noonan affirme aussi que grâce aux extraterrestres, «sa secte va bientôt s'emparer du pouvoir, aux U.S.A. et à l'O.N.U.». Mais seulement **après que les tenants de la foi chrétienne auront été,** (selon son expression ambiguë), «éliminés».*

Ces «contacts OVNI» ont pris une amplification depuis ces vingt dernières années, mais rappelons à l'occasion, le contact de feu Georges Adamski, avec un «vénusien», en 1952. Affaire qui fit grand bruit dans la presse et qui fut tant décriée par les ufologues cherchant la crédibilité dans la caution scientifique. Pourtant, aussi irrecevable que cela puisse paraître - et je fus moi-même un opposant à cette histoire - ce «témoignage» se comprend mieux dans le cadre du scénario, tel que nous venons de l'examiner. Il répond même directement à l'orientation de l'influence New Age actuelle, cela quarante ans avant ce qu'il est convenu d'appeler la «banalisation médiatique» des affaires de «contacts-OVNI». Sachant qu'Adamski avait été instruit (initié?) par une secte, lui aussi, on conçoit qu'à partir de sa vision de l'extraterrestre «Orthon», il ait parcouru le monde pour diffuser une nouvelle philosophie: on retombe dans le scénario, désormais classique, des missionnés par les «extraterrestres». A part le décor, nous n'y voyons aucune différence avec l'influence exercée par certains gourous de sectes orientales ou syncrétiques diverses qui pullulent actuellement. Rappelons encore ici le «contact» de Claude Vorilhon, dit «Raël», ou de Jean Miguère, assassiné en 1992, toute l'action de ces «missionnés par les extraterrestres» concourt dans **la même convergence,** vers **le même but:** une transformation de la société **sur la destruction du christianisme,** en préconisant instaurer une ère nouvelle, où l'homme sera «libéré» de ses «entraves terrestres», de son conformisme, des idées reçues... etc. et que **cette libération le divinisera,** car il est dit, dans ce concept, que l'homme ne pourra se sauver que par lui-même. Le concept divin n'existe donc pas, il est tout à fait clair que la religion dans la foi chrétienne, et l'Eglise, doivent être éliminées dans le nouveau courant de pensée et de croyance. Le fait est, qu'Adamski, en son temps, avait dit vrai et qu'il était sincère, en tant qu'une des premières victimes de la manipulation cosmique.

Quant à la confusion spirituelle dont on a souvent parlé à propos de l'occulte, elle n'existe que par rapport à l'interaction de deux courants de croyance religieuse; l'un issu du paganisme des religions préchrétiennes, avec ses cultes, et l'autre provenant du christianisme, né du judaïsme. Ces deux courants qui s'affrontent actuellement, avec la résurgence des anciennes croyances, témoignent l'existence d'un combat spirituel dont l'enjeu semble être l'homme et son humanité, et peut-être plus précisément encore **sa vie spirituelle,** vu que la guerre qui se livre depuis le commencement, parmi les peuples, comporte presque toujours des raisons idéalistes ou religieuses inavouées; il y a donc un paramètre spirituel dans les conflits de surface. Il nous faudrait peut-être épiloguer sur le problème du mal dans le monde, et son mystère d'iniquité, pour mieux comprendre, mais ce n'est pas ici l'objet de notre démarche. Cette question est par ailleurs développée dans un autre document en cours de rédaction. Eu égard à ce qui vient d'être dit, on comprend mieux que sur les bases chancelantes actuelles du christianisme, **d'anciennes forces occultes** resurgissent et montent à l'assaut des anciennes citadelles, déjà infiltrées par des « agents de l'ombre ». La confusion dans cette lutte, n'existe donc que pour celui qui ne sait pas reconnaître les siens, et son appartenance. On parle aussi d'une confrontation entre deux Eglises dont celle du Verseau serait la Contre-Eglise. Le discernement s'avère indispensable pour s'y reconnaître, mais comment discerner sans une grâce de l'Esprit, sachant que le discernement est un don divin? La meilleure manière d'agir, pour gagner la partie, de la Contre-Eglise intégrée dans le New Age, est précisément d'entretenir **la confusion des esprits,** et pour être plus efficace, de contrefaire tout ce qui repose sur les bases du christianisme, par l'utilisation usurpée de l'Ecriture qui est à la base de la foi chrétienne et le Roc sur lequel repose l'Eglise du Christ, lui-même usurpé par un faux Christ, le Messie, l'Avatar, le christ cosmique. Ce serait bien là le but du plan, l'aboutissement de cette tragédie. La période critique que nous vivons actuellement, partout présente dans nos sociétés, répond à n'en pas douter, à cette **apostasie des nations** dont il est précisément question dans l'Ecriture de la Nouvelle Alliance.

## 2 - Le diabolique «renversement»

On conçoit quand même mal que, dans cette spiritualité de la religion du New Age, l'homme parvient à la «divination», c'est une grande et grave erreur d'ignorance de penser que la créature puisse accéder à l'état de sublimation divine. Confondre ainsi la créature au Créateur. Si l'on considère la «généalogie génésiaque» de l'histoire religieuse de l'humanité, en remontant à ses origines, l'homme doit sa nature déchue, dans sa condition actuelle, par une confusion relevant du même type d'usurpation à laquelle il s'est confié. Ce «devenir comme des dieux» touche à l'essence même du problème, que dis-je, du drame que l'humanité vit depuis le commencement du monde, et qui se trouve amplifié parce qu'il parvient au paroxysme de son intensification... C'est-à-dire de notre décadence. De ce drame cosmique découle la guerre spirituelle entre deux camps, dont l'un parodie l'autre. Ici, que le New Age ait également assimilé l'«héritage du mysticisme oriental», en ses diverses doctrines, se comprend aisément: c'est bien l'identité du «moi» au divin, l'identité de tous les «moi» de l'univers entre eux, et l'identité de chaque «moi» avec l'unique et ultime «réalité». En termes de philosophie orientale, cette conception s'appelle **l'immanentisme**[4] **transcendantal,** c'est-à-dire que la réalité ultime est en nous, dans les profondeurs secrètes de notre «moi» sur le plan transcendantal.

La sempiternelle erreur est de croire que ce dialogue permanent du «moi» avec le «sur-moi» et l'inconscient ressort de la spiritualité chrétienne. Nous retombons encore ici dans la subtile inversion entre le conscient et l'inconscient, faisant prédominer cet inconscient, du «moi intérieur» sur le conscient. Ce n'est pas sans raison que toutes les techniques occultes, et le phénomène OVNI, agissent sur l'inconscient en le désolidarisant du conscient, dans la création d'images archétypales dans la relation d'une réalité virtuelle. L'analogie du «moi», et du «soi» oriental, avec la psychanalyse jungienne est ici frappante. Mais là où la psychanalyse parle de l'inconscient collectif comme un inconscient supérieur formé d'images psychiques, déposées comme d'un «potentiel énergétique psychique», à travers le temps, le «néo-spiritualisme», place partout le terme

---

4 - Du latin **immanere,** demeurer dans, qui existe ou agit en lui-même; un Dieu immanent, par opposition à un Dieu transcendant.

«conscience», autre élément convaincant de la «subtile inversion» des valeurs. C'est qu'assurément le piège spirituel est là. Ainsi, par exemple, ce que dit la psychanalyse:

*«L'inconscient collectif est cosmique, puisqu'il englobe l'expérience éternelle de l'homme, les expériences émotionnelles de toute l'humanité, et donc les archétypes le sont aussi, puisqu'ils en émanent.»*

Sri Aurobindo (yogi, «maître» spirituel):

*«Connaissez votre Moi, sachez que votre Moi est Dieu et un avec le Moi de tous. Sachez que votre Ame est une parcelle de Dieu. D'abord, offrez toutes vos actions en sacrifice au Suprême et à l'Un, en vous, au Suprême et à l'Un dans le monde».*

On conçoit ce diabolique renversement, où le «bas» devient «haut» et le «haut» devient «bas». Parvenu à ce seuil de la «spiritualisation» il n'y a plus de dialogue possible avec le croyant acquis à la foi chrétienne, puisque les références sont inversées et peut-être pire que cela, pour l'initié, sa vie psychique, du faux spirituel, a pris le dessus sur le conscient spirituel, de la lucidité et de la raison; l'authentique identité de l'être. Le sens mystique plonge alors ici dans les «abysses infernaux» du psychisme, ce qui expliquerait que la plupart des «maîtres spirituels» et yogis finissent toujours par mener leurs adeptes de la secte aux pires catastrophes, et généralement au suicide collectif. Loin d'être spirituel, dans la relation divine, **le lien** est spécifiquement psychique et diabolique. Il entraîne non seulement à la dégradation complète de l'être (vu le «renversement» de sa vie intérieure), mais très certainement aussi à la mort spirituelle, qualifiée de «seconde mort» dans les Ecritures, où l'âme appartient désormais au «maître des lieux». A ce dessein capital de la «destinée» humaine dépend **le choix** de l'être de se laisser influencer ou pas par cette «séduction de l'Orient» et du New Age. A savoir si sa recherche intérieure se résout à l'acquisition de pseudo-pouvoirs psychiques, au désir de dominer l'autre, ou de passer par l'humilité, à redevenir simple pour grandir spirituellement, véritablement, voie beaucoup plus difficile du fait qu'elle met bas l'orgueil humain de s'égaler à Dieu, ou aux «dieux», suivant l'éternelle imposture de l'antique serpent de la Genèse: «vous serez comme des dieux». Contrairement à la parole divine: «heureux les simples d'esprit car ils verront le royaume de Dieu». A cela, sur le plan collectif, comme sur le plan individuel, se résume l'enjeu spirituel de l'humanité, non pas par la «transformation intérieure» mais par celle des cœurs; il semble bien que ce soit cette première voie qui soit prise, ce qui peut qu'inexorablement nous conduire à la catastrophe universelle, vu que l'ensemble des peuples se laisse séduire dans le leurre matérialiste et de la fausse spiritualité, en se laissant toujours suggestionner par l'antique serpent.

C'est un fait que la puissance de suggestion dirige bien des vies, pour mieux les asservir et par conséquent, pour mieux les dominer. Le phénomène OVNI, dans ses apparitions furtives, pour en revenir à lui, n'est-il pas déjà **une puissance** de suggestion et de fascination? Qui, des années cinquante, et surtout avec les «atterrissages» de soucoupes volantes de la «vague» de 1954, et mieux encore avec l'affaire de Quarouble, n'a pas été fasciné par cette intrusion d'une «autre réalité» dans la nôtre? Avec la façon dont la presse - surtout à sensation - a rapporté le phénomène, cette puissance de fascination n'a-t-elle pas été amplifiée? Comment ne pas résister au «rayon hypnotique» sorti d'un «engin venu d'ailleurs», posé sur une voie ferrée désaffectée,

# RADAR

**VALENCIENNES**

1re année 26 septembre 1954

16 PAGES **30** francs

# RECONSTITUE LA FANTASMAGORIQUE APPARITION "MARTIENNE" QUI SIDÉRA Marius DEWILDE

Grâce à ses dessinateurs et reporters photographes, RADAR a pu attacher à reconstituer avec une extrême netteté l'hallucinante apparition qui fait terreur M. Dewilde, un dresseur garde-barrière dans le Nord. Évidemment à pousser réagible à aurait vu antenne, près de sa maison, une soucoupe volante.

**H**ALLUCINATION ? Voir ?

Marius Dewilde, ouvrier métallurgiste à Quarouble (Nord) prétend dans sa une soucoupe volante posée sur la voie ferrée qui devant les Houillères Parnelles...

Le 24 juin 1947 un aviateur américain Arnold Kenneth aperçevait au-dessus des monts Rainier (état de Washington)...

SUITE PAGES 2-8

pendant que deux petits êtres casqués passent à la «barbe» du témoin, médusé et ... paralysé? Une telle image-symbole n'a-t-elle pas frappé bien des consciences - dont la mienne - en nous laissant espérer que des «martiens» viennent nous envahir, pour nous sortir de notre ignorance, nous sauver de nos maux, ou peut-être nous asservir? Combien cela n'a-t-il pas mis en jeu nos consciences et combien d'encre n'a-t-elle pas coulé à ce propos? C'est tout l'espoir et la misère humaine, dans sa malheureuse condition, qui a été soulevée à l'occasion d'un tel jour. En même temps qu'un symbole, c'est tout un scénario qui allait entrer sur scène. Et nous, les spectateurs abusés, allions nous faire piéger par le mythe extraterrestre incarné par le phénomène. Et maintenant, comment ne pas comprendre le message médiumnique des contactés: «ne résistez pas aux extraterrestres» (M. Dewilde) – «N'ayez pas peur, nous venons» (E. Siragusa) – «Accueillez les extraterrestres» (C. Raël et J. Miguère)... Croire à l'intervention salvatrice des extraterrestres, n'est-ce pas revenir à la croyance des anciens cultes païens? Ainsi l'espoir du Salut qui vient du ciel n'a-t-il pas, lui aussi, changé de plan de référence? Il ne vient plus du ciel divin, mais d'un ciel matériel, du moins, **en apparence.** Car il y a bien un sens religieux à tout cela. Mais aussi une action psychologique, et aussi psychique comme nous l'avons vu, de grande envergure. On peut comprendre que cette action en aveugle plus d'un. «Ne résistez pas aux extraterrestres», équivaut à dire de briser notre résistance face à l'envahisseur. Les vietnamiens utilisaient cette technique psychologique durant le siège de Dien Bien Phu, valable dans toutes les guerres.

Le combat est donc spirituel, la méthode d'influence psychologique par le symbole, l'image **et le message médiumnique** sont de rigueur, mais aussi **la séduction** (l'OVNI extraterrestre), **la contrefaçon** (des Ecritures), tout cela avec un flot d'absurdités et d'incohérences qui - avec le support médiatique - menace de subjuguer bien des esprits, en une époque où la léthargie spirituelle, le détachement des véritables valeurs, remplacent le discernement, l'esprit de critique allié à la raison saine. Ce flot d'hérésies infiltre donc facilement les esprits, les «barrières» étant rompues, sous l'apparence d'une pseudo connaissance et néo spiritualité: **une fausse lumière.** Est-ce un hasard que cette «vague» d'OVNI ait déferlé sur l'Europe du Nord, et la France - creuset de la culture chrétienne - en 1954? Certes non, non plus un hasard que ces OVNI soient **les préfigurateurs** d'une autre vague, plus importante, qui submerge encore l'Occident, dit autrefois «chrétien»: celle **de l'occultisme.** Et que parce fait c'est un Occident déchristianisé qui surgit de l'ancien monde. Et que cette seconde vague est déjà remplacée, suivie, par une troisième, d'ordre plus spécifiquement **spirituel,** s'infiltrant à l'intérieur des communautés chrétiennes, ou se présentant en groupes, ou sectes, **d'apparence** chrétienne. Oui! C'est la guerre! Comme me répondait hier une personne, pourtant athée, quand je lui exposais, très rapidement, les méfaits des pratiques occultes, comme le spiritisme, très en vogue actuellement chez les plus jeunes, même dans les écoles, là où l'on incite également à la liberté sexuelle. En déstabilisant la jeunesse et en la «dévitalisant», c'est en fait d'un pays, d'une culture, d'une civilisation, reposant sur les «antiques» valeurs chrétiennes. Cette réponse furtive qui m'était donnée par une personne profane, résume toute notre démarche. N'était-elle pas aussi un signe, où l'Esprit parle quelquefois, d'une manière inopinée, là où il souffle? Quoi qu'il en soit, concernant la jeunesse, si la drogue ne joue pas là son méfait, c'est un autre «relais» qui vient se joindre. Cette action tentaculaire et multiforme dépasse l'entendement, elle joue sur plusieurs tableaux, les intermédiaires humains ne sont que des rouages d'une machiavélique machine qui broie tout ce qui peut encore rester d'authentique, de vrai, de nos valeurs «civilisées». C'est la fin d'un monde comme se targue à le dire, bien haut, les artisans du New Age. Nos âmes sont en péril.

Désormais le temps des «anciens dieux» déguisés en extraterrestres est révolu. Il aura joué un rôle décisif dans les hordes de Magog qui déferlent sur le monde, par assauts successifs. Le dernier bastion de «résistants» ne pourra tenir longtemps face à l'offensive de l'assaut ultime, l'ennemi attaque désormais à découvert, sans doute voit-il sa victoire proche. Mais, concernant la première «vague», puisqu'on les a perçus - du moins pour seulement quelques-uns - sous leurs déguisements, gageons que nos «extraterrestres» n'exerceront plus leurs fariboles sur la scène de sitôt, à moins d'une hypothétique intervention massive à «la dernière heure», comme des légions d'anges entourant leur messie? Se pourrait-il que le mythe se matérialise dans la phase finale? Leurs disciples le croient et préparent même leur venue. Quand on connaît l'aspect mensonger, trompeur et irrespectable du «phénomène intelligent», parfaitement identifié par nos soins, on se gardera bien d'abonder dans ce sens. Ce serait une «attente» qui répondrait d'une séduction réussie de leur part. A cause des «channels de contacts», une certaine catégorie de leurs adeptes s'est convertie à cette croyance, à la venue de ce «messie cosmique»: nouvelle parodie dans l'eschatologie des Ecritures.

## 3 - La Connaissance est-elle initiatique?

En effet, il existe bien une **dimension religieuse** dans le mystère des OVNI dont on parle peu. Il est vrai que la seule démarche intellectuelle et scientifique ne permet pas de comprendre, elle se limite à la rationalité. Mais comment comprendre un phénomène irrationnel sous cet angle? Cette investigation se donne inéluctablement une limite; ceci explique que la seule rigueur scientifique n'a jamais pu apporter d'explication jusqu'ici. C'est que, comme nous le comprenons bien maintenant, **le phénomène OVNI** n'est précisément **pas scientifique.** Il entre dans la catégorie des phénomènes irrationnels ou paranormaux qui, eux-aussi, ne possèdent aucune explication scientifique. L'ufologie ne peut être une science, plutôt une discipline de réflexion par rapport aux OVNI, mais encore plus une croyance. La question classique: «croyez-vous aux OVNI?» est assez caractéristique, et elle prend encore une autre représentation «hérétique» lorsqu'on l'associe à l'extraterrestre. On tombe dans le piège de la confusion, tout en promulguant le leurre voulu par le phénomène lui-même. Ceci dit, nous dirons donc, avec plus de certitude que cet ensemble de phénomènes paranormaux (OVNI compris), se rangerait avec plus d'exactitude dans le domaine **occulte.** Si on désire donc «pratiquer» dans cet univers, c'est de **sciences occultes,** ou fausses sciences, auxquelles nous sommes confrontés, ou plus simplement avec **l'occultisme.** C'est pourquoi nous avons préféré adopter le terme «surréel paraphysique» pour examiner ces phénomènes (au-delà de la physique) qui relèvent, en vérité, beaucoup plus de la «méta psyché», sachant que la provenance des faits semble relever du **psychisme,** ou que de toute façon le psychisme nous paraît bien être utilisé comme relais à une source occulte extérieure. D'une manière certaine, nous l'avons montré au début de notre démarche, les faits paranormaux affectent le cerveau humain, en dehors des cinq sens usuels semble-t-il. Toutefois, comme nous l'avons déjà montré («Le Monde occulte du Surréel paraphysique» - C.E.O. 1982), la production des phénomènes «psy» dépend de **la modification des états de conscience.** Certainement, les «voyages paranormaux», en soucoupe volante, tout comme ceux du chaman, s'effectuent en fonction de ces états altérés de la conscience, ce que l'occultisme interprétera dans le sens «d'élever ses vibrations» ou se placer sur «d'autres champs de conscience». Seulement, comme nous l'avons déjà dit, la réalisation d'archétypes ne se fait pas toute seule, dans la production de leurres, de type OVNI. Le stimuli est nécessairement produit par un agent extérieur, en s'attaquant à la nature humaine en ce qu'elle a de plus noble: son cerveau, sa pensée, sa conscience, prétendant promouvoir par «psycho mutation» une nouvelle humanité, un homme nouveau, exalter «l'homo nuevo» du Nouvel Age. On voit donc que les forces occultes relevant du, ou utilisant le psychisme, représentent le rouage essentiel de la manipulation des consciences, œuvrant dans un processus de «solve» (dissolution des institutions établies) et de «coagula» (reconstruction sur les bases données par le New Age, c'est-à-dire... occulte).

C'est donc par ce biais que les promoteurs du New Age, et les contactés-missionnés des OVNI, prétendent à une nouvelle connaissance (ou encore de «sciences avancées»), devant donner à l'homme une «libération totale de ses entraves terrestres» (sa condition déchue) pour accéder à la **conscience cosmique.** Autrement dit, connaissance de la matière et de l'Univers, non pas à la façon d'une démarche intellectuelle, scientifique, mais directement donc, par les zones intuitives du cerveau, de la psyché, s'ouvrant à la force cosmique («que la force soit avec toi»). L'homme «libéré» atteint à la connaissance vécue, corps et âme, en faisant intervenir la zone secrète et **inemployée** de son cerveau, par **l'illumination.** Et à ce sujet il est reconnu **scientifiquement faux** que nous n'employons que 10 % de notre cerveau. Par l'illumination, l'homme est donc promu d'accéder à la connaissance. Nous avons vu laquelle. C'est du chamanisme.

Un état de perception que certains nommeront encore «supra conscience». **L'initiation occulte** passe par là et le résultat est irréversible, l'initié souscrit **une alliance** avec les forces occultes qui l'utilisent à leur gré sans compassion. Mieux vaut ne pas se faire initier, surtout quand on ne connaît pas les tenants et les aboutissants, sachant aussi que ceux qui tiennent le contrôle semble régir à de bien sombres desseins, du fait même de toute cette gigantesque action de tromperie, mise en branle depuis déjà belle lurette! Nous avons irrémédiablement affaire avec des forces **subversives.** La connaissance occulte ne peut être qu'une fausse connaissance, on y accède par initiation, dite encore «connaissance initiatique». Par la «sublimation du moi» en quelque sorte, on ne monte pas vers le haut, du fait que la source est perverse. Et comment donc cette connaissance pourrait-elle élever l'homme, quand elle passe par le sous-étage de la conscience? Puisque cette conscience est **altérée** dans le «canal médiumnique», l'état de transe. Autrement dit la conscience est mise en sommeil, hors circuit, alors que c'est la partie vitale, **centre de la raison et de la lucidité** de l'être, en fait son esprit, cette parcelle d'éternité divine sans laquelle l'homme ne serait qu'un animal. Si, effectivement, l'homme provenait de l'animal après une longue mutation dans l'évolutionnisme, il serait incapable de penser. Mais on sait que la thèse de Darwin se heurte au créationnisme, et que celle-ci n'est qu'une attaque contre le Créateur, Roi de l'Univers. Par contre, si Dieu a créé l'homme, il possède un esprit et inexorablement c'est par cet esprit qu'il peut rétablir la relation spirituelle avec l'Esprit divin: là est la **véritable Connaissance** si mise à mal par l'occultisme. Certes, il est bien plus difficile d'y accéder que par l'initiation et les techniques occultes qui passent par **une pratique** et non l'effort, l'effort de vaincre soi-même, avec tout ce que cela incombe comme «barrières». Nous constatons deux voies, deux connaissances, deux esprits, qui dépendent d'un **choix** au sein du combat spirituel dont nous parlions précédemment. Il serait bien instable et dangereux de rester entre deux chaises. Et, finalement, chacun d'entre-nous y est engagé, bon gré mal gré, seulement, à la seule analyse du phénomène OVNI au sujet des «contacts», certains y sont plus que d'autres, et remplissent un rôle distinct. Pour mener à bien leur dessein, ces forces de l'ombre ont besoin des hommes qui constituent l'armée terrestre, tout comme Dieu ne peut intercéder que par l'homme. Ce seul constat nous montre que l'homme est placé au cœur de la création. Et s'il l'est c'est qu'assurément il n'est pas le produit du «hasard et de la nécessité» et encore moins qu'il descend du chimpanzé ou du cœlacanthe. Il occupe une place «royale» et il n'en est pas conscient, écrasé qu'il est par la production-consommation, il a perdu tout contact avec son propre centre: l'esprit. Et de ce fait, avec son créateur et seigneur personnel. Pour le seul profit d'une poignée de «maîtres du monde» qui détiennent à eux seuls, le véritable pouvoir de puissance.

L'authentique Connaissance s'acquiert pourtant sans «maîtres spirituels» qui sont les «loups ravissants déguisés en brebis». Gare aux sectes! Certains n'ont que l'apparence de l'Ecriture... sans le Verbe! Cependant, cette connaissance passe par des chemins tortueux et des épreuves difficiles. Dieu éprouve les siens du fond de l'âme! L'«alliance» ici n'est pas un pacte, mais une **expérience vivante.** Elle n'est pas **dans** la création, elle est **le moyen** par lequel Dieu établit la relation avec **sa** créature, avec laquelle il agit au travers de l'histoire universelle, avec **son** peuple. Inutile donc d'aller chercher auprès des illuminés de l'occulte, dans les pratiques psychiques, dans les groupes ou écoles ésotériques, sectes ou églises. Ces «lieux saints» sont déserts, la Connaissance n'y habite plus, le sanctuaire est vide!

La pierre angulaire a été détachée de l'édifice, **la clé de la Connaissance** n'ouvre plus sur le «Saint des Saints». La situation est tellement déplorable à cet endroit qu'il nous semblerait revivre ce sévère reproche du Christ aux Pharisiens de son temps:

> *«Malheur à vous, docteurs de la loi, parce que vous avez enlevé la clé de la Connaissance; vous n'êtes pas entrés vous-mêmes et vous avez empêché d'entrer ceux qui le voulaient!»*
>
> *(Luc 11 : 52)*

Qu'aurions-nous besoin d'aller chercher ailleurs ce qu'on possède en soi, pourvu qu'on ait la clé qui aille sur la serrure; le témoignage de l'Ecriture et le Christ qui en est le centre. Pourvu que l'on puisse s'éloigner des bruits parasites, afin de se mettre à l'écoute méditative de la Parole, éternelle et vivante! Nous-mêmes sommes le temple, le Christ est le Saint des Saints, la voie sacrée ne passe plus par l'Egypte, ni même par Jérusalem; il ne reste plus que des indicatifs. Rappelons à propos, ici encore, deux passages essentiels de St. Matthieu, dans le Nouveau Testament:

> *«Quand tu veux te recueillir, entre dans ta chambre, et, ayant fermé ta porte, prie ton Père qui est présent dans le secret;*
> *et ton Père qui voit dans le secret, se rendra à ta demande»*
>
> *(Matt. 6:6).*

et encore:

> *«Tout ce que vous demanderez dans le recueillement, **croyez que vous l'obtiendrez,** et vous le verrez s'accomplir»*
>
> *(Marc 11:24)*

Chacun de nous peut donc trouver la voie par lui-même, mais il ne suffit pas d'ouvrir la porte, il faut **vivre l'expérience,** «entrer dans le temple», celui-ci n'est plus occupé par des dieux de morts mais par le Dieu Vivant. Qu'on ne vienne donc pas nous dire de se «brancher» avec l'étage du «dessous», de l'inconscient, quand l'esprit-conscient est notre propre pierre de faîte. En ce sens, la Connaissance s'acquiert par soi-même, par le désir obstiné d'aller à l'amour de la Vérité! Car Dieu, par le Christ, est Esprit et Vérité. La connaissance initiatique ne conduit pas à cela, elle procède d'une certaine illumination intérieure par une technique occulte, d'abord, et par simple «canal médiumnique» ensuite; un **channel** qui délivre un message ou «instruit».

# 4 - La fausse connaissance passe toujours par un «canal psi». Lequel ?

## Et d'abord comment s'effectue un contact?

Nous en sommes maintenant persuadés - après avoir examiné bien des cas - le contact OVNI passe par une impulsion provoquant un stimuli sur le cerveau, utilisant même plus généralement l'inconscient, pour nous créer des scénarios ayant l'aspect d'une surprenante réalité. Dans la presque majorité des cas, lors d'une rencontre rapprochée d'OVNI, le témoin perd soudainement pied avec la réalité présente, pour se retrouver **instantanément** dans cette autre «réalité» qui n'existe certainement pas, étant du domaine de l'illusion magique. Nous l'avons déjà montré dans «La Manipulation occulte». Après cette «expérience», revenu dans notre univers, le témoin fortuit, qui n'est plus seulement un témoin mais une victime manipulée malgré elle, constate peu après une «absence» dans son emploi du temps, pour le peu qu'elle se réfère à des points de repères. Un «trou» dans le temps, mais aussi parfois dans l'espace, ce que, en ufologie, on désigne parfois parle terme de «téléportation» [5] Il est certain qu'un simple rêve éveillé ne peut produire un tel phénomène, et qu'en conséquence il s'est passé quelque chose d'incompréhensible, non en rapport avec les lois physiques connues, hors du temps, hors de l'espace. C'est une **action** purement **magique,** mais comment cela se peut-il? Comme cela fait partie du domaine «miracles», nous l'ignorons, mais il y a inexorablement **action** d'une force issue d'une source supérieure à la «technique» et à l'intelligence humaine. Hors du temps et de

---

(5)   C'est-à-dire que le témoin se retrouve à un autre endroit de celui où il a vu l'OVNI, après le «scénario» et le retour à la réalité.

l'espace, cela peut se concevoir si on admet l'existence d'un univers qui ne soit pas inscrit dans le mouvement des cycles spatiotemporels. En admettant qu'une (ou des) intelligence(s) peuple cet univers, il n'y aurait donc pas de déplacements pour qu'elle se manifeste. Cette intelligence procéderait par apparitions et disparitions spontanées... d'où «matérialisation» (ou visualisation dans certains cas) dans notre univers. Ce qui reviendrait aussi à dire qu'elle se situerait au-delà du temporel physique, hors de la matière, donc non tributaire des lois qui la régissent. Une fois «projeté» dans ce «hors temps», le témoin serait-il «dématérialisé» lui aussi? Que penser de certaines rencontres rapprochées, comme ce fut le cas pour un certain Valdès, de l'armée mexicaine, disparu soudainement lors d'un «contact OVNI au sol», pour réapparaître quelques minutes après avec... une barbe de trois jours? N'est-ce pas magique, inconcevable à notre pensée rationnelle? Et pourtant plusieurs exemples du genre existent dans les annales de l'ufologie. Et tout aussi inconcevable est l'existence d'un univers hors du temps et de la matière... et pourtant **cet univers existe,** puisque, non seulement les apparitions «inexpliquées» (et «religieuses») nous en témoignent, mais encore... tous les textes sacrés des anciennes religions, et notre Bible même nous en parlent! Il a donc existé **de tout temps** et avant l'homme, de la création du monde même. C'est notre intelligence **limitée** qui l'ignore, et notre conscience prisonnière de la matière qui nous empêche de l'appréhender, pour le peu que la partie rationnelle du cerveau soit plus «éveillée» que l'autre.

Bien entendu, l'existence d'un tel univers ne peut faire partie du naturel, de la création matérielle; les textes sacrés de toutes les religions l'attestent. LA CREATION, dans son ensemble comprend donc **deux univers:** l'univers visible et l'univers invisible.

L'invisible est encore appelé surnaturel: «qui dépasse les forces de la nature» dit le dictionnaire Larousse. Sur ce plan, c'est aussi un univers qui se place «au-dessus» du nôtre, puisqu'il peut, par les apparitions (inexpliquées et religieuses) interférer dans le nôtre, alors que par sa nature matérielle et homogène, qui réunit corps, âme et esprit, l'homme ne peut y accéder, à moins que...

Tout d'abord, cela me rappelle la réflexion d'un scientifique, s'intéressant aux OVNI et à la parapsychologie, qui s'est suicidé dans des circonstances qui demeurent mystérieuses, en 1972, juste quelques heures avant une entrevue programmée dans les Alpes de Haute Provence, et qui avait dit à quelques amis de notre entourage: d'une certaine manière, nous sommes supérieurs à «eux» (les extraterrestres), car ils ont besoin de la «soucoupe volante» pour venir à nous, alors que nous, nous n'en avons pas besoin pour aller à «eux». Cette réflexion m'avait personnellement frappé et interrogé durant des années, car ce scientifique, en l'occurrence le Dr. René Hardy (Dr. es-science ayant mis au point les fusées à tête chercheuse par infrarouge) n'était pas un mythomane, et par intuition je «savais» qu'il y avait là une «clé» qui ouvrait sur le «secret des OVNI». Par la suite je trouvais la serrure correspondante. En effet, cette réflexion devient claire aujourd'hui, et le «secret» est tout entier contenu dans la forme du «contact OVNI»:

*1 - Pour mieux nous mystifier, OVNI et entités humanoïdes se matérialisent dans notre temporel,*

*2 - Le contact s'établit, **dans ce cas,** toujours dans le sens OVNI-E.T. et «contacté»,*

*3 - Un message (ou expérience) est adressé au «contacté».*

C'était donc du «classique» en ufologie, en 1972, sauf pour un certain Pierre Ensia, on abordait peu le phénomène «secondaire» des contactés d'OVNI, et pourtant il était déjà bien répandu. Dans la plupart de ces «contacts», provoqués par «eux», l'OVNI est toujours présent. Notons en passant que le «dialogue» s'effectue dans ce cas **par «transfert télépathique»,** l'entité utilise le cerveau du «contacté», plus précisément les longueurs d'ondes de celui-ci par «résonance vibratoire» avec l'entité, qui est en fait «énergétique», entendons dans le sens «énergie-matière». C'est-à-dire une forme matérialisée utilisant l'énergie de la matière (toute matière est une forme d'énergie potentielle) au niveau vibratoire. En vérité l'OVNI n'était là que pour dresser le «décor extraterrestre». Par la suite, il disparaîtra d'ailleurs progressivement de la scène pour ne laisser que des contactés directement reliés à la «source».

Ceci dit, le **contact** peut être **provoqué** dans le sens inverse, par techniques occultes passant par **la médiumnité** («canal») **ou par l'invocation d'un «mantra»,** ou encore mot symbole ou «code» permettant d'établir la relation occulte par «accord vibratoire» quand il y a déjà eu un contact avec l'entité qui transmet (télépathiquement), un code ou «nom cosmique»; le processus est ici **initiatique.** L'initié reste néanmoins **soumis à cette dépendance** occulte. Nous savons que la médiumnité ne peut se faire que par l'effacement du moi-conscient (altération de la conscience) qui peut mener au phénomène de «transe» où, dans ce cas, le conscient est déconnecté au profit de l'inconscient: l'«initié» devient **un instrument,** il peut opérer toutes sortes de choses, et même recevoir des connaissances, étrangères à son savoir, écrire des livres hors de sa volonté (ouvrages ésotériques). Cependant la médiumnité n'inclut pas toujours une absence totale de conscience, et cette faculté ou «dons paranormaux», peut être

**créative:** il y a des médiums peintres, écrivains, musiciens et guérisseurs...etc. Néanmoins, lorsque le «canal» est établi, il y a abaissement de la conscience, d'où état altéré. Les pratiques spirites exigent cette médiumnité, où le «patient» (plus exactement «percipient») est alors sous contrôle; une force «X» se saisit de lui pour lui «transmettre». A ce niveau aussi, il y a scénario de tromperie; la force «X» peut tout aussi bien se faire passer pour nos «chers défunts» ou «extraterrestres»: c'est toujours ce qui se produit.

Alors tout devient clair dans la «mystérieuse» réflexion du Dr. Hardy. En tant que parapsychologue (ayant mis au point des appareils perfectionnés, similaires à ceux du professeur Robert Tocquet, Président de l'Institut Métapsychique International, qui a écrit une trentaine d'ouvrages sur le paranormal) il a dû fatalement établir un «contact» par une technique qui lui était propre où, dans ce procédé, la relation se fait avec le «bas» si on peut dire. Mais il y avait aussi une question de matérialisation dans l'expérience dont on n'a rien su, bien que les matérialisations soient solidaires des phénomènes paranormaux, outre les simples formes ectoplasmiques. Cependant, dans les phénomènes paranormaux, il y en a qui appartiennent à la psychophysiologie classique, qui ne peuvent se confondre avec les phénomènes occultes (par exemple les «guérisons psychiques», par méthodes auto suggestives), ils sont d'ordre **naturel,** et non «surnaturel» (ou préternaturel). La question est complexe et réclame aussi discernement et compétence dans l'expérience, avant d'apporter un verdict sur n'importe quel fait classé «inexpliqué». Nous n'en aurions pas fini d'énumérer la typologie de ces phénomènes qui, faut-il encore le répéter, sont vieux comme le monde. Depuis la plus haute antiquité, dans toutes les communautés «civilisées» du monde, on pratiquait la magie, le culte avec tes divinités, des temples leur étaient élevés: en Egypte, au temps des pharaons et des Ptolémées, des temples à la déesse Isis (comme à Philae) étaient consacrés à de tels prodiges «magiques» et «miraculeux». Les Romains, les Grecs édifièrent eux aussi, sur l'«inspiration égyptienne», ces temples guérisseurs, consacrés à Apollon, Artémis-Diane, à Esculape le dieu de la médecine qui était honoré sur les autels. La piscine de Bethesda, où le Christ fit un miracle de guérison à un aveugle, à Jérusalem (Porte des brebis), était consacrée au dieu Esculape. Mais ne confondons pas les miracles du Christ, mystiques du surnaturel, avec les «prodiges occultes» qui ont une apparence commune **dans les effets.**

Ce qu'il importe de savoir ici c'est que le **canal médiumnique** joue un rôle prépondérant dans le contact occulte, et malheureusement la plupart des techniques occultes sont maintenant diffusées dans l'amalgame des livres que l'on trouve sur tous les rayons «ésotériques» dans de nombreuses librairies. Nous disons malheureusement, car ces pratiques occultes, comme le spiritisme, le «contact OVNI» (forme de spiritisme) vont au déséquilibre psychique, capable de conduire à la déchéance, au délire, à l'obsession, enfin à la catastrophe mentale et spirituelle. Et la force «X» du «contact» **finit toujours** par reprendre sa proie, car n'oublions pas qu'il y a eu **«alliance»** dans le contact, tout en laissant le libre arbitre (flottant) humain agir. En rappel: le contacté Jean Miguère qui, à la suite d'un accident **provoqué** (où il y a eu un mort) eut un contact avec une entité... «dont les yeux seuls, froids et obliques, me parurent **inhumains»,** écrira-t-il («J'ai été cobaye des Extraterrestres», éd. Promazur, 1977) qui lui demanda d'abord s'il acceptait la mission (d'être une expérience pour «eux»). **Ce qu'il accepta.** Alors l'entité lui fit savoir **à l'intérieur de son cerveau** où les mots pénétraient un à un: «Ne crains rien, tu vivras. **Désormais, tu nous appartiens»** (le fameux pacte d'alliance). On sait que le contacté fut assassiné dans des circonstances qui demeurent mystérieuses. Sa mission était terminée et à la fin, il finit par fantasmer, délirer...raison sans doute pour laquelle il fut «éliminé». Rien de plus simple à la force «X» de manipuler les consciences et d'armer un bras pour ce faire.

Les rites initiatiques dans les «écoles à mystères» d'autrefois (mystères d'Eleusis, par exemple) ne menaient-ils pas au même désastre, voire atrocités (crimes rituels): le dieu Moloch est toujours bien vivant, on l'a vu avec le suicide collectif «organisé» par la force «X» auprès de la secte de Guyana, et avec la secte de David Koresh à Waco, au Texas. Il s'avère dangereux d'intervenir auprès des sectateurs ou gourous de sectes religieuses (occultes); toujours investis d'une «mission divine», cela se termine **inévitablement** par un suicide, individuel ou collectif. La Loi, **dans le contrat** occulte reste à la force «X» qui reprend **son dû** (l'âme) dans les cas ultimes. Ne serait-ce pas aussi dans une aventure du genre auquel serait tombé cet homme dépressif, pour avoir perdu tout espoir, signant ses méfaits par les initiales «H.B.» et ayant pris des enfants en otages, dans une école, au moment où nous écrivons ces lignes. Ne disait-il pas, lui aussi, avoir reçu une «mission divine», ce qui fut d'ailleurs attesté par un psychiatre qui l'approcha. Il est malheureusement «classique» qu'un homme désespéré, ayant tout perdu tombe dans un tel piège, réellement diabolique, si ce n'est pas, de toute façon, dans la toile d'araignée de l'occulte, des sectes en particulier. Ce que nous déplorons aussi, c'est l'impact médiatique disproportionné que prennent ces «affaires». Cet «appel aux sens psychiques» joue aussi son rôle dans l'amplification de tels phénomènes, où la crise actuelle jette sur le pavé des proies toujours plus faciles. Hélas! C'est autant de «sacrifices» offerts aux dieux, aujourd'hui comme hier, sous des aspects différents. Les anciennes forces occultes resurgissent et se nourrissent du psychisme de leurs victimes. Avec elles, les anciens cultes sacrificiels, comme c'est le cas en Afrique, durant les guerres tribales, ethniques, dont on nous parle épisodiquement. Les sacrifices humains sont de nouveau à l'honneur, tant en Amérique du Sud qu'en Afrique, où des centaines de chrétiens auraient servi de victimes: brûlés vifs, au Tchad notamment. De tel excès du fanatisme ont toujours un sens «religieux». Pour cette raison, les fausses croyances, l'illuminisme, sont dangereux pour l'esprit qui est le centre de lucidité et de la raison humaine. Du déséquilibre mental, elles conduisent à l'anéantissement de l'être.

Si les «dieux d'hier» sont les «extraterrestres d'aujourd'hui», et ils le sont, il y a de quoi s'inquiéter sur le sombre dessein auquel ils prétendent nous conduire, à l'aube du Verseau, sur cette prétendue «libération» de l'homme, qui est comme une séduction, de l'appât qui cache l'hameçon pour mieux piéger tous ceux qui s'y laissent imprudemment prendre. Illumination, initiation, sont comme fausse connaissance, fausse lumière. Innombrables sont, aujourd'hui, ceux qui s'engagent, de leur propre initiative, dans ces camps de la mort spirituelle. La guerre actuelle est celle-là, et elle fait rage parmi les déprimés, les paumés, que notre indifférence et la crise, tant économique, morale et spirituelle, engendrent. Ce qui pourrait paraître aussi inquiétant que les drogues, pour les autorités aujourd'hui, c'est la prolifération des sectes occultes, dites «religieuses», et de l'occultisme. Ce genre de fléau a, certes, toujours existé, mais il s'est considérablement étendu ces dernières années. Très certainement à cause du nombre croissant d'êtres déstabilisés, ayant perdu même le sens de l'homme. Ce sont autant de signes avertisseurs de ce que pourrait être la société de demain, spirituellement **anesthésiée,** laissant le champ libre à des forces révolutionnaires plus agissantes.

Ce retour au paganisme antique ne nous fait pas avancer dans la voie de la véritable évolution, bien au contraire, ce sont là les «sauterelles de l'Apocalypse qui viennent tourmenter les hommes (Apo. 9:7)», elles ont leurs «agents» sur terre, en autant d'illuminés ou d'entités de l'occulte. Car tout cet ensemble, à des étages divers, est cohérent et va dans le sens d'une **fausse mystique,** les «grâces» (charismes, dons ou pouvoirs) qui sont donnés, ne sont sûrement pas de source divine. Les miracles de guérisons ne sont pas non plus une preuve d'action divine. Nous devons donc reconnaître que ces faits mystiques ne passent pas par l'esprit mais par le psychisme, comment cela se réalise- t-il? Pour répondre à cette question, il faut savoir ce que représente un initié, ou encore un «contacté». Ceux-ci ont reçu une influence spirituelle et deviennent des médiums, une fois effectué le pacte d'alliance avec la force «X». Le médium, encore appelé «channel» (en anglais, signifiant canal) devient un intermédiaire entre la force «X», où généralement des entités s'expriment par sa bouche - dans la transe, la voix est neutre, monocorde, voire métallique - et un auditoire. Ce mode de communication par «transfert» (ou possession) se retrouve auprès des contactés d'OVNI: lors d'une «séquence d'atterrissage», l'entité s'exprime par ce ton neutre et métallique (en utilisant le cerveau du témoin comme relais, nous l'avons vu). Ceci prouve qu'il y a même identité médiumnique et que le processus est quasiment identique à celui d'une communication spirite avec les «esprits». Le contact OVNI n'en est qu'une variante, les «esprits» (ou «défunts») deviennent «extraterrestres». C'est en ce sens que nous parlons de **complot occulte de tromperie.** Le courant de pensée New Age, en ses multiples groupes occultes, a pris naissance à partir de cette base, depuis les USA. On conçoit mieux ainsi, la dégradation morale et spirituelle que peut occasionner cette «nouvelle culture» (plus exactement «sous culture») auprès des plus jeunes. L'expression corporelle et artistique, ainsi que musicale est largement utilisée; le procédé est toujours le même: agir sur le psychisme, le domaine des sens et les instincts, quand ce n'est pas directement l'introduction de messages subliminaux dans l'inconscient, de façon à dégrader l'individu, le déstabiliser, tout en effectuant une «fermeture» de son centre le plus vital, le plus noble: son esprit. Nonobstant tout ce qu'on peut dire de la culture moderne importée des USA, on peut aussi parler de «pollution spirituelle», à cause de tout cet ensemencement psychique dont les résultats désastreux commencent à se faire sentir en moins d'une génération: violence, immoralité, viols, meurtres, suicides... en nette progression de nos jours.

## 5 - Qui est à l'origine du complot occulte?

### Quelle en est la source?

Il est bien certain qu'une action de cette envergure, si bien menée à travers la chronologie du temps, dépasse les limites humaines, elle est efficace car secrète et silencieuse. Un tel complot ne peut donc être d'origine humaine. S'il l'était, tôt ou tard, le secret de l'organisation aurait eu des fuites. Il en est de même pour les OVNI, ils ne peuvent être des armes secrètes ou d'origine nazie, ils n'en sont pourtant pas non plus «extraterrestres» dans le sens du terme. Alors? Nous avons commencé à ébaucher le problème en parlant de «matérialisation», d'un monde hors du temps et de l'espace. Il reste donc l'invisible, de la surnature dont toutes les traditions parlent, où il est précisément question de toutes ces manifestations, apparitions, sous des noms divers, qui étaient autrefois les dieux et déesses des religions antiques. Les systèmes religieux passent, mais les **dieux restent: ils sont immortels,** pour eux le facteur temps ne compte pas.

Ces dieux antiques sont-ils alors les mêmes aujourd'hui, ces entités cosmiques qui se présentent sous divers noms: Orthon, Aurio, Strob (contacté Miguère, quand il dit: «Strob vit **en moi»** = possession, Michaël, Chamuel, Asthar, Sananda, Lasos, chacune de ces entités ayant une mission spécifique auprès des «channels», par exemple «Lasos» sera le «maître cosmique» d'inspiration de la musique, «channelling» du New Age. Ces «maîtres spirituels» sont à la source du New Age puisqu'ils sont les **instructeurs** des «channels». Les portes de cette «autre réalité» passent par-là, en ouvrant un sixième sens psychique qu'il faut développer, diront les contactés. «Augmenter ses capacités psychiques» ne signifie aucunement de «mettre en circuit» les 80% du cerveau qui ne fonctionnent pas. C'est une tromperie manifeste, nous le savons, ce «sixième sens psychique» en question, c'est «l'ouverture» certes, mais des portes extrasensorielles E.S.P. **en bloquant le conscient:** Les états altérés de la conscience («autres plans de conscience» diront les channels), donc, en mettant en veilleuse la partie noble de notre cerveau, le néocortex, siège du conscient, au profit de la partie inférieure, le paléocortex, siège de l'inconscient. C'est un état qui se traduit par l'apparition d'ondes (étude E.E.G.) du cerveau, au niveau **vibratoire** donc, pouvant passer du rythme thêta au rythme alpha jusqu'à l'inconscient. Les travaux du parapsychologue allemand, le Pr. Bender de l'Université de Fribourg ont permis de comprendre que certaines manifestations spirites (télékinèse) dépendaient de la P.K. solidaires certainement aussi du champ magnétique humain, ou corps de plasma biologique mis en évidence par l'effet Kirlian. Il existe - c'est maintenant démontré - un ensemble de forces micro-vibratoires, d'origine naturelle, susceptibles d'être commandées ou utilisées. Et le corps humain comporte un tel champ qui l'enveloppe comme un cocon. C'est le corps énergétique qui est sûrement concerné dans la production de **certaines** expériences psychiques. Il est même possible de mettre en état de **synchronisation** les ondes cérébrales du cerveau avec le «champ psychique vital» (expression du Pr. Bender) sur une même fréquence (3 ou 4 Hz, ou cycles/seconde), **dans certaines conditions psychologiques.**

Outre les phénomènes psychiques «internes» dépendant du corps bioénergétique humain, l'observation expérimentale des phénomènes paranormaux (y compris du phénomène OVNI) montre également l'existence de phénomènes «externes», **d'un champ psychique en dehors de l'espace.** On peut donc facilement concevoir que ces deux sources entrent en résonance vibratoire, suivant certaines conditions. Et qu'à partir de là, le «contact psychique» s'établisse: d'où l'expression américaine «channel», un état médiumnique qui serait nécessaire à «l'expression» de la force «X», que les contactés ou initiés **de l'occulte** (car il y a également initié à la connaissance par un long travail d'études et de recherches personnel, ainsi que spirituel) appellent encore **«force ou puissance cosmique».** L'état médiumnique ou **de transe** ouvre donc sur cette force. De ce fait, plus il y aura d'initiés ayant atteint ces états de conscience, plus la force cosmique entrera en puissance au niveau collectif, à savoir si elle ne pourrait pas agir ainsi sur l'inconscient collectif, modifiant nos concepts usuels, car n'oublions pas qu'il y a interaction avec la conscience: on parvient à ce «système de contrôle», cher à Jacques Vallée à propos de la production des phénomènes OVNI. On entre alors ici dans un cercle vicieux satanique; «le monstre se nourrit par lui-même». Et la «nébuleuse New Age» va directement dans ce sens, les cercles d'initiés font tache d'huile, d'autant plus qu'un travail médiatique est désormais entrepris en cette faveur.

Bref! Ce qui nous intéresse ici c'est l'état de synchronisation dans le contact psychique (soit du 4ème type!) entre l'émetteur et le récepteur, étant entendu que **l'émetteur est cette mystérieuse puissance cosmique,** connue des anciennes écoles initiatiques «éveillant l'adepte aux petits et grands mystères». Cette force cosmique que les «enseignants» du New Age placent dans la cinquième dimension de l'Espace, donc hors de l'espace et du temps. C'est toujours cette même force que les exaltés, plutôt fanatiques, de certaines sectes religieuses appellent «l'Esprit». Ces antiques écoles initiatiques à «mystères», dont les plus anciennes seraient celles d'Egypte, avec les «mystères d'ISIS et d'OSIRIS» ou Osiris incarnant le principe cosmique, OSIRIS-RA, la «lumière incréée» (voir Cahier d'Ouranos n° 30, p.39). «La mort est anéantie par la lumière d'OSIRIS» est-il écrit dans le livre des Morts. Il est naturellement question ici de la mort initiatique, du vieil homme à lui-même. Les pharaons dorment toujours dans leurs tombes profanées. Environ 2500 ans plus tard, après la quatrième dynastie, la mort a été réellement anéantie par le Christ **ressuscité des morts,** l'Ecriture en témoigne et les disciples du Christ ne pouvaient mentir en l'écrivant quelques trente années après la crucifixion. C'est à ce point précis que la Tradition et la Révélation se croisent **en se confondant.** Car il est indéniable que certains mystères antiques ont été repris par l'Eglise Primitive du Christianisme, mais seulement en retournant le rituel symbolique à sa juste signification divine et non cosmique ou solaire. Tous ces anciens cultes étaient effectivement d'origine métaphysique **solaire.** Pour en rester avec les anciens mystères (religieux) d'Egypte, le symbole solaire de la «divinité cosmique» est éternellement présent sur toutes les fresques, peintes ou taillées dans la pierre des caveaux et des temples: c'est le cercle ou **disque solaire entre deux cornes** placé sur la tête d'ISIS et autres divinités (les cornes sont un symbole de puissance que certaines erreurs de traductions bibliques placèrent sur la tête de Moïse, à moins que cela ne soit une réminiscence de la tradition égyptienne chez les hébreux). Quoiqu'il en soit, mis à part le Christ Jésus, les grands initiés n'ont pu ressusciter, malgré la Connaissance initiatique occulte dont ils héritèrent. Cette lumière du «Grand Tout» n'est donc pas la vraie lumière, ou du moins n'est pas celle de l'incréé du «DIEU UN», mais plutôt une contrefaçon du Dieu d'Israël qui occupe une place toute particulière dans le monothéisme religieux, et qui est contenu dans la phrase la plus précieuse de la Torah:

*«Ecoute Israël: l'Eternel notre Dieu, **l'Eternel est un!**»*
*(Deut. 6:4).*

Le «un», «l'unique» est donc **l'Eternel,** incréé, par qui, ou par quoi, Tout a commencé, car «il y a eu *un commencement*» (première phrase de la Genèse) dans la création, visible et invisible. Cette réalité est **parodiée** par la métaphysique gnostique, à propos de ce «grand mystère de l'unité», de «l'UN EN TOUT»: Dieu en toute chose, **dans la matière,** dans la création et donc en l'homme; c'est donc la divinisation de la matière: «Dieu est un»... **avec en plus:** «UN est tout». C'est un iota de trop! Or, l'Eternel, par son Verbe divin a dit lui-même: «ne retrancheras ni ne rajouteras un iota de plus...» à la Parole. Autrement cela change tout le sens de l'Ecriture, qui devient celle des hommes (comme le Talmud des Juifs) et non celle de l'UN.

Ceci dit, nous devons bien reconnaître que la Force cosmique qui instruit les initiés d'hier et d'aujourd'hui n'est pas l'UN, c'est-à-dire divine. L'homme ne peut pas se déifier comme la «théologie occulte» tente de nous l'inoculer. S'il en était ainsi, il ne mourrait pas, il serait de matière divine, glorifiée. Seul le corps **ressuscité** du Christ l'a été. De son corps de souffrance «ancien» dans la condition humaine, il est véritablement mort et ressuscité **en corps glorieux.** S'il n'était pas Fils de Dieu, Verbe incarné dans la chair, et simple initié, il n'y aurait pas eu ce miracle, curieusement si contesté de nos jours. A ce point précis de la Révélation, dans l'accomplissement de l'Ecriture (de l'ancienne Alliance), il y a une contrefaçon qui s'est glissée **à l'origine** dans la Tradition, et qui est sûrement aussi à l'origine de la «chute originelle»: «Vous serez comme Dieu!» Tout est contenu dans cette phrase. N'est-ce pas aussi ce à quoi nous appellent les «messagers extraterrestres»? Rien n'a donc changé sous le soleil, mais pour Dieu mille ans est comme un jour et dans l'Eternité il n'y a pas de temps. L'antique serpent de la Genèse est donc toujours présent dans notre environnement naturel, hors du temps et de l'espace, **c'est lui l'instructeur** de la fausse Connaissance, la Puissance cosmique des initiés de l'occulte depuis les temps les plus anciens. L'être suprême qui a ravi «le feu du Ciel», c'est-à-dire la Connaissance, mais comme l'Un est Tout, inversement Tout est aussi l'UN, autrement dit la création, l'ordre naturel, est Dieu, de forme impersonnelle. Mais Dieu est **incréé,** éternel, personnel, l'UN, **l'Unique.** Alors c'est là que le bât blesse. Il y a mensonge. En parlant du «serpent antique», l'Ecriture dit qu'«il a été menteur et homicide» dès le commencement. Ne serait-ce donc pas Lui qui est à la source du complot occulte qui dure depuis les origines de la création?

Cette furtive investigation aux sources de la Tradition originelle, des «écoles à mystères», nous était indispensable pour «asseoir» la compréhension du lecteur, et surtout auprès de celui dont l'esprit a déjà été atteint par l'obscurité de la connaissance initiatique, d'origine occulte, voire ésotérique, destinée aux initiés, afin que le «message» passe à travers le temps, contenu, sauvegardé dans l'exotérisme des textes sacrés. Car là est contenu tout le mystère du monde, le mystère des mystères qui dure encore. On trouvera un éclairage bien différent en quittant ces voies pour approfondir notre connaissance dans la source judéo-chrétienne, en remontant la «généalogie génésiaque» jusqu'à la Tradition originelle, là où le temps et l'espace se sont «rabattus» sur l'Homme. Dès lors, de l'immortalité il est «tombé» dans la mort, en passant du corps glorieux, du premier Adam à un corps de déchéance... progressivement, par la maladie à la mort. C'est aussi pour cela que le Christ Rédempteur est venu donner une autre chance à l'homme (fautif mais non coupable) par sa victoire sur la mort, prouvant qu'il est Lui, l'authentique Connaissance, Lumière de vie, capable de régénérer le corps d'énergie dans un nouveau corps de matière rappelé à la vie. L'UN étant aussi VIE a donc autorité sur toute la création, et le vivant en particulier, il est ROI de l'Univers. Il règne sur ce qu'il crée en permanence. Et l'homme, **sa créature,** occupe une place particulière et privilégiée, du fait qu'il est appelé à régner sur le monde matériel. On comprend mieux pourquoi la guerre spirituelle fait rage, plus que jamais, en un temps où le délai accordé, avant que l'humanité soit restaurée, parvienne à expiration. Il s'agit donc d'égarer l'homme afin qu'il ne puisse reconquérir sa condition originelle. D'un autre mystère, celui d'iniquité, de «la Connaissance du bien et du mal», selon Genèse 2:17, est sorti **le dualisme** et que l'humanité présente, déchue par transgression d'un précepte posé par Dieu (symbolisé par le «fruit défendu») ayant perdu sa condition première, soumise aux temps cycliques, ne peut momentanément exister que par ce dualisme, partout présent dans la création. Il n'y a plus acte créationnel dans la création et le vivant en particulier, mais **transmission dans la transgression du mal.** De l'ordre est sorti le désordre, l'humanité première ayant perdu son «état d'innocence» (Gén. 3:7). Et c'est donc dans cette nouvelle condition chaotique que, «tombées du ciel et enfermées dans la matière» les divinités ancestrales exercent leur puissance de séduction auprès de l'homme, comme au premier temps. Elles sont les guides spirituels du New Age.

*La science-fiction fut la première à utiliser le thème apocalyptique des OVNI. Le symbolisme de la «Bête», au centre de l'image, est assez parlant.*

TROISIEME PARTIE

# LES OVNI

## Signes préfigurateurs d'un Nouvel Ordre du

## Monde antéchristique

# 1 - Quels liens unissent ces divinités au New Age et quel rapport existe-t-il avec le phénomène OVNI?

Désormais, nous ne pouvons nier l'existence d'un lien «sacré» et religieux entre le phénomène OVNI, par l'entremise de ses contactés, et le Nouvel Age qui est lui-même un **mouvement religieux.** Comme nous l'avons vu précédemment, cette religion, des anciens cultes du paganisme, possède une métaphysique qui est véritablement **moniste,** où matière et esprit ne font qu'un, l'«UN EN TOUT»: Dieu, les divinités, l'homme et l'univers, tout cet ensemble ne fait qu'un. C'est encore ce qu'on appelle le **panthéisme gnostique.** Ainsi, nous comprenons mieux que toutes les doctrines du New Age reposent sur un fondement gnostique.

Dans le New Age, il est aussi question d'un «Christ intérieur» ou «Christ cosmique», qu'il faut réaliser en soi-même; la déification de l'être. Ce «christ» est évidemment sans rapport avec le Christ Rédempteur, aussi a-t-on bien soin, dans le New Age, de séparer Jésus de Christ, Christ étant ici une fonction de réalisation en soi: **l'homme intégral.** Nous avons vu que cet état de «transformation» est atteint par initiation ou illumination; en cela le New Age possède donc sa mystique qui conduit l'adepte à sceller une alliance avec les divinités, en établissant le contact avec la Puissance cosmique. En devenant ainsi un «channel», il entre en communication avec une entité, qui sera un «extraterrestre» pour le contacté. Par l'état de médiumnité, celle-ci s'exprime par l'intermédiaire du «canal psychique»; un message, une mission, sont donnés, des ouvrages entiers sont ainsi écrits, généralement par l'écriture automatique (médiumnique), et diffusés par les éditions du New Age, opérant un véritable ensemencement des esprits. Au sein de certaines sectes, surtout au Brésil, ces divinités ou «esprits» se présenteront comme étant des «désincarnés», des âmes dans l'errance, en attente d'une prochaine réincarnation (par exemple secte du «Val Amanhecer» (Vallée de l'Aurore: Nouvel Age), près de Brasilia, que nous connaissons bien. Mais pour d'autres initiés, comme Gérard Sarazin (ses livres sont diffusés par Louise Courteau - Québec) ce seront les «Atlantes» qui, après un «exil» de 12.000 ans, cherchent à «réintégrer» un corps humain, préparé. Pour d'autres encore, ce sera la «conscience universelle». D'une manière générale, toutes ces sources diversifiées peuvent se réunir en une seule: la puissance cosmique; celle-ci se manifeste par l'incorporation d'une force qui est une véritable possession de l'être par une entité.

Quand la manifestation a lieu auprès d'un public, dans le cas d'une séance médiumnique, ce dernier est appelé à participer en «canalisant sa pensée positive» sur le médium où le but à atteindre (visualisation), est d'obtenir une guérison par exemple. Il se crée alors un «égrégore de groupe» véritable «réservoir énergétique» propice à la manifestation. En d'autres circonstances on procédera par la réalisation d'une chaîne, où les participants, se donnant la main, formeront un cercle. Quelle que soit la technique utilisée, il s'agit d'un mode d'action pour établir **une fonction.** Cette question de résonance vibratoire avec la Puissance cosmique est le but à atteindre, afin d'établir le canal de communication avec la source: l'entité, ou les entités, en question. Cet univers occulte qui existe bien, comme nous l'avons montré - celui-ci manifestant également sa réalité à travers tous les anciens textes sacrés - est de nature exclusivement **spirituelle,** non perceptible à nos sens ordinaires, il ne peut donc s'exprimer qu'à travers des «récepteurs psychiques», dans certaines conditions. Le «contact extraterrestre», près d'un contacté, ne dépend donc que de la «fréquence» de réception par rapport à l'émetteur qui possède sa propre vibration; chaque entité ayant la sienne dans le cadre d'un ordre hiérarchique des esprits, ou divinités, à laquelle correspondra **un nom d'initié** (ou nom cosmique), pour le «récepteur».

C'est ainsi que de nombreux groupes occultes, et cultes d'OVNI (aux U.S.A.) se sont constitués. Ce n'est certes pas d'aujourd'hui, mais le phénomène s'est accentué cette dernière décennie, il a largement essaimé par le New Age. En règle générale, un tel groupe ne part de rien, mais grossit très rapidement, et obtient aussi vite les moyens de rayonner sa doctrine qui repose souvent sur des aberrations philosophiques, et quand un groupe échoue dans sa mission, il ne tarde pas à être remplacé par un autre. La plupart de ceux qui constituent le pôle vecteur du groupe, initié ou contacté, possèdent généralement un «lien occulte», ou par «transmission» d'un proche, avec l'univers secret des esprits. Des phénomènes paranormaux, de type «spirite», ont souvent lieu dans son environnement. Mais, d'une manière plus sûre, les pratiques occultes laissent la porte plus largement ouverte au monde des esprits. Avec les OVNI, une nouvelle mystique est née, celle des «cultes d'OVNI», où les invocations aux «peuples ou frères de l'espace» remplacent les prières des anciennes religions (les «Star People»: «enfants des étoiles»)... pour «le rassemblement des Aigles venus s'incarner sur la terre», précise un dépliant publicitaire diffusé par les contactés du Nouvel Age. Il est également question d'un «plan d'évacuation de la terre» par la «Légion de la Lumière». Vaste programme, si on en croit les contactés OVNI du Nouvel Age, qui serait administré par toutes «les Hiérarchies spirituelles, les Archanges et les Royaumes Angéliques et tous les êtres de

Lumière concernés... La force galactique, ou flotte intergalactique est placée sous le commandement d'Ashtar... etc.».

Ces «cultes OVNI» ne sont certes pas nouveaux, ils furent même l'un des points de départ du Nouvel Age. Au début des années cinquante, un certain Georges Van Tassel construisit un temple où les «extraterrestres» devaient se présenter pour «aider les hommes à découvrir le secret de l'immortalité». Le mouvement Raëlien a conçu la maquette d'une «ambassade» pour accueillir les extraterrestres, qui serait construite en Suisse ou à Jérusalem pour 2025. Cela peut nous sembler un véritable délire, mais on retrouve bien là l'aspect simpliste et absurde dont nous faisions allusion à propos des humanoïdes; ce qui ne peut pourtant nous surprendre, si on considère que ces «frères de l'espace» et «humanoïdes» sont ces mêmes entités du Nouvel Age. Il est bien entendu que ces «communications extraterrestres» prétendent provenir d'une multitude de planètes, inconnues par l'astronomie conventionnelle; les planètes Shadda, Clarion et Cerus, entre autres, en dehors des galaxies inaccessibles, même à la vitesse luminique. Ces cultes des OVNI prirent également naissance aux U.S.A., berceau du New Age et de la «nouvelle culture» en particulier, et aussi du Nouvel Ordre dont on a quelque peu parlé à l'occasion de la Guerre du Golfe, en 1991.

La diffusion du message répond toujours à la même structure de base: l'instructeur est un médium missionné qui reçoit les messages par télépathie ou écriture automatique. En 1957, un contacté du nom de Marian Keech, à Lake City (Utah), recevait déjà ainsi des messages de l'entité «Sananda», dont le nom s'associait à Jésus (dans une autre vie), cette même entité délivre toujours des messages dans le cadre d'une organisation de contactés d'OVNI: la «Lumière Dorée». Cette dernière diffusa

*(extrait de «Voyage Intemporel» Ed. Glénat)*

**«L'enlèvement des élus»** selon l'interprétation des contactés, en parodie des Ecritures pour les temps de la fin (1 Thess. 4:17).

«le message des maîtres pour l'an 2000, dicté par les maîtres les plus élevés», par cassettes audios et vidéos. Des séminaires spéciaux de «contacts» ont également lieu sur certains «hauts lieux initiatiques» (Montségur, Pyramides...) mais aussi dans le Grand Nord, dans les îles du Pacifique (Hawaï, Bora Bora où est implanté le groupe « galacteus »), à Marcahuasi, dans les Andes péruviennes, haut lieu de pèlerinages initiatiques... Sans oublier qu'à une certaine époque (année 70) des rassemblements de croyants à «la foi OVNI» se mobilisèrent en des lieux et dates indiqués par message reçu d'un contacté ou médium (en France, à Cergy-Pontoise). Durant cette même période, une psychose au catastrophisme régnait dans les milieux occultistes et contactés d'OVNI, avec l'alignement des planètes entre 1980-82. L'idée d'une «évacuation planétaire des élus» était de mise. Malgré des sombres prédictions, et les rendez-vous de contacts fixés, rien ne se produisit. Voilà qui ressemble fort au fameux jour du Jugement, annoncé par maints faux prophètes de sectes ou simples mystiques. Tout cela témoigne bien que la source de manipulation occulte est la même, et que tout ce contexte ne repose sur aucune crédibilité; c'est bien ce qui devrait nous amener à réfléchir sur les influences du New Age qui sortent du même creuset.

Enfin, à partir des années 80, sans doute à cause d'une certaine mise en lumière au sujet des OVNI, et des méfaits relevés pas seulement par les revues spécialisées (rapts, enlèvements, mutilations d'animaux...), une «variante» se fit jour dans la hiérarchie cosmique: on admettait l'existence de «bons» et «mauvais» extraterrestres, d'un côté les «blonds vénusiens» qui cherchaient à nous faire évoluer et à nous protéger, de l'autre, les «petits gris», dangereux, œuvrant à s'accaparer la planète. Bien entendu, les bons faisaient la guerre aux mauvais; on retombe ici en pleine légende mythique, mais il y a surtout le fait que de retrouver le dualisme parmi les entités OVNI, et du New Age par conséquent, laisse suggérer que les «bons extraterrestres» sont comme les anges de la Bible, des êtres célestes divins. Il y a donc chaque fois métamorphose, fonction de l'idée qu'on se fait des OVNI, et on ne sera guère surpris que le phénomène calque son attitude sur une vaste **parodie** des Ecritures bibliques, en rapport avec les temps eschatologiques, se manifestant actuellement par l'accentuation des crises, se dirigeant vers une crise globale et la dissolution des biens d'appartenance. De tout cela, on peut tout simplement réfléchir si ce gigantesque scénario n'est trompeur qu'en apparence, et ne répond pas plutôt à une mise en condition parmi les personnes les plus faibles psychiquement, cherchant refuge là où se propose leur sauvegarde. Ainsi, ceux qui s'attachent à ces **esprits d'illusion** se perdent-ils dans des voies d'errance, sans issue, sans retour possible, et en tout cas non sans chocs psychologiques importants et séquelles psychiques désastreuses. Néanmoins, comme avec un autre courant mystique, comportant visions et extases, le «Renouveau charismatique», le parallélisme est frappant, allant dans le sens d'une **fausse mystique** provoquée et incontrôlée. Dans le contexte «contacts-OVNI» cette mystique, des «initiateurs» aux «élus», reste sous l'aspect matérialiste, de l'«OVNI-mère» (ou «vaisseau-mère») qui vient sauver une poignée de ceux qui auront mis toute leur espérance dans la nouvelle foi. Encore une fois, il est évident que toutes ces influences proviennent d'une même source pour aller au même but: placer l'humanité sur une voie de garage en la déracinant de ses authentiques valeurs morales et spirituelles, mieux: en provoquant un renversement de celles-ci.

Après une préparation psychologique du terrain, décennies par décennies, la prolifération des «infiltrations psychiques» va actuellement dans le sens d'une **mystique syncrétique** qui cherche à **s'unifier** dans ses différences. Cette réalisation ne peut se faire qu'avec l'élimination du christianisme qui se convertira (ce qu'il en restera) à la Nouvelle Religion qui sera universelle. Le contact spirituel n'a plus lieu avec le Dieu d'Abraham, d'Isaac et de Jacob, suivant la Tradition judéo-chrétienne, qui **faisait** l'Occident, mais avec les divinités vénérées sur les autels des anciennes religions. De ce fait, ce «Renouveau spirituel» n'est pas une avancée, une évolution, mais **un retour** aux «cultes barbares» que seul le christianisme était capable d'endiguer jusqu'ici. Selon les Ecritures, c'est ce qui retient encore le contrôle total de l'antéchrist. La convergence des faits à tous les niveaux (religieux, sociaux-économiques, politiques, militaires...) conduit au même but: **l'universalisme** sous contrôle d'une poignée d'initiés; la nouvelle élite qui aura conduit le monde dans «l'esclavage mondialiste» au service du nouveau dieu. C'est pourquoi nous pensons qu'après l'action en douceur, par vagues successives, (salve) l'instauration du Nouvel Ordre s'installera, en finalité, par une action plus brutale, (Coagula), alors que les populations seront complètement anesthésiées, déstabilisées. En cela l'insécurité et le terrorisme, entretenus par des mouvements extrémistes, pourraient jouer un rôle déterminant. On aurait tort de penser que le terrorisme (toujours allié à une cause idéologique ou religieuse) n'aille pas de pair avec le mysticisme et qu'il combat ainsi une même cause: la **déstabilisation de l'ancien ordre** des choses, guère étonnant dans ce cas que certaines «écoles ésotériques», ou «sectes religieuses», camouflent des «initiés extrémistes», en attente de la dissolution finale. On pourra sans doute s'inquiéter, qu'une fois dominantes, les anciennes divinités ne réclament de nouveaux rites sacrificiels, après leurs martyrs.

En cela, est-il utile de rappeler ce qu'un idéaliste mystique, initié par la société secrète de Thulé, en l'occurrence Adolf Hitler, réalisa **sous l'emprise** de la force qu'il incarnait, durant la période tragique de 1939-1945? Son médecin qui le soignait ne rapporta-t-il pas les «crises» ou transes durant lesquelles le Führer parlait d'une voix extatique? Et durant ses longs discours hypnotiques, répondant toujours d'un rituel, cette force qui l'animait avec tant de fougue et **d'efficacité,** provenait- elle de lui-même? Bien que l'histoire officielle ne le spécifie pas, il était donc un initié qui a reçu une Puissance pour remplir une **mission,** comme à un moindre niveau, tous les contactés-missionnés des OVNI. Mais une fois celle-ci accomplie, ou déviée de sa trajectoire (l'orgueil des contactés, ainsi investis fait qu'ils oublient vite qu'ils ne sont que des instruments et que par conséquent, ils croient pouvoir disposer de cette puissance inhumaine à des fins personnelles), ils retombent aussi vite qu'ils sont montés, laissés à leur triste sort suicidaire. Ce qui révèle une nouvelle caractéristique diabolique de cette puissance qui réclame sang et sacrifices. On est donc prévenu dans quelle sorte d'univers on peut plonger lorsqu'on pratique l'occultisme conduisant au contact psychique avec les divinités, tout comme dans la recherche du contact OVNI. Ayant été un mouvement qui a réussi, aujourd'hui c'est le New Age qui coiffe l'action des groupes qui préconisent la relation spirituelle avec les esprits, sous des aspects et apparences multiformes. Cette «pieuvre tentaculaire» présente un danger pour la société, et l'humanité en général, car nous savons désormais qu'elle est perverse.

Sans aller si loin, on est bien en droit de s'interroger sur la «nouvelle conscience» du New Age, ce prétendu «accès aux zones inexplorées du cerveau», cette «mutation de la pensée» dont parlait Aurobindo, l'un des maîtres les plus connus de la pensée orientale. La prolifération des méthodes et exercices pour faire le vide mental (certaines de ces techniques «utilisent» le caisson d'isolation sensorielle, technique très en vogue aux U.S.A., là encore), de façon à établir le contact avec la «conscience pure» (ou conscience universelle), on ne pense plus, l'idée «d'être» n'existe même plus, absence de repères; tous les systèmes de pensée et de croyance disparaissent. C'est l'état de plénitude métaphysique que l'on peut désormais atteindre par de simples techniques mentales, réduisant à néant de longues années de pratique de yoga, on devient son propre maître, c'est la fin du règne des gourous, moyennant finances. D'autres techniques américaines ont vu également le jour pour atteindre cette déconnexion du cerveau conscient, brisant les «barrières» des systèmes de pensées et concepts usuels, en agissant directement sur certaines zones cérébrales, la glande pinéale en particulier. En vérité, quels que soient les procédés, la technique, le but à atteindre est toujours le même, c'est de créer un état de «non pensées», le vide en soit pour acquérir, selon les tenants du New Age, la conscience collective ou universelle. L'interrogation qui se pose à nous, qui sommes dans la réalité quotidienne, avec ses propres limitations, c'est de savoir si ces «transformations de la conscience» (en dehors de toute mystification), ces «états de conscience» qui sont en plein essor, dans le contexte du New Age, vont bien dans le sens d'une évolution ou, au contraire, dans celui de la dépersonnalisation, de la rupture du libre arbitre, favorable à une mainmise, d'un système de contrôle. Avec tout ce que nous avons déjà dit jusqu'ici, dans ce domaine, le lecteur saura y répondre. Il concevra sans difficultés, ce qu'il pourrait advenir d'une collectivité, d'un pays, de l'humanité, dans l'hypothèse où cette transformation de conscience se généraliserait. Cette transformation (ou mutation) de la pensée n'œuvre que dans l'univers mental, psychique et physique, c'est donc encore une voie qui rejoint toutes celles que nous avons déjà explorées: celle de l'auto-réalisation, de la Réalisation du Soi, l'être intégral, de puissance et de pouvoir. Quoiqu'on en dise, cette ouverture sur la «nouvelle conscience» ou «conscience pure», où l'être **devient** «UN EN TOUT», n'a rien de l'esprit, de la conscience de l'être, parcelle de l'UN, l'Eternel. C'est encore une mystification qui nous fait retomber dans l'inversion, du psychisme pour le spirituel, car on reste dans l'univers **psychique,** donc physique, comme avec le domaine des champs d'énergies vibratoires. Cette «conscience universelle», du Nouvel Age prétend donc placer tous les êtres sur un champ de conscience unifié, perdant leur individualité pour être «branchés» sur la même source: la conscience cosmique, pour employer un autre terme qui nous est tout aussi familier.

Aussi stupéfiant que cela peut nous paraître, pour que toutes ces voies occultes, aussi diverses en apparence, les unes des autres, mènent au même but, il faut bien que cette **convergence** régisse d'un **plan arrêté et méthodique,** suivant une logique invincible, dépassant les possibilités humaines, donc d'origine **inhumaine** et je dirais de nature **diabolique.** Il y a effectivement une tromperie qui se retrouve chaque fois dans l'occulte qui se déguise parfois en fausse mystique. Force nous est donc d'admettre l'existence d'un vaste **complot occulte** qui est d'autant plus redoutable et efficace, qu'il est assisté d'une véritable **conspiration du silence.** Cette conspiration va de pair avec les infiltrations au sein de toutes les institutions, tant sociales, politiques que religieuses, assistées des médias; les signes en sont évidents. Or, pour en revenir à «eux», les OVNI, n'est-ce pas cette même conspiration qui englobe le phénomène depuis tant d'années? Comment expliquer qu'aucune autorité, religieuse, politique ou militaire, n'ait voulu se saisir du dossier, et dans le cas où l'une d'elles l'aurait fait secrètement, qu'aucune communication officielle n'ait été donnée, quand l'interrogation du public réclamait de savoir? Lorsque des commissions d'enquêtes officielles (France et U.S.A.) ont été nommées, ce fut dans le but de «rassurer l'opinion publique», d'une certaine manière, de façon à «dégonfler» la pression en périodes de vagues d'observations d'OVNI. Comment donc prendre position face à une réalité qui n'existe pas dans la nôtre? Et qui, par conséquent, ne présente aucun danger pour la sécurité du territoire, de quelque pays que ce soit, mais qui, par contre, pourrait voir intensifier le phénomène dès lors qu'une conscience collective soit canalisée sur lui. Si un plan existe, dans la chronologie d'un programme, il ne faut pas qu'une chose intervienne avant l'autre, mais que chaque élément en prépare un autre. La reconnaissance des OVNI est quasiment acquise, dans la réalité du mythe extraterrestre qui s'est construit autour d'eux, à partir d'eux. Cet objectif est désormais atteint, reste maintenant à savoir s'ils pourront s'intégrer dans le contexte scientifico-religieux du troisième millénaire, dans la grande crise qui vient.

## 2 - Voyage «hors conscience»; le complot est «humano-diabolique»

Comme nous l'avons vu, tous ces courants mystiques tiennent au même principe naturel, où âme et conscience se confondent, préconisant que l'homme peut se libérer pour devenir un être réalisé, un dieu cosmique. Dans ce concept il y a rejet de la réalité biblique, il n'y a pas de dieu créateur, incréé, éternel, Dieu étant dans le cosmos, la nature, il faut «réharmoniser» l'être humain avec le cosmique pour parvenir à l'unité universelle. Vu ainsi, les «dieux cosmiques» qui viennent plus hardiment nous visiter, seraient alors **une préfiguration de notre avenir,** de ce que l'humanité serait appelée à devenir, si on admet qu'ils sont situés à un étage supérieur de l'évolution. Pourtant, cela ne cadre pas avec ce que nous savons d'eux, hors du fait que leur physiologie apparente, suivant l'examen de la typologie des humanoïdes observés d'OVNI, n'incite pas à aller dans le sens de cette évolution; ils sont plus près du «golem psychique» que de l'être humain doté d'un esprit. On a souvent mis en évidence leur allure robotique, leur regard vide d'expression, indifférence, voire mépris à notre égard. On comprend donc mal que leurs promoteurs ufologistes aillent à les élever au rang d'«extraterrestres issus d'une race supérieure» à la nôtre. Et un certain nombre de scientifiques abondent désormais dans cette direction: le proche avenir nous dira sans doute si cette reconnaissance auprès d'eux est la bonne ou si, au contraire, elle n'est pas le symptôme de notre déchéance spirituelle. A savoir si l'homme ne se dirige pas plutôt vers le **naturel psychique,** incapable de discerner les choses de Dieu, ou vers le spirituel de l'Esprit, le vrai, qui fait l'homme véritable. L'un est proche de l'animal, l'autre du Créateur qui est pur Esprit, d'où inspiration de cet Esprit en celui de l'homme: c'est ainsi qu'est rendue possible la Connaissance des choses de Dieu.

En fait il semble bien que ces interventions occultes s'intéressent plus à notre âme, notre psyché, qu'à notre esprit auquel elles n'ont pas l'autorité d'accéder. Elles ont donc trouvé le moyen de biaiser afin d'atteindre l'esprit de l'homme, en confondant âme et conscience; ce n'est donc pas sans raison que le terme «élévation des niveaux de conscience» est souvent employé par les initiés de l'occulte. C'est le contraire: on passe plus exactement par l'altération de la conscience pour opérer une «fermeture de l'esprit» au profit du psychisme. Nous retrouvons toujours cette inversion. C'est donc plutôt **l'homme**

**psychique** que préparent ces interventions du Nouvel Age. D'où un éloignement de Dieu, son créateur au profit de cette créature qui cherche à se diviniser. Il nous paraît insensé que le naturel puisse se confondre au surnaturel; pourtant il suffit précisément à ces puissances d'aveugler l'esprit de l'homme par la fascination en employant toutes sortes de séductions. En agissant ainsi, elles sont assurées que l'homme tombera sous leur **emprise,** devenant ainsi des agents inconscients d'un complot d'expression «humano-diabolique» qui étend plus que jamais son action sur notre société. Les actions occultes sont certes multiples par la diversité des moyens, mais elles se font toujours sur le psychisme, afin d'ouvrir les «canaux médiumniques» nécessaires aux infiltrations des entités, d'où **la banalisation** du channeling. Pour y parvenir, il faut réaliser une dissociation entre l'âme et le corps, qui réclame une véritable initiation qui ne se fait plus seulement dans les «chambres secrètes», dans les séances spirites, mais à «l'intérieur des OVNI», où l'être qui aura subi cette expérience sera «transformé» d'une certaine manière, se verra souvent développé des dons paranormaux, ou doté d'une mission. C'est par cette dissociation de l'âme qu'agit certainement le «contact OVNI», en ce qui concerne plus spécifiquement les «scénarios d'enlèvements», à partir du moment où le témoin tombe dans un état d'inconscience. Revenu à la réalité, il rapporte - souvent sous hypnose - une scène qu'il n'aura pas forcément vécue mais qu'on lui aura imprimé dans le cerveau. Si l'intelligence-OVNI est capable de manipuler notre inconscient, elle a aussi la possibilité d'établir **une relation** avec notre conscient, puisque c'est de cette façon que le message passe dans le cerveau du contacté. Mais il y a aussi des cas où le témoin établit une communication télépathique gestuelle:

*«Le 9 janvier 1990, à 3 heures du matin, Mme O. Janybell, dort d'un sommeil paisible. Soudain une voix résonne **dans sa tête;** des directives lui sont données pour voir des OVNI sur une colline, près de Sainte-Maxime (Var). Elle croit à un rêve, mais plusieurs nuits de suite, à la même heure, la même voix monocorde se répète. La veille du 9 janvier 1990, elle fut déjà témoin d'observation d'OVNI au-dessus de la mer.*
*Elle se rend finalement au rendez-vous fixé, dans la nuit du 14 au 15 août, accompagnée de trois autres personnes. A 4 h.10 du matin, une boule lumineuse apparaît dans la direction du faisceau de la torche électrique tenue par Mme D.J. Cette boule grossit de volume en dégageant un rayonnement lumineux qui n'éblouit pas. Celle-ci avance sur les témoins. L'un d'eux prend peur. La boule recule, s'immobilise, la luminosité baisse d'intensité. Elle reste là jusqu'à 7 heures. Fait surprenant, quand l'un des témoins déclare à plusieurs reprises: «quelle belle étoile, aussi belle que celle de Bethléem», la boule à décrit une croix dans le ciel de haut en bas, puis de gauche à droite. Toutes les paroles étaient perçues par l'objet.» (Témoignage publié par «Var-Matin» du 18.08.1990).*

A la suite de cette expérience, des phénomènes paranormaux se sont déroulés dans l'environnement du témoin principal. Un témoignage parmi d'autres, mais celui-ci montre bien la relation mentale qui peut s'établir entre OVNI-témoin à partir d'un message télépathique. C'est dire que lorsque le phénomène OVNI jette son dévolu sur quelqu'un, il peut le manœuvrer comme il veut et que toutes ses pensées, exprimées du moins en paroles (toutefois il existe aussi des contacts purement mentaux), sont captées et la présence d'humanoïdes n'est pas nécessaire, sauf pour le folklore.

Mais il y a bien d'autres cas où le contact, apparemment physique, se passe autrement, à un autre degré. Nous faisons ici allusion aux «enlèvements» qui ont commencé à se faire connaître avec l'un des cas les plus illustres: celui de Betty et Barney Hill, en 1966, soumis à une sorte de «test médical» à l'intérieur d'un OVNI. Interrogée **sous hypnose,** l'une des victimes révéla qu'on lui avait inséré une longue aiguille dans le nombril. La douleur qu'elle ressentait cessa lorsque le chef de groupe des ravisseurs «extraterrestres» fit un certain geste... Or, très curieusement, on retrouva exactement cette scène dans un ancien calendrier du XVème siècle, le «calendrier des bergers»... c'est une des tortures que les démons infligent à leurs victimes. C'est J. Vallée qui a mis ce parallélisme en évidence; toutefois son esprit rationaliste l'empêcha d'aller plus loin. Certes, il est bon d'amener des faits, mais aussi, à partir d'eux, d'émettre des hypothèses. Pour nous, la continuité des faits qui s'enchevêtrent parfaitement dans un schéma d'ensemble, dépasse largement le cadre d'une simple hypothèse, car notre conviction repose également sur des expériences vécues. Ce schéma transcende le temps et l'espace. Pour un grand nombre de scientifiques, qui ne prennent même pas la peine d'ouvrir le «dossier OVNI», parce que ces histoires les rebutent, le phénomène des «enlèvements» relèvent de la pure psychiatrie. Certes, il y a bien des points communs avec les «abductees» (de l'anglais «abduction»: enlèvements), en ce qui concerne les effets psychiques, mais ces «expériences inhabituelles» dépassent largement ce cadre. Il y a véritablement un phénomène de manipulation des cerveaux et qui va même certainement plus loin, nous parlions précédemment de cette «dissociation de l'âme», de ce double (corps éthérique ou «astral» des occultistes) énergétique, utilisé dans les expériences psychiques, «sorties hors du corps». Ainsi, l'abductees, pour reprendre cette expression, vit-il une expérience qui n'est pas seulement subjective. Dans la grande majorité des cas, le phénomène des enlèvements est toujours le même: le témoin voit quelque chose d'inhabituel, un objet lumineux, pulsant, ensuite il est introduit dans un scénario après avoir perdu conscience avec la réalité ordinaire. C'est là que tout se joue. La plupart des «enlevés» ne se souviennent plus de rien, à part quelques bribes, ou ont constaté un «trou» dans leur emploi du temps, mais aussi dans l'espace. Soumis à l'hypnose - investigation devenue courante depuis l'affaire Hill et H. Guliana en France - ils racontent une histoire toujours à peu près identique: un «examen médical» avec prélèvement de sang, de peau... et plus récemment viendront s'ajouter les «implants» (dans le nez et les oreilles, généralement). Après cela, ces «victimes» reprennent contact avec notre réalité avec souvent un certain décalage dans l'espace, par rapport à l'endroit où ils se trouvaient initialement.

Donc c'est le scénario «classique».

Autrefois rarissimes, du moins on en parlait peu, ces affaires d'enlèvements ont pris une proportion quelque peu inquiétante. Mais c'est encore aux U.S.A. qu'existe la proportion la plus grande, il y aurait un américain sur cinquante (soit 2% de la population) qui serait victime du phénomène. Certains ont découvert comme des cicatrices sur leur corps, qui peuvent apparaître ou disparaître, similaires à des stigmates. Nous connaissons bien un cas du genre, où la «marque stigmatisée» prend la forme d'une croix. Ces personnes vivent des expériences inhabituelles, qui commencent par une «expérience OVNI», pas forcément un «enlèvement», un contact psychique suffit à amorcer tout un processus de phénomènes peu ordinaires, susceptibles de leur rendre la vie difficile si elles n'admettent pas ceux-ci comme faisant partie de leur environnement. Bien entendu le récit des «ravis», recueilli sous hypnose, est accueilli comme étant totalement une réalité objective par les ufologues défendant le mythe «E-T» à l'intérieur du phénomène OVNI. Il est certain que ces expériences sont présentées comme réellement «vécues», mais en fait il s'agit d'une véritable manipulation, traumatisante pour ceux qui en sont victimes. Car ce que l'on peut dire, c'est que l'intensification de ces «expériences inhabituelles» devient particulièrement inquiétante, peu connue en France, bien qu'il y ait quand même quelques cas, ajoutés à d'autres qui s'ignorent. C'est symptomatique d'un phénomène social non négligeable qui peut se présenter comme un «signal d'alarme» d'une crise sociale sans précédent.

D'autant plus inquiétant que le processus connu dans les enlèvements va encore plus loin. Il est maintenant question d'expériences **génétiques**. Curieusement, ces expériences semblent être apparues à une période où on commençait à procéder à des transplantations de fœtus humains. Car c'est bien de cela qu'il s'agit. Selon un spécialiste américain, Budd Hopkins, qui compile des centaines de cas du genre, des femmes seraient inséminées artificiellement, et au bout de deux mois le fœtus aurait disparu, «enlevé» par les aliens; grossesses interrompues sans que les femmes aient avorté. Voilà qui frise le délire, dans une «impossible réalité», toujours aussi absurde pour des êtres supérieurs capables de se matérialiser et se dématérialiser et qui n'ont rien de biologiquement comparable à nous. Un leurre de plus sans doute dont la réponse nous est donnée par B. Hopkins, qui croit déjà à la réalité des enlèvements: il pense que les aliens appartiennent à une race épuisée, qu'ils veulent régénérer en fabriquant une race hybride avec des humains. Un raisonnement qui s'appuie sur une hérésie, mais qui n'est peut-être pas sans fondement, hors du «fait fiction» sorti du cerveau de B. Hopkins, d'une hypothétique «race épuisée». L'idée de «race hybride», quant à elle, nous fait irrémédiablement penser aux «Néphilim» du chapitre 6 de la Bible; cette race hybride, né de l'union des «filles des hommes et des êtres célestes» qui vont pervertir l'humanité d'alors et provoquer le Déluge, selon la tradition «Yahviste». Se pourrait-il que ces antiques êtres célestes récidivisent l'expérience de nos jours?

Parmi toutes ces manifestations qui jalonnent l'actualité depuis plus d'une quarantaine d'années, il y a certes un grand nombre de leurres «provoqués». Mais dans la grande variété de ceux-ci, ne se cache-t-il pas une réalité à des fins plus inquiétantes? Nous faisions allusion à un «plan occulte»; quel est son aboutissement? Faut-il faire un rapprochement entre ce «trafic de fœtus» (plus de 200 cas dénombrés aux U.S.A., selon B. Hopkins) et les mutilations d'animaux, survenues par centaines, toujours aux U.S.A., entre les années 70 et 80? Ces mutilations, de bovins en particulier, visaient toujours les organes vitaux et sexuels avec une telle précision chirurgicale que certains observateurs évoquèrent une intervention au laser... en pleine campagne? A quelle destination ce trafic génétique? Ici il ne s'agit plus de leurres, c'est bien physique et biologique; la relation avec les OVNI ne semble faire aucun doute. Nous ne pouvons non plus douter des matérialisations, dans le paranormal ces phénomènes existent; des objets sont capables, par télékinésie, de passer à travers une cloison en se dématérialisant d'un côté et en se rematérialisant de l'autre, spontanément. On ne peut mettre en doute les témoignages rapportés, comme ceux des OVNI. J'ai personnellement été témoin, au Brésil en 1979, de matérialisations d'objets (clous et épingles) à l'intérieur du corps d'une jeune brésilienne, Maria Leida, victime de magie noire, soignée par démagnétisation au sein d'une secte de médiums, comme il y en a beaucoup au Brésil. Ces «objets» étaient palpables sous la peau,

**sans traces apparentes externes** (voir page 180); enfin, les radiographies attestaient la présence de ces objets tout le long de la colonne vertébrale. Peut-on classer cela dans la série des leurres? D'une façon «paranormale», il y a bien matérialisations et dématérialisations d'objets. Certains types «d'atterrissages d'OVNI» sont aussi certainement cela, voire si les «humanoïdes» ne sont pas eux-mêmes des fabrications biologiques, des androïdes! Et si... ces trafics génétiques servaient à cela? On ne peut rien créer (par transfert?) de rien. Que pourrait donc nous réserver la suite... une invasion «d'extraterrestres»? Ce que prétendent les contactés, des messages qu'ils reçoivent.

Car enfin, ces scénarios qui durent depuis si longtemps, dans une conspiration absolue, mis à part les groupes ufologiques qui en parlent, ont bien une raison d'être. D'abord, on l'a vu, celle de nous amener à associer «l'extraterrestre» aux OVNI. De ce côté l'entreprise a été réussie et possède ses chauds partisans. Mais là, nous restons dans le leurre «provoqué». C'est donc le contexte «extraterrestre» qui est mis en avant, seulement pour qu'il soit pris plus au sérieux, il faut incontestablement une reconnaissance scientifique, et il n'est pas évident qu'un phénomène construit sur des leurres puissent apporter des preuves sans failles. Toutefois, progressivement, plusieurs sommités scientifiques commencent à abonder dans ce sens, des positions à être prises. Dans la convergence qui se manifeste dans l'évolution des faits, la finalité est certainement soigneusement étudiée par «les manipulateurs de l'ombre» qui attendent l'instant propice de la «crise finale», afin peut-être de nous apporter un secours désirable. Mais cela fait partie d'un autre contexte qui réclamerait une autre argumentation pour le développer.

L'important ici était de montrer qu'il ne faut pas confondre le mythe avec la réalité, en faisant la part des choses, hors de toutes séductions et croyances. Les faits, nombreux, apparemment inextricables, sont là qui attestent, la documentation «spécialisée» est suffisamment importante pour s'y rapporter. De tout cet ensemble, il faut cependant savoir tirer un fil conducteur, et ce fil d'Ariane existe, pour le peu qu'on y exerce un certain discernement, permettant d'y percevoir une lueur à travers la forêt que cache l'arbre. Ce qui impose un certain recul afin de découvrir le paysage d'ensemble et de pouvoir y découvrir ce fil conducteur. La passion, qui anime les esprits de la plupart de ceux qui s'intéressent à ces sujets est par elle-même néfaste. Il faut savoir sortir de l'orbite d'attraction du «pôle fascinant», inten- tionnellement voulu par le phénomène, de façon à éliminer l'esprit critique, tout en amenant à un «raisonnement obscurci», donc **faux.** C'est que, ne l'oublions pas, nous avons ici affaire à une puissance occulte qui **agit directement sur notre psychisme**, au détriment de l'esprit qui, lui seul, nous relie à la raison lucide. On peut comprendre le «phénomène de rejet» que perçoivent les scientifiques, qui, plus au moins consciemment, ressentent le danger de s'aventurer dans un marécage qui risquerait fort de les embourber, au risque d'y perdre leur crédibilité. D'autant plus que ces phénomènes n'ont rien de très scientifiques, relevant à la rigueur plus du domaine mental, voire «psycho spirituel», dans une frange très limitée. Rien n'est répétable et donc observable en laboratoire, il faudrait alors passer par l'expérience, en tant que sujet, avec toutes les conséquences que cela impliquerait. C'est donc sur cette faiblesse de notre part, que ce phénomène intelligent exerce tout son pouvoir.

Et il l'exerce d'autant plus qu'il excelle en facéties de toutes sortes, dans nos propres limites. Nous allons sonder l'univers galactique au plus loin que nous pouvons, tenter de capter les signes (en vain jusqu'ici) extraterrestres hors de notre système solaire, mais **au plus secret de nous-même,** que connaissons-nous? Peut-être pourrions-nous y trouver les réponses que nous cherchons désespérément obtenir de «trop loin». Et en cela, les anciens Patriarches, qui vivaient dans des conditions bien différentes des nôtres, certainement bien plus précaires, sans l'apport d'appareillages compliqués, en savaient certainement plus que nous. Il suffit de sonder leurs écrits, à condition d'avoir «l'éveil» pour en comprendre tout le sens profond et authentique. Ils nous ont certainement laissé un «message» fondamental dans l'exotérisme même des mots, afin que tout chercheur, individuellement, pourvu qu'il soit obstiné et sincère, puisse y retrouver le décryptage du véritable sens. Alors, à partir de là, s'il y a complot occulte depuis la création et s'accentuant de nos jours, parce que parvenant à une finalité de l'histoire, il doit bien s'y déceler des points de repères, comme des balises pour nous indiquer le «territoire interdit à la navigation», afin de ne pas faire naufrage en ces «eaux troubles».

Pour en revenir aux «enlèvements» ou «voyages hors du corps», certains récits d'expériences paranormales parlent même de «voyages dans les étoiles», sur les autres planètes, nous pouvons maintenant mieux comprendre que tous ces scénarios ne se passent pas dans notre champ de conscience habituel, **mais dans le monde spirituel**. Cet univers existe bien, quoiqu'en pensent les incrédules. Il est non seulement mentionné dans les textes sacrés, La Bible, mais c'est dans ce milieu que le «double astral» (terme occultiste) va évoluer, c'est-à-dire l'âme qui intègre l'esprit, si on considère que l'être humain est constitué d'un corps et d'une âme (ou corps spirituel). La preuve de l'existence de ce corps spirituel passe par l'expérience des «sorties hors du corps», à rapprocher avec les «après-vie», actualisée depuis que le Dr. Moody a écrit sur ces questions. Il est quasiment certain que les scènes d'enlèvements avec «examens médicaux» se déroulent dans ce «hors temps», à partir du moment où le ravi perd conscience à l'approche de l'OVNI, par effet hypnotique. Si beaucoup de ces victimes ne s'en souviennent pas c'est que les entités procèdent certainement de façon à «verrouiller» l'esprit de l'âme, du corps psychique, et qu'il faut donc aller interroger l'inconscient sous hypnose, à la source, pour savoir ce qui s'est passé et que tout un «montage» du genre «cinéma paranormal» a pu se faire à partir de là. Effectivement, car les sorties provoquées de «sorties hors du corps» ont, par contre, pleinement conscience de ce qui se passe, pendant l'expérience et s'en souviennent après. Ce «blocage de la conscience» est donc «voulu» dans les expériences inhabituelles d'OVNI de façon à faire croire qu'il y ait continuité logique entre le contact OVNI et la procédure classique à l'intérieur de l'objet, sur un plan purement matériel, alors que cela se passe autrement. Le but est manifestement de faire croire à une action extraterrestre, de la façon où on l'entend habituellement. Certains diront que si l'âme quitte le corps physique c'est la mort; le corps retourne à la terre et ce qui est à Dieu, l'esprit, va à Dieu. Mais ici, il n'y a pas mort, seulement **séparation momentanée** de l'âme du corps ; on a d'ailleurs rapporté dans les expériences de «sorties» ou «projections astrales», qu'il y avait un «lien», comme un cordon ombilical qui relie au corps physique. C'est quand il y a rupture de ce lien que la mort survient, à épuisement des forces vitales. Des expérimentateurs mentionneront ce lien comme étant un «fil d'argent». Or, précisément, il est mentionné dans un verset de la Bible (Ecclésiaste 12:3-9), l'existence de ce «fil d'argent», à propos de la mort, quand la vie va quitter le vieillard.

Sans exclure les matérialisations, plutôt rares **dans les scénarios OVNI,** il semble donc que ce cinéma paranormal que nous rapportent les personnes «enlevées par les extraterrestres», se déroule dans le champ de ce monde spirituel, milieu dans lequel évoluent des entités capables de se matérialiser dans notre univers et capables de nous présenter un spectacle, en modifiant le décor à leur guise. Une fois réintégrée son corps physique, la victime (on peut parler de «victime» car il s'agit d'un «rapt» sous une certaine forme) va raconter la scène «enfouie» dans son inconscient, quand il y a «blocage». Mais ce n'est pas toujours le cas. C'est à partir du moment où les investigateurs ont eu l'idée de pratiquer l'hypnose que cette procédure occulte s'est répandue. Ce n'est pas un simple hasard. Il n'est pas de notre ressort de discuter ici de ce monde spirituel ou de «l'astral», à savoir, tels que les faits sont rapportés et quant à l'attitude désinvolte des entités, guère attirantes, si ce monde ne serait pas plutôt celui des «lieux infernaux». Ce qui expliquerait l'avertissement très net donné notamment dans le Deutéronome (A.T.), à propos de «suivre d'autres dieux» (13:2) et «d'interroger les esprits» (18:10), pour ne pas communiquer avec «eux». On risque fort d'y **perdre véritablement son âme**. C'est de ce monde que toutes les religions orientales nous convient pourtant de communiquer, et que l'ufologie s'en fait le promoteur.

En quelque sorte, le danger devient évident lorsqu'on établit un lien entre le corps psychique et la puissance occulte, ce à quoi conduisent, par ailleurs, toutes les pratiques psychiques du Nouvel Age. Le but est donc le même, et la guerre bien d'ordre spirituel. C'est aussi quand cette puissance occulte possède le corps psychique, l'âme, que **l'emprise se fait sur l'esprit**, la conscience. Et c'est par cette emprise que la force occulte intervient **par le lien** qu'elle a établi sur le psychisme, celui-ci étant sous contrôle, en vue de produire des phénomènes paranormaux, du genre télékinèse. Sans ce lien, l'être ne peut posséder aucun don paranormal spécial. Nous entrons ici dans le cadre de la sorcellerie, ou du chamanisme, néanmoins en restant dans le domaine de l'occulte où mènent différents chemins. Mais, même dans ce «monde des esprits», rien n'est donné gratuitement, surtout quand il y a infraction à un interdit - et là on se souviendra que Yahvé-Dieu avait interdit l'idolâtrie aux hébreux, pour mieux en comprendre tout le sens - l'histoire du Dr Faust n'est sans doute pas non plus sans fondement. Pourtant, en ce qui concerne les enlèvements d'OVNI, et un certain nombre de contacts-OVNI, la personne incriminée n'a pourtant pas réclamé cette relation. On ignore, en effet, ce qui fait le choix d'une personne sélectionnée, sur quels critères cela se passe, c'est un mystère. Peut-être faudrait-il fouiller dans le passé intime de ces personnes, en remontant ce passé sur plusieurs générations dans la famille, en cheville avec certaines pratiques occultes, dont on ne se souvient plus? Mais à un domaine spirituel, il nous faut rester dans le spirituel, une question fondamentale serait à poser aux «victimes», concernant leur système de croyance et, en premier lieu, savoir si elles ont foi en Dieu. Par principe, du fait de «l'interdit» yahviste, réitéré dans la Nouvelle Alliance, par le Christ, ces manifestations de l'occulte ne peuvent atteindre les âmes converties. Le choix individuel se fait entre **deux alliances: l'une ou l'autre.** On ne peut servir deux maîtres à la fois. Et, «qui n'est pas avec moi est contre moi» a dit le Christ. Tout ceci n'est-il qu'une simple question d'état d'éveil de l'âme? Nous laissons le soin au lecteur de répondre lui-même, en fonction de ses propres convictions... qu'il révisera peut-être après lecture.

## 3 - Peut-on associer les apparitions «extraterrestres» à celles «angéliques» de la Bible? Ce que nous disent les textes

Dans les textes bibliques, lorsque les «messages célestes» apparaissent c'est généralement sous forme humaine, mais **glorifiée.** Dans l'Eglise catholique, on professe communément que les «anges» sont de «purs esprits». Mais cette doctrine n'a jamais été bien définie; elle vient simplement du fait qu'un texte du IVème Concile affirmait, des anges, à la fois leur nature spirituelle et leur distinction, par rapport aux hommes. De cela, on a conclu que si ce sont des esprits qui diffèrent de nous, c'est qu'ils n'ont pas de corps. Mais, s'ils sont sans corps ni forme aucune, ils doivent pouvoir animer ou influencer tous les corps et toutes les formes. De leur nature supérieure **énergétique,** ils doivent pouvoir agir sur la matière, tant inerte que vivante, d'où les phénomènes «miraculeux», inexplicables par la science humaine basée sur le rationalisme en ses limites.

Au début du Christianisme, les Pères de l'Eglise, comme Origène, Irénée, Clément d'Alexandrie... etc., admirent cette contradiction entre cette notion d'esprit pur qui ne peut s'appliquer qu'à Dieu, seul à jouir de **l'absolue** spiritualité, sans forme, sans corps, puisque incréé, et sans lequel la vie, les formes ne pourraient exister, du fait qu'il est **Créateur** et les esprits donc, étant de nature **créée.** Puisque la Révélation nous montre les anges localisés dans l'espace et doués de mouvements transitifs, c'est qu'ils ont forcément un corps, certes différent du nôtre. Les textes bibliques, tant dans l'Ancien que dans le Nouveau Testament, nous témoignent de l'intervention **temporaire** de ces êtres célestes, capables de communiquer par la parole, d'agir sur la matière (Pierre, le proche disciple du Christ est libéré des chaînes de sa prison par un ange (Actes 12:7-10), la pierre du sépulcre du Christ est roulée par un «ange du Seigneur (...) son aspect ressemblait à l'éclair, et son vêtement était blanc comme neige» (Matth. 28:2-3)...etc.

Toutes ces angélophanies suggèrent qu'il s'agit là «d'esprits» intrusionnant dans notre univers en prenant une forme matérialisée **expressive et active,** pouvant s'appeler un «corps». Un corps non de la consistance matérielle fait d'une matière «déchue», périssable, corruptible au même degré que le nôtre. Il ne s'agit pas de « peaux de bêtes » (corps animal), selon Genèse 3:21. Les corps angéliques sont d'une autre nature, supérieurs à ceux que nous possédons. C'est pourquoi nous ne commettons guère d'erreurs en les appelant «corps spirituels», comparables à celui du Christ **après sa Résurrection;** ils apparaissent, disparaissent à leur guise, ou selon la volonté divine, pour accomplir un dessein collectif ou individuel parmi les hommes (essentiellement au temps de l'Ancienne Alliance).

En complémentarité nous voyons que les relations «angélo-humaines» semblent avoir marqué les grands moments de l'histoire religieuse judéo-chrétienne. Ce qui n'exclut pas que leurs interventions n'aient plus lieu à notre époque, marquée par l'empreinte matérialiste. Mais justement, à cause de cela, seraient-elles crues? On voit ce qu'il en est avec les manifestations de l'inexpliqué et les OVNI en particulier et qui sont certainement de cette nature, interprétée à notre manière. Nous côtoyons l'irrationnel chaque jour, sans que nous le sachions, c'est toute notre éducation qui est à refaire, ce que se chargent certains «canaux médiatiques», mais pas de bonne façon, et souvent avec des experts «douteux». Ces manifestations «modernes» sont, pour la plupart, plus certainement des formes animées de ces «esprits» endossant la matérialité qu'il convient à notre concept mental. Sans pour autant les intégrer parmi les «esprits divins», messagers de Dieu, sachant que **de la rébellion luciférienne est né le mystère du mal,** et que ce mystère **qui demeure** n'est certes pas étranger à celui des OVNI qui, comme nous l'avons vu, nous conduisent sur une voie d'égarement spirituel pour le peu qu'on s'intéresse à «eux».

Car, comme le dit St Paul, dans Ephésiens 6:11-12 :

*«Ce n'est pas contre des adversaires de sang et de chair que nous avons à lutter, mais contre des Principautés, contre des Puissances, contre les Régisseurs de ce monde de ténèbres, contre les esprits du mal qui habitent les espaces célestes».*

Voilà qui est déjà plus clair, ces «esprits du mal» sont donc aussi «aériens», dans le sens céleste métaphysique du terme et sont **adversaires de l'homme.** Ils sont «comme un lion rugissant qui rôde autour de nous», précise St Pierre, dans son Epître. Si quelques-unes de ces Principautés et Puissances qui, selon les «Etudes Carmélitaines» (éd. Desclée de Brouwer, 1948): «sont dans les cieux, s'instruisent en observant le drame de la vie humaine et découvrent la bouleversante dispensation du mystère caché en Dieu dès le principe (Eph. 3:10), ont pu douter, un temps, et se demander si le Mal l'emporterait sur le Bien, la parousie les illuminera.» C'est la gloire divine promise à l'homme dans le Verbe incarné qui, selon plusieurs Pères, a, par sa proclamation première (Hébr. 1:6) provoqué la rébellion luciférienne. C'est elle qui fait l'objet du «dessein **en vue de l'âge à venir**» (3: 11). Cet «âge à venir» c'est le nôtre ou presque, **car nous vivons le temps de l'accomplissement de l'Ecriture,** tous les signes nous en sont donnés. C'est effectivement «l'objet du dessein», mais aussi objet du combat spirituel engagé entre les esprits désignés par St Paul et l'homme. Ce «dessein» se présente si important en faveur de la «restauration de la création», que ces esprits de Principautés et de Puissances y engagent une véritable inversion spirituelle, en parodie de ce dessein. Cet ensemble de réflexions nous amène systématiquement au problème de **l'origine du mal,** problème de trop grande envergure pour être exposé ici et qui sortirait du cadre de notre étude. Si nous l'avons survolé, ne serait-ce que l'espace d'un instant, c'est que nous sommes persuadés que le secret des OVNI y est tout à fait lié. Le danger **spirituel** qui en résulte nous montre que c'est l'esprit de l'homme qui est au centre, et que les «êtres de l'espace», ces «esprits célestes», tentent de «vampiriser» ou de récupérer à leur profit pour faire de nous des sortes de «zombies» à leur solde, et amplifier d'autant plus leur puissance. Ainsi, vu sous cet angle, les «constructions OVNI» ne sont qu'un simulacre destiné à tromper l'intelligence humaine - comme nous l'avons vu dans la réalisation des leurres - tout en provoquant une inversion spirituelle en leur faveur. Effectivement, dans le sens du dessein évoqué, cette action occulte s'inscrit dans les signes eschatologiques, en contrefaisant le message évangélique, par les prophètes - missionnés (contactés). Sous leur déguisement moderne, ces mêmes «esprits célestes» se substituent au Christ sauveur de la Révélation chrétienne, en cherchant à se faire accepter, eux, comme des dieux salvateurs d'une humanité qui court à sa perte: le «Solve Coagula» de l'ère nouvelle, du New Age. Le profane qui joue avec l'occulte doit donc savoir à quoi s'en tenir dans cette immense et diabolique «aventure spirituelle». Le salut ne vient pas du bas, et c'est bien pour cette raison que la grande subtilité est de la faire venir du ciel, en créant les conditions psychologiques adéquates. Ici la parodie se confond avec la Parousie, pour mieux tromper, dans le vaste champ de la mystification, la plus grande que le monde n'ait jamais connue jusqu'ici.

Indéniablement, nous voyons une similitude frappante entre les «Puissances et Principautés» rapportées dans les Ecritures et l'action occulte des OVNI: ceux-ci, semble-t-il, ne peuvent agir directement sur l'intelligence et la volonté, domaine réservé strictement à la personne humaine et à Dieu son Créateur. Tout ce que peuvent donc faire ces entités, c'est aborder indirectement ces facultés supérieures, de la partie noble de l'être, l'esprit, en provoquant des représentations tendancieuses, avec le phénomène OVNI les choses vont beaucoup plus loin. Dès lors que l'on accepte de fonctionner dans la construction du leurre, il s'ensuit un engagement de l'âme placée sous l'emprise psychique, menant progressivement à la dépersonnalisation de l'être. Cas des contactés OVNI, en général, qui passent de l'état ordinaire (prédominance du conscient sur l'inconscient) à l'état psychique (dans le processus inverse). La santé psychique s'y trouve altérée, avec confusion entre le subjectif (inconscient) et objectif (conscient), susceptible de provoquer de graves troubles mentaux, comme avec tout ce qui relève de l'occulte, d'où son aspect néfaste. Ces états équivalent à une possession diabolique par l'entité en question, d'où dissociation **de l'âme et du corps,** souvent caractéristique d'une double personnalité (cas du contacté J. Miguère, par exemple). Il s'agit donc bien d'une action occulte contre l'homme par ces mêmes puissances spirituelles mentionnées dans l'Evangile, œuvrant d'une manière détournée et subtile, et en agissant dans le domaine des sens, sur la faiblesse humaine.

L'analyse des faits nous montre que ces phénomènes sont négatifs et visent la destruction spirituelle de l'être, sinon à la réduire à l'état de «cobaye» comme une «âme dévitalisée». Nous sommes en présence d'un phénomène qui ne s'explique que par l'intervention extraordinaire d'une cause supérieure, se produisant dans l'univers du surnaturel et **fascinant, observable,** en opposition avec les lois de la nature. Le mode surnaturel lui-même, peut donc **négativement** s'établir **scientifiquement.** Nous disons négativement parce que la science, dont les limites s'arrêtent à **l'observable,** ne peut seulement constater que le phénomène s'est produit selon un mode qui, en l'état actuel de nos connaissances, est **naturellement inexplicable.** L'explication **positive** de ce «surnaturel merveilleux» échappe à la science. La parole revient donc au philosophe et au théologien. A la métaphysique seule il appartient d'établir que le fait étudié n'est absolument pas explicable naturellement, qu'il existe nécessairement l'intervention d'une cause intelligente autre que celle de l'homme. C'est alors que la théologie proprement dite entre en scène et appliquera **les règles du discernement des esprits**, tel que nous le recommandent les Ecritures, afin de nous permettre de distinguer ce qui est divin ou diabolique. Si nous appliquons ces règles à l'égard de l'ensemble du phénomène OVNI, surtout **en ses racines occultes,** nous sommes tout naturellement amenés à dire que ce phénomène, s'il est intelligent, doté d'une intelligence supérieure à la nôtre, et que par conséquent, il n'est pas humain, il faut encore spécifier qu'il fait partie du **surnaturel** (ou préternaturel) **diabolique.** Pour le reconnaître, il faut alors considérer que les Ecritures fournissent une indication fondamentale sur le discernement spirituel et que la démarche théologique doit prendre le pas sur celle scientifique parvenue à ses limites. Ce que l'esprit rationnel ne peut franchir et l'occultiste ne répondra que par un refus catégorique.

Le secret des OVNI n'existe que par l'occultation de ce qu'il représente réellement, du fait **qu'il ne peut** se révéler dans sa véritable identité. Cette force occulte étant ennemie des hommes, il s'avère impossible de la découvrir telle qu'elle est; elle façonne donc des leurres avec des indices de vérités déformés (ou diminués), de façon à tromper l'être humain, tout en l'utilisant pour le mener à sa propre destruction psychique et spirituelle. Dans ce processus, on trouvera une morbide similitude avec l'extermination des Juifs sous la déportation, qui ignoraient leur finalité par une occultation rigoureusement entretenue, et dont certains étaient eux-mêmes utilisés à ce funeste dessein. Les forces agissantes étaient sûrement les mêmes. Nous avons toute la vision du mal d'un monde souillé par la Chute, appartenant à l'homme qui s'est rué dans l'esclavage démoniaque sous «le soleil de Satan», dont les «royaumes» de ce monde sont son emprise, ce «ciel» créé «naturel» qu'il domine.

Pour parvenir à cette fin, on comprendra mieux pourquoi les fallacieuses ascensions de l'occulte exercent toujours une action **vers le bas,** suivant le mécanisme d'inversion que nous n'avons cessé de mettre en évidence. N'en est-il pas ainsi dans toutes les techniques psychiques, comme par exemple, la Kundalini chez les indiens et colportée en Occident? Notons que Kundalini signifie en sanscrit «serpent lové». L'image symbole de ce serpent, lové autour de ces sept centres d'énergies (chacras) **psychiques,** illustre tout le processus psychophysiologique de cette technique prétendant à la «libération» (sublimation), **à partir du bas** pour remonter au chacra frontal (3$^{\text{ème}}$ œil). Le serpent-dragon est le gardien du seuil, («porte de Brahman»), la bête qu'il faut vaincre **en soi,** le «psychisme spinal» comme l'appelle Jung, avant d'atteindre la «sagesse», autrement dit la

Connaissance du Serpent, cette quête du Graal, cet or symbolique tant convoité[5]. Une fois engagé dans cet univers souterrain, il n'y a plus de retour possible. Malheur à celui qui recule devant le monstre. La folie le guette. Car toutes les «larves» du sous-conscient (subconscient) attaquent son intelligence et cela finit généralement dans l'obsession (l'occultisme est par lui-même obsessionnel), et les maladies mentales. D'une manière générale, c'est à ce que mènent **les pratiques** occultes, perturbant l'équilibre psychologique de celui qui s'y adonne, à des degrés divers, en commençant par des expériences apparemment innocentes.

Le lecteur non averti et peu renseigné sur les techniques occultes - et mieux vaut qu'il en soit ainsi - se demandera sans doute quel rapport peut-il exister entre ces techniques et les OVNI. Sous une forme différente, ce sont des chemins qui conduisent au même but, celui énoncé plus haut. Nous l'avons déjà montré en parlant des contacts-OVNI; la différenciation psychologique de la force intérieure (Puissance cosmique, assoupie et latente dans l'homme) possède aussi des correspondances avec celle qui anime les OVNI. Nous avons vu les liens relationnels. Ainsi s'expliquent les interactions psychiques dans l'utilisation de la psyché humaine (visions, scénari paranormaux, capacités psy...) et les phénomènes objectifs extérieurs observables (OVNI et humanoïdes, matérialisations avec traces et effets physiques et magnétiques). Cette force occulte, dite «cosmique» dans le camp des initiés, n'existe pas que dans notre psyché, notre rapide analyse l'a montré par l'exposition des faits eux-mêmes. Une réalité psychique n'infirme pas la possibilité d'une existence objective en dehors de nous, provenant d'un univers spirituel

---

(5)   «Cahier d'OURANOS» no 31 : «Rennes-Le-Château, signature du monde occulte» (1er semestre 1993)

dont la réalité est rapportée dans tous les textes sacrés, de toutes les traditions. Ces interactions se retrouvent d'ailleurs dans les grimoires de sorcellerie, qui relèvent d'une et même nature des forces mises en action. C'est en jouant sur ces «correspondances secrètes» que manœuvre l'Intelligence-OVNI, depuis les phénomènes de matérialisations archétypales jusqu'aux «scenari intérieurs», passé le stade de «hole of time» (perte de notion du temps, «l'autre réalité» se situant hors de ce temps) relevé dans les rencontres rapprochées (à rapprocher aussi avec les «voyages hors du corps»); la réalisation du leurre est ainsi complète et parfaite face à la crédulité profane, fascinée par le «merveilleux observable» qui, par ce fait, comme nous l'avons déjà dit, peut négativement, s'établir scientifiquement. Il semble bien que ce soit actuellement le stade recherché, sinon quasi atteint, par le biais des promoteurs, scientifiques et médiatiques influents sur un public avide d'une vérité bien légitime.

Malheureusement, ici c'est le serpent qui se mord la queue, et ce diabolique secret des OVNI ne verra vraiment le jour que lorsque l'authentique Vérité mettra le pied sur sa tête. Avant cela, notre humanité, plutôt mal engagée, devra subir le poids de son égarement et les affres du Grand Renversement. C'est en cela que les observations d'OVNI **furent** les signes annonciateurs, ou préfigurateurs[6] en même temps qu'eschatologiques d'un monde nouveau, ou Nouvel Ordre, dont notre lecteur pourra désormais mieux saisir les interpénétrations de l'un (OVNI) à l'autre (New Age ou Nouvel Ordre), du moins nous l'espérons, suivant cette démarche préliminaire à une autre, plus étendue et complémentaire à celle-ci.

---

(6)   «CONTACT DU 4ème TYPE - Les OVNI préfigurateurs de notre avenir», PIERRE DELVAL - Ed. De Vecchi, Paris 1979. (épuisé)

Après leur actualisation, en 1947, les OVNI ouvrirent la porte du New Age sur une transformation de nos concepts usuels.

Aujourd'hui ce but est presque atteint; le mythe OVNI-E.T. s'est largement banalisé, étant admis à l'intérieur de nous. Les manifestations célestes n'ont plus lieu de nous donner du grand spectacle dans l'attente de la phase finale. Ce que le proche avenir ne tardera certainement pas à nous confirmer, mais, comme le dit l'Ecriture «nul ne sait quand et comment» cela se présentera. Si cela n'était, les OVNI n'existeraient pas car, en fait, ils n'existent que par rapport à nous. Effectivement, le phénomène s'étant banalisé engageant, de ce fait, l'absence d'intérêt, les observations ont pratiquement disparues depuis ce début du siècle.

La première édition de cet ouvrage fut fort bien accueillie par l'ensemble des lecteurs. Pour cette raison, et afin de pouvoir répondre à ceux qui réclament d'être éclairés sur ces questions, une réédition du titre s'imposait.

Il nous paraît bon en effet, de mettre cet ouvrage - qualifié de «remarquable» par un certain nombre de nos lecteurs, à la portée des personnes sensibilisées parles OVNI et les questions relevant de l'occulte, d'une manière plus générale. Les quelques appréciations que nous avons reproduites témoignent de cette nécessité de dire les choses telles qu'elles sont. Néanmoins, nous sommes conscients que cette démarche, spécifique à la conviction de l'auteur, n'est pas acceptable à l'esprit du plus grand nombre. Ceci, d'autant plus que dans le domaine de l'occulte, nous nageons en pleine mer de confusions. Ainsi, tous ceux directement concernés par ces phénomènes, ont très peu de chances de frapper à la bonne porte afin de s'en sortir, ils encourraient sinon le risque de cumuler les problèmes les uns sur les autres, sans trouver de sortie.

Ce n'est cependant pas une raison suffisante pour pratiquer la politique de l'autruche. Toute expérience enrichissante, susceptible d'ouvrir sur un nouvel horizon, mérite d'être connue, surtout dans un domaine aussi obscur que peut l'être celui des OVNI. Quoi qu'il en soit, les réactions enregistrées à la suite de la première édition, accréditent unanimement les convictions de l'auteur: la nature «suprahumaine» ou, en d'autres termes, surnaturelle, voire préternaturelle, des phénomènes OVNI, commence doucement à être acquise dans l'esprit de quelques-uns, cherchant à connaître la vérité, une fois défaites toutes conceptions séduisantes qu'exercent sur l'esprit l'attraction de tous ces phénomènes.

Eu égard à ces réactions, s'il est admis que le processus de manipulation, résultant des phénomènes eux-mêmes, commence à se faire accepter par un certain nombre de personnes - en minorité, il est vrai - parmi ceux s'intéressant à ces questions, c'est déjà beaucoup moins évident de l'accepter en tant que «phénomènes occultes diaboliques». Cette conviction ne s'adapte pas à n'importe quel esprit. Celui qui se trouve dans la capacité de l'accepter est certainement déjà, spirituellement, beaucoup plus libre que celui qui s'y adonne avec passion. Ces phénomènes fascinent par leur caractère étrange, inexpliqué et de «merveilleux», ils séduisent nos sens, captivent notre pensée jusqu'à pouvoir nous rendre dépendant, de la force qu'ils exercent sur notre esprit; cette force se définit par une Puissance d'aveuglement. Après en avoir pris connaissance, le lecteur aura certainement pris conscience des raisons de cet aveuglement.

A l'analyse des réactions recueillies des lecteurs, nous avons pu enregistrer de nouvelles preuves inhérentes à nos convictions; celles-ci se révélant surtout par l'attitude psychologique des sujets concernés, ayant été confrontés à l'occulte. Indéniablement, ceux-ci sont sous dépendance psychique, souvent de façon inconsciente avec la puissance occulte: **il y a une emprise sur l'esprit**, et de ce fait, obstruction à la compréhension spirituelle, ce que d'aucuns traduiront par «enténèbrement de l'âme». Cela se confirme par une position de refus ou de «blocages», ces fameuses «barrières» où l'être reste prisonnier des limites qu'il s'est créé, quand ce n'est pas cette puissance occulte elle-même qui les créait, en exerçant son action sur l'inconscient... alors, la lumière ne parvient pas à percer les ténèbres. A un autre stade, le seuil critique d'une dépendance se constitue systématiquement par la séduction des sens inférieurs de l'âme, ne serait-ce que par la fascination du mystère entourant ces phénomènes. Cette prodigieuse puissance d'attraction exerce effectivement une dépendance psychique sur l'esprit de la même manière que peut le faire n'importe quelle drogue. Tout ce qui fragilise le psychisme, est foncièrement néfaste à l'esprit, et de ce fait provoque une «altération» ou un affaiblissement de lucidité de la conscience, faisant que, progressivement, on court le risque de glisser vers une autre forme de réalité. Ce constat a pu être fait auprès de plusieurs personnes concernées par la séduction de l'occulte, après qu'une rapide investigation ait pu permettre d'en identifier la source d'origine: très souvent à partir de pratiques ou expériences psychiques, préconisant «l'initiation à la connaissance occulte». Le danger d'une emprise sur l'esprit réside dans la répétition de ces expériences, car le **lien de dépendance se noue graduellement** à partir de celles-ci.

L'engouement passionné pour les phénomènes occultes débute depuis la simple curiosité jusqu'à la recherche de pseudo pouvoirs, elle conduit inévitablement à une fermeture de l'esprit, au profit d'un véritable enténèbrement de la conscience: état très révélateur d'**une emprise psychique sur l'esprit**, au premier degré. Cette emprise ne peut provenir que d'une puissance occulte ayant toute liberté d'exercer son action sur le psychisme, à partir du moment où l'accès lui est favorisé. Les pratiques psychiques aident en cela. Cette puissance œuvre à son profit exclusif, en vue d'induire en erreur ceux qui tombent dans ses filets. Les manifestations d'OVNI représentent l'une de ces voies d'égarement ayant pour objectif celui de faire croire à une présence extraterrestre, mais il est bien évident qu'une telle manœuvre cache un but. Ce livre nous le révèle suffisamment. Face à l'incertitude du monde actuel, de l'insécurité, de l'absence des valeurs morales, spirituelles et sociales, qui ont perdu une bonne partie de cohésion, du poids écrasant des problèmes que nous vivons, face à l'absence de véritables guides spirituels, de l'échec des institutions sociales et religieuses, faut-il s'étonner que les regards se tournent vers le ciel où apparaissent les OVNI, vers la fascination exercée par de soi-disant civilisations galactiques? Traversant une crise spirituelle, nous cherchons des réponses au vide créé par une vie sans idéal, dont l'avenir nous apparaît apocalyptique, les yeux levés vers les étoiles, imaginant que d'autres intelligences s'intéressent à nous.

Ici intervient la partie la plus délicate du problème posé par les OVNI, car si le fait de la manipulation effectuée depuis la construction de leurres commence à être compris, l'essentiel n'est pas encore dit. Bien que l'action **manipulatrice** du phénomène est loin d'être retenue par la grande majorité des «spécialistes» de ces questions, dont l'exercice se limite à démontrer absolument l'existence de ces phénomènes, tout en s'ingéniant à entretenir le mystère, soit par ignorance ou soit à cause de cette «fermeture de l'esprit» dont nous parlions précédemment, soit encore parce qu'étant eux-mêmes pris dans le piège, ils ne peuvent plus revenir sur leurs pas  et il n'est pas si facile de tout remettre en cause, d'abandonner une croyance construite sur l'absurde, de jeter tout au panier.

S'il est possible à quelques chercheurs clairvoyants, parmi les plus «détachés» du contexte séducteur de ces phénomènes, d'accepter les mécanismes de manipulation occulte, c'est déjà moins évident pour toute la littérature ésotéro-occulte qui se nourrit de sensationnalisme des sujets occultes - toujours à cause de leur puissance d'attraction sur les esprits - cela équivaudrait à la mort lente mais certaine des revues spécialisées. On reste donc enfermé dans le cercle vicieux de la mystification; l'occulte ne peut survivre que par lui-même, tant qu'il pourra être véhiculé par ses supports et agents de la tromperie, ceux-ci n'étant pas forcément conscients du rôle qu'ils remplissent réellement. Mais dès lors qu'ils en sont éclairés, leur responsabilité est une affaire de conscience et de choix: continuer à entretenir l'égarement des esprits ou s'en désolidariser en le dénonçant.

Cette attirance pour l'étrange, l'anormal, le merveilleux - fascinant et magique - l'incompréhensible et les limites extrêmes de situations contraires à la nature telle que nous la connaissons, les «visions» stupéfiantes et bizarres, voire extravagantes, font que bien des personnes se laissent tenter par cette littérature ufologique envoûtante.... Mais alors là! Attention ! nous crions «casse-cou», car on se laisse très vite prendre au jeu, on souhaite en connaître «toujours plus» et très vite, les ouvrages traitant du sujet OVNI s'amoncellent et leur lecture envahit le subconscient, subjugué par ce rêve magique. Rapidement la conscience se dirige exclusivement sur ce thème. La conséquence en est une modification du comportement, une anormale surexcitation, un énervement permanent et un climat d'angoisse exacerbé par cette connaissance de l'occulte. On se prend à guetter le ciel, à scruter les nuages, dans l'attente énervée de l'apparition de «soucoupes volantes et d'E. T.». Il convient d'éviter à tout prix de mettre le pied dans l'étrier, car rapidement on passe tout entier «à la moulinette» perdant ainsi son libre arbitre et la liberté de penser sainement et objectivement. Seules la Foi en Dieu et la prière, permettent à ceux qui ont été pris au piège, de sortir de l'ornière, pour diriger les élans de l'âme vers Dieu, notre Créateur et le Christ Jésus, notre Sauveur, qui nous éclairent dans la Vérité.

# NOUVELLES PRECISIONS
## SUR LA MANIPULATION PSYCHIQUE

Nous savons que certaines zones sensibles du cerveau sont réceptives aux influences subliminales, ainsi qu'à des pressions suggestives, largement utilisées par la Publicité et les médias. Toutefois, concernant plus spécifiquement l'occulte, la manipulation psychique ne désigne pas la cause, la source de ces actions. La connaître nous permettrait d'identifier la véritable nature de ces phénomènes. Nous disions, dans l'Avertissement, que la vérité au sujet de cette «source», n'est accessible qu'en fonction d'une certaine disposition de l'esprit.

Effectivement, nos concepts mentaux peuvent être très différents d'un cerveau à l'autre; notre intellect accepte plus facilement ce qui est rationnel, c'est à dire conforme à l'éducation et à la formation qu'il a reçu depuis l'adolescence. Par contre, le domaine de l'irrationnel sera plus difficilement reçu; il semblerait ne pas concerner les mêmes zones de perception du cerveau, à moins que celles-ci soient complètement «endormies». Mais cette notion est-elle juste? L'irrationnel échappe à la raison usuelle, il est plus intimement lié au spirituel du surnaturel, domaine totalement étranger à notre monde habituel.

Les questions de l'esprit sont-elles une affaire de mécanismes cérébraux? Ne concernent-elles pas plus exactement l'âme? Mais alors qu'est-ce que l'âme, qu'est l'esprit par rapport à la conscience? Comme on le voit, ces questions nous entraînent au cœur de la métaphysique, encore que ce terme de «métaphysique» risque fort de nous induire en erreur, il est utilisé par les «spiritualistes», donc en correspondance à l'occulte. Nous intervenons plus directement dans le spirituel, le domaine de l'esprit, ne mettant aucunement en jeu des forces solidaires du milieu physique. Les effets qui en résultent sont donc qualifiés d'irrationnel et «d'inexpliqués». Mais, afin de mieux nous éclairer sur le sujet, faudrait-il distinguer les forces occultes, qualifiées encore de «spirituelles», étant précisément plus en rapport avec la métaphysique, terme maintenant plus approprié de «paraphysique», en rapport avec le paranormal. Bien que nous ayons tout à connaître de ces forces, nous commençons à comprendre qu'elles possèdent un lien de «parenté», avec les micro-ondes, touchant l'état vibratoire de la matière - non plus statique - mais devenue «énergie» à son niveau le plus subtil. Aussi astucieuses que soient ces forces, elles restent «enfermées» dans la matière et le milieu naturel de la création; elles ne peuvent donc être qualifiées de «surnaturelles», c'est pourquoi, le terme occulte est plus juste. La théologie catholique les désigne sous celui de «préternaturel»: quoiqu'il en soit, avec elles nous restons dans l'univers créé, en sa partie invisible, ou encore «magique» lorsqu'une force met en action ce niveau vibratoire de la matière. Il est donc clair que l'esprit reste tout à fait étranger à ces énergies subtiles, raison pour laquelle les actions occultes touchent plus précisément le psychisme - celui de l'inconscient en particulier - en provoquant une toute aussi adroite inversion de «polarité spirituelle», faisant passer le psychisme pour le spirituel, afin de confondre - en vue de mieux piéger l'esprit précisément - cette partie consciente, la plus noble de l'être, car il est aussi cet esprit divin permettant de relier la créature à son Créateur.

L'irrationnel se confond donc entre ces deux réalités de l'occulte et du surnaturel, du psychisme et de l'esprit, des ténèbres et de la lumière. Toutes les pratiques occultes mettant en action des forces micro-vibratoires, en état altéré de la conscience, par le vide mental, ne peuvent donc qu'éloigner de la raison saine, du fait que ces pratiques conduisent à un affaiblissement de l'esprit, en d'autres termes, l'âme est enténébrée plutôt qu'éclairée et ne perçoit plus la lumière de la saine lucidité. Il n'est donc pas étonnant que les praticiens de l'occulte, tout comme les victimes de manifestations paranormales, sont sujets à un profond déséquilibre psychologique, en proie à des problèmes permanents: ces forces ainsi «libérées» finissent par prendre le contrôle de la pensée de l'individu (phénomènes de dépersonnalisation ou de possession, par exemple) et à infester le lieu de résidence par différentes manifestations paranormales. Ainsi, les phénomènes OVNI n'y sont pas étrangers, bien que ceux-ci se manifestent sous une autre forme; ils n'en font pas moins partie de l'occulte, œuvrant directement dans le sens de la manipulation des esprits, de l'induction en erreur.

Cela dit, l'irrationnel est difficilement acceptable, du fait que nous vivons à l'intérieur d'une société qui possède ses principes, ses règles établis sur des bases concrètes. La conscience se fixe sur ce qu'elle connaît, sur ce qu'elle peut accepter dans une relation «ordinaire». C'est donc sur ce problème de conscience que se fondent les nouvelles conceptions newageuses, prétendant élargir ce champ de conscience en pratiquant certaines méthodes méditatives afin de découvrir sa propre «divinité». Cette découverte de la spiritualité est mensongère et ne revêt qu'un aspect purement psychique; l'âme est trompée par sa propre lumière qui est fausse lumière, celle de l'illumination intérieure. Cette introspection du soi est effectivement tout à fait trompeuse, elle amène à croire à la divinité de l'homme, relié à l'ensemble du cosmos qui englobe le tout. Cette conception du «divin», de cet «absolu», laissant croire que l'homme peut se sauver par lui-même, en découvrant son véritable ego, au moyen de sa conscience élargie, est tout à fait contraire au sens chrétien du Divin, c'est une vue gnostique faisant de Dieu une force impersonnelle, neutre, dont il est possible de pénétrer et de s'acquérir la puissance. Quand l'être se personnifie à Dieu, il s'allie effectivement à une puissance, mais cette puissance, cette fausse lumière, ce faux absolu «divin» de la connaissance du «Tout», est exclusivement de nature diabolique. C'est Lucifer qui est le levier d'action des énergies micro-vibratoires, capables de «prodiges magiques», telles les formes matérialisées, modelées sur le concret de notre réalité, comme le sont les OVNI, capables de disparaître aussi spontanément qu'ils sont apparus. C'est toute la connaissance secrète de la théurgie, dont l'origine remonte à la plus haute antiquité, qui est ici en cause.

S'identifier avec ces forces, issues des doctrines initiatiques, c'est donc effectuer une «plongée» vers le bas, dans l'univers psychique, et non vers le haut de l'esprit, d'où cette inversion fermeture-ouverture. En ouvrant ces portes, l'esprit s'éloigne de Dieu, véritable Lumière des âmes. Coupé de toute possibilité de discernement, il s'enténèbre par cette fausse lumière qui est une lumière d'aveuglement et de totale confusion, du fait même de cette inversion de «polarité spirituelle».

En cela, les OVNI ne représentent jamais qu'un substitut de cette puissance d'aveuglement, sachant que ces manifestations conduisent directement sur le même carrefour des chemins de la tromperie, comme nous le montrons clairement dans ce livre. Leur intention, ou plus exactement l'intention de l'intelligence qui les manœuvre, est forcément malveillante, d'autant plus que celle-ci reste secrète, agissant dans l'ombre en de multiples facéties aussi grotesques qu'absurdes. Ce caractère d'absurdité est maintes fois souligné, notamment lors des contacts rapprochés

OVNI-témoins, ou encore au cours de «rapts» à l'intérieur d'OVNI. Le phénomène n'en continue pas moins à séduire et à posséder un certain nombre de partisans, sensibles à la thèse extraterrestre, de vaisseaux spatiaux venus des étoiles ou d'une autre dimension pour couper court à tout raisonnement logique. C'est vraiment une vue très simpliste qui ne peut persister qu'à travers cette force de fascination aveugle, générée sur l'esprit.

L'état hypnotique est généralement la condition requise pour atteindre la déconnexion du conscient, briser les barrières et atteindre l'inconscient. Or, c'est bien en opérant sur cet état altéré de la conscience, à partir d'exercices mentaux de «vide de l'esprit» que les sectes parviennent à soumettre leurs disciples sous le contrôle de cette puissance d'aveuglement. Plus précisément, les adeptes étant soumis à l'influence démoniaque de leur gourou, incarnant le «dieu vivant», iront parfois jusqu'au suicide dans leur soumission. Ceci prouve l'existence d'un lien psychique de puissance entre le gourou et ses adeptes.

Cette manipulation des cerveaux n'est possible qu'à partir de cette «diminution» de la conscience, processus qui, comme nous l'avons déjà dit, passe par une inversion de polarité spirituelle: le psychisme, solidaire de l'inconscient - servant de tremplin à l'influence démoniaque - prend la suprématie sur le conscient de l'esprit. Cette inversion de la réalité est contre nature et laisse la porte ouverte à toutes les aberrations. Placé sous cette dépendance, l'esprit est donc sous l'emprise de cette puissance et, à l'extrême, le conscient étant affecté, c'est l'inconscient qui établit directement la relation avec cette énergie de contrôle, en utilisant les «circuits neuroniques usuels»: l'état médiumnique, ou de transe, fait de l'être, un canal de perception extrasensoriel – un «channel» suivant l'expression américaine, en rapport avec le channeling - avec cette puissance de contrôle de la pensée; la relation étant nécessairement télépathique, hors les phénomènes d'incorporation avec des entités spirituelles en «annexe» de cette même puissance.

Comme cela fût expliqué dans ce livre, les phénomènes OVNI ne sont absolument pas étrangers à ces mécanismes mentaux de manipulation psychique; ceux-ci utilisent les mêmes circuits. On les retrouve spécifiquement au cours des interventions d'OVNI, des expériences de « contacts» en particulier. Les contactés sont victimes de leur crédulité, dupés par cette puissance d'aveuglement. Les entités spirituelles, capables de prendre des formes matérialisées afin de se faire passer pour «extraterrestres», possèdent également le pouvoir de produire toutes sortes de prodiges spectaculaires, se jouant des lois physiques naturelles C'est d'ailleurs ce que nous montrent tous les témoignages d'observations recueillis à travers le monde. Les enquêteurs rationalistes restent interdits devant la capacité de tels prodiges, car ils persévèrent à les enfermer dans notre propre contexte temporel.

Les mots employés pour désigner ces phénomènes sont eux-mêmes trompeurs: OVNI, contactés, sites d'atterrissages.... etc. Ainsi, le terme «objet volant» laisse systématiquement entendre que nous avons affaire à des engins, des constructions technologiques. Ces objets, nous le savons désormais, n'ont jamais que les apparences, revêtant un mimétisme correspondant à ce que nous connaissons. Au 17ème Siècle, par exemple, les chroniques journalistiques mentionnent des descriptions d'objets totalement différents, adaptées à la croyance et à la réalité technologique de l'époque. Ceci prouve bien l'aspect magique et la nature occulte de ces manifestations, laissant transparaître l'action d'une intelligence suprahumaine, en vue de diriger l'attention dans une direction déterminée. Comment donc ne pas reconnaître, dans ces illusions de «formes matérialisées», des objets apparemment structurés (adoptant même parfois les signaux conventionnels des avions), des sortes de vaisseaux spatiaux pilotés par des créatures extraterrestres?... À part le fait que ces objets ne possèdent aucun moyen de locomotion, qu'ils apparaissent aussi soudainement qu'ils disparaissent, qu'ils changent de forme comme par enchantement ou par magie.

Il nous semble bien inutile de revenir sur tout ce que la littérature spécialisée nous rapporte sur ce sujet, (il est vrai beaucoup moins régulièrement ces toutes dernières années). Peut-être, après tout, cette prodigieuse Intelligence à laquelle rien n'échappe semble-t-il, sait que ses scénarios font moins de dupes et n'exercent plus les mêmes effets psychologiques qu'à son début, outre le fait qu'un petit nombre d'avertis en la matière, commence à y voir clair. Néanmoins, cela n'empêche aucunement cette Intelligence de poursuivre son action de tromperie, en procédant d'autres manières. Mais nous pouvons encore penser qu'elle a atteint son objectif: la banalisation du phénomène OVNI, associé à une intervention extraterrestre, en prévision d'un aboutissement beaucoup plus obscur, conforme au complot humano-diabolique, tel que nous allons bientôt le voir. Séparer ces manifestations du contexte de manipulation des esprits, serait faire preuve d'ignorance et de cécité spirituelle, sachant qu'ici, nous sommes directement confrontés à l'occulte.

# UNE ACTION CONVERGENTE DESTINEE
# A ATTEINDRE LE MEME BUT

Au sujet des personnes prétendant être en relation avec les OVNI, autrement dit les «contactés», dont certains ufologues refusent encore la relation, parce que les phénomènes n'entrent pas dans le cadre du sérieux d'une analyse scientifique - donc systématiquement rejetés - l'auteur a voulu, dans ce livre, préciser que le terme de contacté, masquait celui de médiums. Le canal de perception extrasensoriel est induit depuis un stimuli, provenant d'une action de l'OVNI à partir duquel peut s'ouvrir tout le scénario habituel, toutes les aberrations possibles connues, des récits rapportés dans les revues ufologiques. Ces perceptions E. S. P. s'apparentent directement au channeling; ces «canaux de réception branchés sur la dimension cosmique» ou «super conscience» qui - selon ce qu'en disent les occultistes - ne peuvent contacter le conscient qu'en passant par l'inconscient, après avoir appris à le débarrasser de toutes les «fausses informations et réflexes qui y sont stockés»[7]. L'expérience est donc toujours basée sur le même principe: déconnexion du conscient afin d'utiliser l'inconscient, susceptible d'agir ensuite sur le conscient, en lui donnant des ordres reçus de la «super-conscience» ou «puissance cosmique». C'est ainsi qu'un certain nombre de personnes, ayant vécu une expérience inhabituelle, à la suite d'un contact OVNI, ou qui auront pratiqué des expériences psychiques de «vide mental», peuvent faire office de «channeling» sans le savoir, être dirigées ou programmées, fonction d'une mission bien définie.

---

(7) J. Michéal «la légion de lumière», autoédition, 1984

Cela implique que cette force, ou intelligence, possède une parfaite connaissance de nos différents circuits mentaux et sait les manipuler, pour autant que nous nous mettons volontairement dans cette disposition. L'état altéré de conscience, ou de transe, se produisant aussi lors d'un contact OVNI et qui se constate par une absence temporelle, conduit à l'illumination dans sa forme et nature psychique, selon l'inversion connue du psychisme pour le spirituel (par exemple, les «exercices spirituels», préconisés par les religions d'Orient, sont de nature purement psychique). Lors des transes, d'états médiumniques ou de channeling (en altération de conscience), le «canal de perception E. S. P. (ouverture du troisième œil dans le concept oriental), laisse infiltrer cette «super-conscience», ou fausse lumière luciférienne, dans l'esprit humain. Comme dit l'Ecriture, Satan se déguise en ange de lumière.

Toutes les techniques ou expériences psychiques, dans lesquelles on peut inclure les cas de contacts OVNI, établissent le canal de relation avec cette source d'énergie spirituelle, par laquelle s'expriment les entités démoniaques «enfermées» dans l'univers occulte, se donnant ainsi libre cours de tromper les humains, ceci d'autant plus efficacement que de nos jours, la perte de la Foi en Dieu, permet à toutes ces techniques de «contacts» d'abonder sur toute la terre, sous des aspects multiformes. C'est le temps de la «désorientation diabolique», annoncé en 1917 et contenu dans le troisième message de Fatima et qui n'a jamais été déclaré officiellement. C'est aussi - en d'autres termes - celui du temps de l'abomination, précédant la venue de l'antéchrist, mentionné dans les Ecritures: **«l'heure de l'Epreuve qui vient sur le monde entier, pour éprouver les habitants de la terre»** (Lettres de Jean aux sept églises, 3:10). L'absence de discernement, relative à l'occultation spirituelle, ne permet plus de comprendre la véritable portée de ces phénomènes, car ils sont exclusivement spirituels, et c'est uniquement sous cet éclairage qu'il nous faut les examiner.

La littérature ésotérique ne cesse de nous rappeler que nous pénétrons dans un changement d'ère, que les vibrations du Verseau pénètrent progressivement l'ère des Poissons qui tire à sa fin. C'est en vérité le règne de l'antéchrist contre le Christ des Evangiles et auquel vient se substituer le «christ intérieur» c'est à dire «l'illumination diabolique» - encore dite «initiatique» - permettant la relation avec... le monde des esprits», alors que cette «ouverture du puits de l'abîme» (Apo. 9:2) était fermée durant l'influence du christianisme. Les «vibrations du Verseau» sont en fait, celles du «Nouvel Esprit» qui se répand sur le monde, sous l'apparence même du «Renouveau chrétien» (alors que nous vivons la fin de l'accomplissement de l'Ecriture, dans la Nouvelle Alliance). C'est le temps de la contrefaçon, de l'apostasie à son extrême, faisant que ces esprits des ténèbres - ces fameuses «sauterelles» de l'Apocalypse, ayant à leur tête «l'Ange de l'Abîme » (l'Apollon grec, le destructeur), ont reçu de Dieu la liberté de «nuire aux hommes qui n'ont pas le sceau de Dieu sur le front» (Apo. 9:4). Il est donc bien clair que c'est l'abandon de la Foi en Dieu, cette rupture d'Alliance avec Dieu, qui permet au «Nouvel Esprit» de la fausse lumière luciférienne, de pénétrer les consciences afin de les égarer sur les voies de perdition spirituelle. Après que l'Evangile ait été porté à la connaissance des habitants de toute la terre, l'humanité n'ayant pas suivi la voie que Dieu lui a donnée, décline graduellement, puis de plus en plus rapidement - comme un bateau qui sombre - sur celle de la décadence morale et spirituelle. C'est la grande crise (spirituelle) que nous vivons actuellement. Et c'est en même temps, l'un des signes des temps eschatologiques, perceptible par le petit nombre des justes, pendant que la grande majorité se trouve totalement anesthésiée par l'influence et la manipulation médiatique de l'abêtissement. L'absence de vigilance (spirituelle) permet à l'envahisseur de pénétrer dans la place forte, - comme en l'an 70, les troupes de Titus pénétrèrent dans la cité sainte - seuls les juifs, restés fidèles à l'avertissement prophétique, purent comprendre les signes avant-coureurs; étant avertis, ils s'enfuirent dans les montagnes. Mais de nos jours, l'envahisseur n'a plus seulement figure humaine, il est d'ordre spirituel, il intervient directement du monde surnaturel et installe ses «nouveaux circuits d'illusion et de manipulation des cerveaux», par le moyen de l'électronique sophistiquée à sa plus grande finesse. Il n'est donc plus question de s'enfuir dans les montagnes, cette sorte «d'envahisseur» est partout, la seule Montagne du Salut, c'est précisément le Christ. Autrement l'antéchrist ne chercherait pas à Le détrôner en vue d'instaurer son système d'asservissement des âmes.

Nous verrons que les nouvelles technologies, actuellement en cours de réalisation et qui vont rapidement se répandre d'ici la fin du 21ème siècle, vont permettre la relation directe avec le monde des esprits (notamment avec l'intelligence artificielle). D'autre part, ces nouvelles technologies peuvent déjà produire des actions sur l'inconscient, d'une manière comparable à celles produites par l'intelligence OVNI. Il est sans doute probable que les OVNI réapparaîtront en masse au cours de la prochaine étape de la «grande séduction», précédant l'intervention du futur führer cosmique. Ce qui signifie que nous allons entrer dans une nouvelle phase de manifestations surnaturelles, provoquées par des moyens électroniques, permettant aux forces spirituelles démoniaques de circuler à travers tous les réseaux actuellement en place. La civilisation du New Age sera alors soumise à cette nouvelle forme d'esclavage «branchée sur les nouveaux dieux cosmiques», infusant dans les esprits, **une pensée diffuse artificielle**, par cette forme de channeling de mode électronique, voire magnétique.

Selon les initiés de l'occulte, le channeling permet d'atteindre des niveaux de conscience supérieurs, le «christ intérieur», capable de communiquer, avec la conscience cosmique ou universelle. Dans ce concept, l'état christique serait le stade de celui qui aurait atteint la «réalisation absolue de son être cosmique»[8]. Cet «état christique» est faussement associé à celui du Christ des Evangiles, doté de pouvoirs spirituels (psychiques ou paranormaux), on s'en serait douté. Ces contre-vérités sont tout à fait caractéristiques du monde occulte de tromperie, mais **ne pouvant leurrer que les esprits dépourvus du sens de discernement.** Malheureusement, avec l'extension et la banalisation des voies occultes (méditations, pratiques psychiques permettant le développement des chacras ou l'ouverture des portes E.S.P., etc...), le nombre de personnes en recherche parmi les plus fragiles psychiquement, tombant dans ces pièges, est de plus en plus grand. Maintenant, les techniques de vulgarisation et d'enseignement vidéo, permettent de répandre - plus efficacement encore - la propagation de cette puissance d'enténèbrement des esprits. Ce que les adeptes du New Age présentent comme étant les nouvelles vibrations spirituelles du Verseau, qu'incarnent les «enfants de lumière» de la nouvelle - paraît-il - civilisation du 21$^{ème}$ siècle, est une véritable mystification luciférienne. Elle ne peut parvenir à son but qu'au sein d'une coalition convergente de forces occultes liguées contre la vérité, dès lors que cette conspiration parvient au renversement de polarité spirituelle des authentiques valeurs. Or, c'est semble-t-il bien, par la banalisation

---

(8)    J. Michéal, idem

des fausses valeurs, fonction de l'inversion que nous connaissons, que ce basculement entre les deux mondes pourrait s'effectuer. Ce «christ cosmique» du Verseau, prépare en vérité, celui de l'antéchrist, ou «l'homme nouveau» incarnant la «super conscience», atteindrait sa propre «réalisation divine».

C'est effectivement un complet renversement des valeurs chrétiennes, la créature se déifie à la place ou à l'égal du Créateur. Cette inversion des valeurs ne peut fonctionner qu'en substituant cette idée d'un Dieu personnel, incréé et Créateur, par celui d'une puissance impersonnelle, intégré au Tout de la création, et qu'il suffirait d'éveiller, en découvrant sa propre divinité, par l'élargissement de son propre champ de conscience (altération, en vérité). La substitution de Dieu par celle d'une force, puissance ou énergie, permet **d'ouvrir la porte à l'univers cosmique luciférien.** Cette conception de la créature par rapport au Créateur, s'allie donc directement en faveur des anciennes doctrines du paganisme, à la vénération des anciens dieux qui sont de retour aujourd'hui, travestis en «extraterrestres». Comment alors s'étonner de la résurgence des anciens cultes païens et pratiques occultes, dans le sillage des observations d'OVNI, maintenant que nous connaissons l'action ordonnée et convergente de tous ces phénomènes, favorable à la civilisation du Nouvel Age, de l'Ere du Verseau, celle de l'antéchrist, de l'homme déifié par l'illumination du Nouvel Esprit, l'Esprit luciférien, la fausse lumière d'aveuglement des esprits?

# LES OVNI PRECURSEURS
# DU NOUVEL AGE

«Les OVNI précurseurs de Notre Avenir», c'était le sous-titre d'un livre «Contacts du quatrième type», écrit par l'auteur en 1979 (Ed. De Vecchi). Cet «avenir» suggérait le Nouvel Age, c'est en cela que les OVNI en sont les précurseurs. L'intelligence qui orchestre tout l'ensemble du scénario en ses différents actes, devait donc en marquer l'imposture, en dirigeant toute notre attention à la fois sous l'aspect cosmique, manifesté dans le symbolisme des signes, et l'indication mystique et «religieuse» du message. La fin de la Seconde Guerre mondiale annonçait cette Nouvelle Ere. Après avoir connu les souffrances, l'humanité aspirait à un «renouveau» sur la reconstruction du monde. Cette nouvelle ère était qualifiée, tantôt de «nucléaire», tantôt de «mondialiste», au fur et à mesure que la science humaine découvrait le nouveau champ d'investigation qui devait former la civilisation du 21ème siècle. Avec les nouvelles «vibrations du Verseau», dès la seconde moitié du siècle, les portes s'ouvrirent donc sur cette nouvelle ère, depuis les ruines de l'ancien monde. Construite sur les fondements de deux mille ans de christianisme, autour duquel s'articule toute la culture occidentale, la fin de l'ère chrétienne - de l'ère des Poissons - devait donc céder la place à celle du Nouvel Age, sous la poussée du nouveau rayonnement spirituel, selon les ésotéristes.

«En ces temps de la fin, il y aura des signes sur la terre et dans le ciel» dit l'Evangile. Les signes sur la terre nous ont été donnés par les «colonnes de fumée et de feu», des explosions nucléaires sur leur champ de tir, (Actes des Apôtres 2:19), il restait donc aux «signes du ciel» à se faire connaître. Ceux-ci apparurent en même temps que ceux de la terre, mais la portée du message devait rayonner jusqu'à la fin du siècle: les «nouveaux sauveurs» de l'humanité devaient progressivement effacer celui du Christ des Evangiles. Ces «nouveaux sauveurs» sont donc bien ceux de l'antéchrist et de l'antichrist, précédant le second avènement du Christ Glorieux **après la consommation de l'apostasie**. Or, la dispersion de la foi chrétienne, qui se dissout dans le syncrétisme religieux de la religion du Nouvel Age, marque bien cette période de l'apostasie des nations et de l'Eglise. Sur l'aspect politique, le mondialisme prépare un gouvernement mondial, et une religion universelle interreligieuse. Il n'est donc pas difficile de concevoir derrière cette «évolution», répondant plus exactement d'une «révolution», l'action secrète de forces occultes dirigeant invisiblement le mouvement vers la civilisation du 21$^{ème}$ siècle. Elle se construit sur une désorientation des anciennes valeurs morales et spirituelles, se reflétant dans la corruption des mœurs, la décadence, l'avilissement en général. **Elle s'édifie sur le chaos, le désordre**. Le déclin de l'ancien monde réclame systématiquement un «Nouvel Ordre Mondial». Celui-ci se présentera nécessairement sous l'aspect d'un système totalitaire antéchristique, **imposant une «liberté contrôlée» des individus**.

Les signes du ciel devaient donc impérativement accompagner l'ouverture des portes de la civilisation du Verseau. Ces signes célestes étaient prophétisés pour le cours des événements eschatologiques, de la façon que nous l'annonce Saint Luc:...

**«Dans les derniers temps, il y aura dans le ciel d'effrayantes apparitions et des signes extraordinaires»** (21:11). Ces temps s'accomplissent dans la finalité du monde actuel. A leur signification symbolique, mystique, planétaire, les

OVNI s'inscrivent donc dans les temps eschatologiques, les séparer de ce contexte nous laisserait dans la totale incompréhension de leur présence. C'est la raison pour laquelle les ufologues ne trouvèrent aucune solution au mystère qui les enveloppe; il doit être maintenu jusqu'au dénouement des temps de l'Apocalypse qui, ne l'oublions pas, sont aussi les temps de la Révélation.

En choisissant le 24 Juin 1947, jour de la Saint-Jean Baptiste, pour entrer dans l'actualité, les OVNI ne pouvaient mieux faire connaître qu'ils étaient **les précurseurs de l'Age nouveau,** en signifiant la fin de l'ère chrétienne, l'Intelligence signe ici son intention, en parfaite parodie de ce que représentait Jean-Baptiste, ce Prophète qui est à la charnière entre la première et la Nouvelle Alliance. Il annonçait la venue du Messie. Les OVNI annoncent la venue du Surhomme, le Christ cosmique du Nouvel Ordre Mondial qui occupera le trône de la Nouvelle Religion. Ils sont, quant à eux, à la charnière entre l'ancien et le nouveau monde, entre deux ères. Mais ne nous y trompons pas, par cet «acte d'apostasie» se révèle l'imposture. En effet, il faut **d'abord accéder à l'inversion des valeurs** pour y parvenir, expliquant ainsi les raisons pour lesquelles le mouvement du New Age s'incarne dans l'esprit anti christique.

Ainsi, en faisant irruption dans l'actualité mondiale, le 24 Juin 1947, l'Intelligence suprahumaine qui dirige les OVNI illustre, dans le symbole mystique, l'image inversée de Saint Jean-Baptiste, le précurseur du Christ, les OVNI sont les précurseurs de l'antéchrist. On peut penser raisonnablement que cet antéchrist viendra en sauveur d'une humanité en péril, après avoir provoqué une crise généralisée, par l'intermédiaire du complot humano-diabolique, aux alentours du 21$^{ème}$ siècle. S'appuyant sur une analyse prophétique et politique, Marc Burgard voit le redressement de notre décadence morale et spirituelle, par un terrible avertissement que le monde recevra comme étant celui de la main de Dieu: «chaque fois qu'une civilisation a oublié les valeurs fondamentales de la condition humaine, un châtiment, qu'il soit divin ou suscité par ses propres forces de décompositions entraîne sa destruction»[9]. Les convictions de l'auteur rejoignent les nôtres, mis à part qu'il ne s'agit pas seulement de la fin d'une civilisation, comme ce fut le cas pour celle de l'ancienne Egypte, de Rome ou de la Grèce, mais de la civilisation Judéo-chrétienne, dont le prolongement de l'Ancienne Alliance avait donné lieu à la Nouvelle, avec la venue du Messie annoncé par les Prophètes. Le complot humano-diabolique a pour objectif de renverser toutes les bases du christianisme, afin de reconstruire un monde sur celles du faux Messie qui, pour les Juifs non convertis, reste encore à venir. C'est **une véritable transformation** que le monde est appelé à connaître, **d'ordre universel**, car les Ecritures nous disent aussi qu'en «ces temps», les puissances des cieux seront ébranlées, ce qui pourrait aussi signifier une convergence de cycles cosmiques, et donc de cataclysmes. Vu sous cet horizon, les OVNI pourraient être aussi les signes annonciateurs de ces grands bouleversements. Sans omettre le fait qu'au point de convergence de la courbe, illustrant l'évolution de l'humanité depuis son origine, les différents paramètres viennent en interaction au point de rupture, il nous semble préférable de maintenir l'examen du problème sous l'angle mystique et religieux, car l'erreur serait précisément de sortir ces phénomènes du contexte auquel ils appartiennent. L'examen de cette courbe indique des signes de crises aiguës d'ici le 21$^{\text{ème}}$ siècle. Le point de rupture, quant à lui, pourrait se situer vers l'an 2030. C'est

---

(9)    Marc Bugard «1995-2005, Prévision pour un siècle à venir», Duquesne-diffusion, 1994

dire combien le proche avenir interpelle les consciences; à savoir si l'homme saura revenir à l'écoute d'une meilleure sagesse face au péril qui menace.

Connaissant la nature orgueilleuse de l'être humain, il est plus logique que notre humanité devra subir le poids d'un lourd châtiment avant de mûrir l'espoir d'un redressement. Dieu laisse donc agir l'erreur; l'éloignement de l'homme de son Créateur laisse libre cours aux hordes de Gog et Magog, fondant sur le monde perverti par l'immoralité et la corruption. Ne rencontrant plus aucun obstacle sur leur chemin, les forces de destruction agissent directement afin de préparer le terrain de la prochaine tyrannie antéchristique. C'est en cela que nous pensons que les OVNI ont été les signes précurseurs de l'antéchrist, depuis leur entrée dans l'actualité en 1947, peu après la fin de la Seconde Guerre mondiale, peu après les premières explosions nucléaires de Nagasaki et Hiroshima, le 6 Août 1945. Le premier éclair de mort eut lieu le jour de la Transfiguration, qui est Lumière de Vie. Cette parodie caricaturale du Divin se retrouve à la signification de ses plus grands signes, dans leur correspondance ambivalente.

1945-1947-1957 (première intervention de l'homme dans l'espace): ces années marquent des points de repères indiscutables, entre la fin du «vieux monde» et l'annonce de la «Nouvelle Ere», laissant penser que l'humanité-Dieu allait pouvoir contrôler le secret de la matière et voyager à travers les espaces intersidéraux à la manière des OVNI; ceux-ci en suggéraient l'immense possibilité. A première vue, quel sentiment l'homme peut-il éprouver, sinon celui d'une sorte de libération de sa condition déchue? A savoir - grâce à la connaissance scientifique - qu'il lui serait alors possible d'éclairer les ténèbres de son ignorance, sortir de son errance, transformer sa condition d'esclave, détacher les chaînes pour aller sur les autres planètes? Bref l'homme libre, l'homme-Dieu! Il ne lui reste plus ensuite qu'à reconquérir l'arbre de vie afin de s'égaler aux anges, les anges d'hier, devenus les «pilotes» des OVNI d'aujourd'hui. Ainsi le Ciel des anges déchus s'agrandit-il à la dimension cosmique, d'un ciel temporel.

Ce besoin inné en l'homme de conquête, de perfection, de s'égaler à Dieu, prouve, de manière inconsciente, son désir de retrouver le paradis perdu qui le rendait libre par la connaissance de la Vérité. Ayant outrepassé cet affranchissement, le voilà prisonnier de la matière et des restrictions de l'espace et du temps. C'est quand il se met en opposition avec cette vérité qu'il devient esclave, se trouvant en infraction avec Dieu: l'immoralité, l'irrespect, la corruption, la perversion des mœurs nous témoignent tous les maux qui font le déclin de la société, lorsque les principes divins ne sont plus observés.

La nouvelle humanité du Verseau désire renverser le courant de l'ancien ordre assis sur le fondement chrétien, de cette liberté sur la Vérité en Dieu, sur la connaissance de Dieu par amour de la Vérité. Nous en sommes déjà bien loin depuis ces dernières décennies. Les nouvelles religions du Nouvel Age ne croient plus en Dieu, mais en l'homme, c'est une religion basée sur **l'humanisme**, centrée sur les sens et les désirs de l'homme, prélude au transhumanisme. La religion universelle du Nouvel Ordre du monde sera une religion reposant sur le respect des droits de l'homme, en remplacement des Commandements divins: un Nouvel Age appelle un nouveau système de croyance.

En tant que signes précurseurs du Verseau, les OVNI auront grandement participé en cela. L'objectif initial étant de diriger l'attention de l'opinion publique sur la vie de l'homme sur les autres planètes, il convient de détacher «l'ancienne croyance» sur la vie de l'homme en Dieu. L'homme placé au centre de l'univers à la place de Dieu C'est pourquoi il fallait aussi **changer les valeurs du système d'éducation**, afin que les nouvelles générations- celles du Nouvel Age - soient pénétrées des principes humanistes, en rejetant toutes les anciennes valeurs chrétiennes, considérées comme caduques, avant qu'elles ne soient comme dangereuses pour le nouveau système totalitaire antéchristique. Le principe de liberté prend un tout autre sens: la libération de l'homme en dehors de toutes «superstitions religieuses» de Dieu.

Par leurs manifestations, les OVNI, confondus au problème de la vie sur les autres planètes, tendent à vouloir témoigner que la créature humaine est reine de l'univers, capable de s'élever jusqu'aux limites sans fin de l'espace comme l'archange Lucifer crut pouvoir s'élever au-dessus de Dieu. Les apparitions d'OVNI tendent donc à nous faire croire que ces limites peuvent être franchies, que quelque part ailleurs, d'autres humanités ont déjà effectué ce pas, imposant peut-être leurs lois au sein d'une «fraternité cosmique». Certaines sectes OVNI (Siragusa, Rama, Raël... etc.) se rangent sur cette croyance, incarnant le modèle d'un homme nouveau, maître du temps et de l'espace, maître de lui-même: l'homme du New Age, l'homme total qu'Hitler avait déjà pressenti et tenté «d'incarner».

Afin de mieux enraciner cette utopie dans les esprits, l'Intelligence qui manœuvre les OVNI peut aller jusqu'à construire des «leurres extraterrestres». En l'occurrence, ces fameux humanoïdes vus auprès des OVNI au sol; maîtres de la matière, elle est dans la capacité de créer toutes les formes matérialisées qu'elle veut. Pour aller dans ce sens, plusieurs «crashs d'OVNI» eurent lieu aussitôt après la Seconde Guerre mondiale, de 1945 à 1947, tout particulièrement en Europe, au Spitzberg et aux Etats-Unis, à proximité de bases militaires, afin d'attirer l'attention des autorités sur la proximité d'une présence extraterrestre s'intéressant aux centres stratégiques de la planète: les bases militaires, les centres d'essais nucléaires, les centres d'envol de fusées, mais aussi escortant parfois les avions de ligne ou les prototypes d'essai, même parmi les plus secrets. Les centres de tirs nucléaires étaient aussi survolés par les OVNI, plusieurs heures avant l'explosion, alors que le secret le plus absolu entourait pourtant ces expériences: ces OVNI furent suivis au théodolite par de nombreux techniciens et ingénieurs. Plus inimaginable encore, des films pris au cours de ces tirs révélèrent que des OVNI s'élançaient sur la boule de feu et la traversaient au cours de l'explosion. Quelle matière pourrait permettre cette invulnérabilité? Cependant tout devient plus clair si ces objets ne sont pas eux-mêmes vraiment matériels.

Toute cette vaste mise en scène, conduite depuis de nombreuses années d'approches d'OVNI, devait logiquement nous mener à réfléchir sur l'existence «d'escadrilles de surveillance» de «soucoupes volantes» venues d'autres planètes. L'hypothèse fit ainsi son chemin, jusqu'à plus récemment, au tout début de cette décennie; un «prototype nouveau», de plates-formes volantes triangulaires, survola la France et toute la frontière franco-belge. Des centaines d'objets du genre furent vus, filmés, suivis par des avions de l'armée belge, laissant supposer qu'une nouvelle phase - peut-être de contact collectif, comme certains ufologues se mirent à le penser - allait se faire. Inéluctablement, un tel mode d'action dans l'approche laisse systématiquement penser à un programme, donc à un plan savamment étudié, et qui dit plan, dit but, et ce but ne peut être qu'un contact officiel et massif avec notre civilisation. Cette idée s'inscrit dans les consciences; toutefois, du côté des autorités, si on s'intéresse en secret à la question, rien ne laisse transparaître une telle possibilité, le black-out reste complet. Pourtant les services spécialisés ont dû rassembler de nombreuses données et «matériels» sur le sujet, depuis déjà au moins le début des années 50; ceci, en dehors du fait des crashs d'OVNI survenus dans le désert du Nouveau Mexique en 1947; plusieurs humanoïdes, n'ayant rien d'humain dans les fonctions biologiques, auraient été capturés. Un film, classé «ultra-secret» jusqu'ici, tourné par des militaires américains, montrant un «extraterrestre mort», autopsié par des scientifiques, devait être dévoilé au cours de l'été 1995, à l'Université de Sheffield, en Grande-Bretagne. Cette «révélation» ne pourrait qu'entériner davantage la prétendue origine «extraterrestre» des OVNI. Il faudrait pourtant insister sur ce «petit détail», que ces créatures ne possèdent aucunes fonctions biologiques vitales, et qu'elles sont toutes «construites» sur le même moule. Des clones en quelque sorte, à partir d'un modèle unique. Ces précisions témoignent incontestablement le mode artificiel de ces créatures, ne révélant aucune présence de vie divine dans leur physiologie, du modèle humain créé à l'image de Dieu, et donc encore moins dans leurs yeux inexpressifs et animées comme elles doivent l'être par l'esprit de Satan, il animera aussi celui de l'antéchrist. C'est pourquoi les OVNI sont des manifestations de cet antéchrist qui se présenteront certainement comme «sauveurs», au moment des périls cataclysmiques de châtiment divin, qui fondront sur l'humanité, au cours de la dernière phase de l'intervention. Les contactés d'OVNI sauront alors qu'ils auront pris un passeport pour l'enfer, en contractant une alliance à l'intérieur de cette conspiration humano-diabolique, contre l'homme et contre Dieu.

Tel est, à n'en pas douter, le but des OVNI: conduire à la religion du Nouvel Age, avec le retour des «anciens dieux» dans le nouvel Ordre Mondial antéchristique, la nouvelle civilisation du 21$^{ème}$ siècle, mais qui, heureusement, ne durera qu'un bref temps, car Dieu empêchera le reste de l'humanité - resté réfractaire - de courir au pire désastre qu'elle n'ait jamais connu, depuis le commencement du monde.

# EN DERNIERE ANALYSE DES FAITS

Le mystère des OVNI n'en est désormais plus un pour qui possède un certain discernement spirituel; son caractère diabolique nous éclaire pleinement sur l'aboutissement des différents actes du scénario cosmique qui dure depuis près de soixante-dix ans. En vérité, les OVNI en entrant au sein du vaste contexte eschatologique de l'humanité, ne lancent pas un défi à notre science, **mais bien plus exactement à notre intelligence spirituelle**. Le danger réel est d'ordre exclusivement spirituel; il met en cause la vie de l'âme. La plupart des esprits qui se laissent abuser par les facéties d'OVNI - avec l'emprise qu'ils exercent sur l'esprit - le doivent à leur absence d'éclairage spirituel. Peut-être même jettent-ils leur dévolu en fonction de ce critère, auprès des âmes n'ayant pas reçu la Grâce de l'Esprit de Dieu qui aurait pu empêcher cette «lumière noire» de pénétrer en eux, en les conduisant à l'intérieur d'un labyrinthe sans issue... sauf grâce spéciale.

Ce coin du voile étant soulevé, les neuf disques volants non identifiés aperçus par Kenneth Arnold, le 24 Juin 1947, devaient nécessairement posséder une signification tout à fait autre que celle à laquelle on était en droit d'attendre à l'époque. La terre appelait le ciel à répondre conformément à son attente; ce fut un déferlement de prodiges lumineux, laissant présager que d'autres civilisations, «là-haut», avaient compris le message. Pourtant, cinquante ans après, rien n'est venu concrétiser le rêve de l'homme, répondre à son angoisse de manière véritable et concrète, en dehors de cette succession d'illusions et de mirages au cours de sa traversée du désert. Plus ses connaissances du monde augmentent, plus il se pose de questions sur lui-même, de sa place dans l'univers, face à l'immensité des cieux, de ce qu'il est; descend-t-il du singe ou du cœlacanthe? D'où vient-il? Où va-t-il? Ces questions fondamentales restent sans réponses hors de l'éclairage spirituel indispensable; cet éveil de l'âme en sa partie spirituelle et non celle des sens et du désir d'être, de puissance et de séduction.

Les OVNI annoncent donc le nouveau monde, sous la domination de l'antéchrist, d'un monde anti-Dieu, ayant rétabli la communication avec les «dieux anciens», cette puissance surnaturelle démoniaque, l'antique serpent qui se trouve dans le monde. Cette vérité n'est pas recevable, car elle heurte notre esprit rationnel et nous vivons dans un monde de réalités concrètes, en rupture de relation avec l'irrationnel. Les désirs et les ambitions humaines sont ailleurs, l'être vit replié sur lui-même, dans le but essentiel de satisfaire le désir de ses sens. Si les signes du Ciel lui ont fait lever les yeux vers la voûte céleste ce n'est certes pas pour lui permettre de rétablir la relation avec son Créateur, rompue depuis la chute originelle, mais plutôt pour l'orienter vers un faux espoir enfermé dans la tromperie. Son fondement repose sur la construction de leurres, ayant pour but de le détacher de Dieu, de la Vérité contenue dans sa Parole, en vue de l'asservir - physiquement et spirituellement - afin de faire échouer le plan de Salut divin établi pour l'homme. Loin de le conduire vers la Vérité, l'action des OVNI le conduit vers le mensonge, elle est suggestive et fascinante. Elle fait croire que des civilisations intergalactiques ont atteint la perfection et franchi l'espace et le temps, régnant sur l'univers et sont parvenues à être maîtres de la matière. Cette conception s'accorde parfaitement avec l'esprit antéchristique et le plan mondial du Nouvel Ordre, plaçant l'homme au centre de l'univers, conforme à la religion du New Age; en reniement de Dieu. Tout l'ensemble obéit donc à un plan occulte se mettant en place, étapes par étapes, depuis des décennies. Le courant spirituel qui circule depuis les contactés d'OVNI s'identifie avec celui du New Age: le salut vient des étoiles, l'homme également, et les «Elohim-extra-terrestres», créateurs de l'humanité, seraient nos ancêtres. Le but ultime de l'homme serait donc d'y retourner. Il est facile de comprendre d'où vient cette «vérité inspirée», plaçant la créature à la place du Créateur. Cette conception anti-Dieu divise le monde en deux camps, entre le Christ et l'antichrist. Une évidence surgit de cette duperie organisée: ce n'est pas la conquête du monde et de l'univers qui permettra à l'homme de triompher de sa déchéance, l'arbre de vie lui est interdit dans sa condition. La chair et le sang ne peuvent hériter du royaume de Dieu qui, Lui, est éternel, hors de l'espace et du temps. Seule la Connaissance de la Vérité lui permettra de se dégager des pièges diaboliques - outre les OVNI - qui le tiennent captif, le réduisent à l'esclavage et à la volonté de l'opposant, **car seule cette connaissance de la Vérité rend libre.** (2 Timothée 25-26).

L'œuvre antéchristique, intégrant les OVNI au «mythe extra-terrestre» est essentiellement une œuvre **de séduction.** A ce sujet, certaines sources d'informations américaines, diffusées par des stations à ondes courtes, font mention de «quatre étapes majeures, selon un projet établi par «la NASA Blue Bean Project», quatre étapes en vue d'installer la religion du Nouvel Ordre Mondial de l'antéchrist:

**- La première étape** se rapporte à la chute du «savoir archéologique», c'est à dire à l'utilisation d'équipement électronique pouvant permettre de nouvelles découvertes archéologiques qui remettront totalement en question, les bases de connaissances scientifiques dans ce domaine, et les bases théologiques (les fondements de croyance) des différentes religions. Cette falsification des doctrines de base des religions est susceptible d'ébranler les croyances des peuples dans leur propre religion. Les découvertes ainsi provoquées, seraient capables d'expliquer les «secrets inconnus de l'univers», les origines de la vie terrestre, les relations entre les Pyramides d'Egypte et celles d'Amérique du Sud, et enfin l'explication et les réponses aux théories diverses avancées et véhiculées par le mouvement du Nouvel Age et les différentes «écoles ésotériques» sur la planète. Les populations déjà psychologiquement préparées depuis plus de trente ans, et alimentées par les «channels» et la croyance aux «OVNI extraterrestres», devraient, selon le scénario mis en place, être complètement disposées aux révélations apportées par les nouvelles découvertes. D'ailleurs, les films «2001, Odyssée de l'espace», la série «Star Treck» et «Star War» se rapportent, soit aux hypothétiques origines de l'homme des étoiles, soit aux menaces et (ou) aux secours provenant de l'espace (problème suggéré par les OVNI), trouveront leurs explications scientifiques lors des nouvelles découvertes. L'objectif dans cette première étape, c'est d'ébranler en profondeur les croyances des principales religions mondiales - et du christianisme en particulier. Cette mise en scène ajoutée à d'autres supposées vérités - dont la révélation sur l'existence de créatures «extraterrestres» - se veut être l'aboutissement du travail de sape, commencé depuis au moins quatre ou cinq décennies, afin de détacher les hommes de leur passé et les propulser vers le Nouvel Age, à l'instar des OVNI.

- **La seconde** étape quant à elle, serait en relation avec le «spectacle Spatial Optique tridimensionnel», avec son et hologrammes couleurs, projection au laser avec images holographiques multiples; le tout projeté en même temps, à différents points de la terre, en provenance de l'espace, chaque partie de l'humanité recevant l'image correspondant à son Dieu, selon la croyance. Il est reconnu que les russes ont manufacturé, ou même importé, des ordinateurs avancés, et les ont remplis avec des données psychiques précises, basées sur leurs études de l'anatomie et de la biologie du corps humain, sur la chimie et l'électricité du cerveau humain. Les différents langages et dialectes des peuples ont aussi été entrés dans ces mêmes ordinateurs, eux aussi, à partir de satellites. Les programmes inscrits dans ces ordinateurs peuvent par la suite, et selon les nécessités du moment, être dirigés vers certaines populations de la planète par des rayons électromagnétiques à partir de l'espace. Comment ne pas concevoir, depuis une telle mise en place, une intervention céleste ou même «extraterrestre», suivant les lieux, permettant à l'antéchrist d'imposer la Nouvelle Religion Mondiale, indispensable au Nouvel Ordre Mondial?

**–La troisième étape** se rapporte aux «communications télépathiques électroniques» à l'intérieur desquelles les ondes ELF, VLF, LF, entre autres, peuvent atteindre les populations à l'intérieur même de leur cerveau, ce qui portera à croire - chacun suivant ses convictions religieuses - que Dieu lui parle intérieurement, comme si cela provenait d'une voix intérieure. Tous ces «rayons porteurs» de messages pouvant s'interpénétrer avec la pensée naturelle, susceptibles ainsi de composer une «pensée diffuse artificielle» par hypnose télépathique à distance. D'autre part, la possibilité que les pensées puissent être détectées et communiquées à un ordinateur ne relève plus de la fiction.

Enfin, la **quatrième** étape concerne les «manifestations surnaturelles universelles» provoquées par des moyens électroniques. Cette ultime étape renferme trois «orientations» précises, à savoir:

- La première manifestation sera en fonction de faire croire aux hommes qu'une invasion extraterrestre est sur le point de déclencher une attaque venue de l'espace.

- La deuxième manifestation serait de faire croire aux chrétiens, au second avènement du Christ ou à l'enlèvement des «élus», qu'une intervention de «bons extraterrestres» vient les aider contre une supposée attaque de forces extraterrestres ennemies. Le but de cette entreprise serait d'éliminer toutes les formes d'opposition au Nouvel Ordre Mondial, provenant des chrétiens les plus avertis et informés.

- La troisième manifestation est un composé de forces surnaturelles et électroniques. Les ondes qui seront alors utilisées permettront à des forces et formes surnaturelles de voyager à travers la fibre optique, les câbles axiaux, les lignes électriques, de manière à pouvoir pénétrer partout où l'équipement électronique ou électrique (avec micro-chip) aura déjà été installé. Le but de cette dernière phase serait de créer ainsi l'apparition de spectres, d'ombres sataniques... etc. de manière à pousser les populations au désordre psychologique.

C'est donc ainsi que le «Grand spectacle» précédant l'intervention de l'antéchrist, permettrait l'instauration de la civilisation du New Age. La source de ces informations resterait à vérifier, néanmoins, ce «plan d'intervention» répond bien à tous les mécanismes et processus déjà actionnés, étapes après étapes, tels que nous l'avons mentionné à propos des différentes phases d'intervention des OVNI. En cela, les rumeurs concernant une soi-disant alliance extraterrestre avec certains groupes secrets américains - comme l'ex MJ12, la coalition hypothétique de certains types «extraterrestres» qualifiés de «bons» contre les plus sataniques, les «mauvais», la récupération de cadavres «extraterrestres» en 1947...etc. répondrait parfaitement à cette mise en scène dont nous serions sur le point de connaître l'aboutissement, parallèlement à une crise économique globale, engendrant guerres civiles et conflits ouverts en différents endroits de la planète. Ce «programme» serait en quelque sorte, le prolongement final de celui connu de «l'Ordre des Sages de Sion», n'étant ni plus ni moins que celui du Nouvel Ordre Mondial. Il faut quand même observer que diverses phases de ce plan sont déjà intervenues et que rien ne permet jusqu'ici de remettre en cause la suite annoncée, au contraire, il semblerait bien s'associer aux quatre étapes mentionnées ci-dessus.

Sans doute, certains lecteurs voudront plutôt y voir un scénario de fiction, tellement cette idée d'un «quatrième Reich cosmique» et «interplanétaire» paraît peu acceptable. Nous préférerions penser qu'il en soit ainsi. Pourtant, malheureusement, le scénario décrit, dans les différentes phases du plan occulte, précédant l'instauration de l'Ordre Mondial antéchristique, est parfaitement en accord avec certaines prophéties privées et bibliques, comme celles du Prophète Daniel et de l'Apôtre Jean, dans son Apocalypse, corroboré par le Message de la Salette (1946). Alors, la question fondamentale qui se pose à nous est celle-ci: vivons-nous les derniers temps annoncés par les prophéties? Si c'était vrai, on conçoit fort bien que la conspiration mondiale, que nous qualifions «d'humano-diabolique» n'aurait aucun intérêt à inquiéter l'opinion publique, et conserverait le black-out sur les OVNI, après avoir distillé dans les consciences, la possibilité d'une présence extraterrestre parmi nous. Tout cela se tient trop bien pour ne pas être vrai. Et si c'est le cas, la phase finale du plan d'intervention surviendrait **d'ici l'aube du 3ème** jour; un jour étant comme mille ans pour Dieu, n'oublions pas que nous sommes face à **un plan de parodie antéchristique,** et que Jésus-Christ, le Verbe incarné dans la chair, est ressuscité aussi à l'aube du 3ème jour. Cette parodie s'inscrit dans l'avènement du troisième millénaire, avec celui de l'antéchrist, imposant un gouvernement mondial d'ici 2030. Le fait que ces événements sont déjà perceptibles pour quelques-uns est symptomatique de cette levée du voile, cachant jusqu'ici, «Le diabolique secret des OVNI.» Les temps de la Révélation font aussi avancer la vérité sur des questions fondamentales occultées depuis longtemps. C'est que deux plans sont étroitement imbriqués l'un dans l'autre: celui de Dieu, pour le salut des âmes, et celui de l'antéchrist pour leur perdition spirituelle et éternelle. Entre ces deux plans en action, la guerre est spirituelle.

# CE QU'IL NOUS FAUT DESORMAIS RETENIR, EN CES DIFFERENTS ACTES, DU «SCENARIO» OVNI

Le phénomène commence par se montrer sous la forme «d'objet volant», qui évoque le «véhicule», «l'engin», avec démonstration d'une capacité de «navigation aérienne» inconnue sur terre....

Afin de renforcer la suggestion que ces objets sont des «véhicules» d'origine inconnue, le phénomène laisse des traces diverses qui défient les tentatives d'explications et d'analyses....

Dans l'interminable polémique qui s'engage et où s'affrontent toutes les tendances de l'approche scientifique, on nous précise de «ne pas confondre» avec des «phénomènes bien connus» de la météorologie ou atmosphériques, électriques, des satellites, des avions... etc., ce qui confirme indirectement et astucieusement que les «vrais OVNI» présentent bien un formidable défi «scientifique».

La notion de «véhicules extraterrestres» étant maintenant bien assimilée, le «Grand Régisseur» de la phénoménologie OVNI intensifiera la conséquence «logique»: les «pilotes», «occupants», «ufonautes», les «E.T.» qui nous visitent (depuis les origines de l'humanité).

Simultanément et afin de mieux dérouter les recherches, le phénomène ne craint pas - bien au contraire - sa propre caricature et manipule tout un ensemble de «critères» d'absurdités, car «on» nous demande d'exercer notre «discernement intelligent» afin de bien cerner les «vrais» E. T., ceux qui nous veulent du bien et qui se situent sur les niveaux supérieurs de l'évolution, dont l'intelligence est infiniment supérieure à la nôtre. Ensuite, il sera plus aisé de passer de cette conception d'extraterrestres matériels à la conception de **supériorité spirituelle** de ces créatures.

Le 24 Juin 1947 marque le début de «l'ère moderne» des «soucoupes volantes», mais surtout le choix de cette date nous suggère l'entrée dans l'ère du Verseau (Nouvel Age), du «Nouvel Esprit». Sous l'aspect religieux et «marial», la première apparition de la Vierge de Medjugorge eut également lieu un 24 Juin (1981), d'où allait rayonner le mouvement charismatique....

Avant 1947, les OVNI prenaient des formes moins modernes et semblaient s'inspirer des éléments de la science-fiction des **années 1920** et avant (exemple avec Jules Verne), comme si «on puisait» dans l'inconscient collectif de l'humanité, les éléments avec lesquels celle-ci se représentait les «envahisseurs extraterrestres» à cette époque-là....

Puis, bien des années plus tard, c'est le contraire qui se produit: le cinéma, avec ses prodigieuses possibilités techniques qui atteignent la perfection s'inspire des observations d'OVNI et connexes, transposant les images sublimes sur le grand écran.

A une échelle planétaire, les phénomènes OVNI et extraterrestres sont donc **banalisés** dans l'esprit humain, ce qui est un degré «d'évolution» considérable pour.... un certain Plan qui concerne l'humanité.

Par la suite, un phénomène «secondaire», celui des contactés (premier cas connu: Adamski, 1952), effectue la relation avec le phénomène OVNI; ceux-ci reçoivent des «messages télépathiques» en tant que médiums. Cette nouvelle forme de spiritisme, adaptée au mythe E.T. des OVNI suggère la possibilité d'une «jonction cosmique», excluant ainsi le contact physique, observable et vérifiable, au profit d'un contact occulte: à partir de là, surgissent des sectes de contactés OVNI (Siragusa, Rama, Raël, Galacteus... etc..).

Ainsi présenté, le phénomène OVNI demeure insaisissable et scientifiquement «inexpliqué», d'où **son caractère occulte.** Ces phénomènes représentent donc - en s'y intégrant - l'un des aspects multiformes du Nouvel Age, témoignant l'existence d'une Intelligence suprahumaine, capable de créer des actions suggestives et de fascination très puissante sur l'esprit, ainsi que des leurres mentaux (du genre «cinéma paranormal») et «matérialisés. L'association «extraterrestre» au phénomène est donc un mythe **créé intentionnellement, agissant sur notre psychisme et connaissant notre psychologie.**

Nous pensions étudier quelque chose et nous avons découvert que «quelque chose» nous étudiait, nous «manipulait».

# BIBLIOGRAPHIE

Cette petite étude étant le fruit d'une recherche établie sur le terrain, en 1980, repose sur la compilation de nombreux dossiers d'enquêtes et d'archives de la Commission d'Etudes OURANOS, et par conséquent découle directement de cette investigation. Les références bibliographiques ont, pour la plupart, été indiquées entre parenthèses dans le texte. Pour cette raison, nous ne pensons pas utile de répéter les documents cités en fin de parcours, permettant ainsi une meilleure commodité pour le lecteur.

En complément de cette étude, il fut déjà publié:

– «LE MONDE OCCULTE DU SURREEL PARA-PHYSIQUE»
C.E. OURANOS 1981.

-«LA MANIPULATION OCCULTE» J.M. LESAGE
Ed. Atlantic 1989 (épuisé).

–«Les Cahiers d'OURANOS» du no 7 au 62 inclus. Pour les lecteurs qui désireraient en savoir davantage sur les questions soulevées dans cet ouvrage, d'autres titres sont disponibles:

–«LA SEDUCTION DU SERPENT» J.M. Lesage – 200 p.
L'auteur remonte à la source des origines du Mal et montre, qu'en fait, le Serpent génésiaque est toujours aussi actif que jamais sous ses aspects multiformes. A la base des sociétés secrètes, de puissantes forces surnaturelles agissent à travers les structures occultes et constituent une vaste conspiration mondiale, conduisent progressivement l'humanité à l'asservissement.

Comment les agents occultes du complot agissent en fonction d'un plan bien défini, au sein d'une «alliance humano-diabolique» dont les différents «étages» s'ignorent les uns les autres, tout en servant le même dessein: la civilisation du New Age se substituant, tout en «l'effaçant», à celle de judéo-chrétienne, de «l'ancien monde».

**Les «Cahiers d'OURANOS»** (disponible en pdf)

**–N°33: «Le Contrôle Total 666»** - 68 p.

Le nouveau système de contrôle universel répondant au plan secret des Illuminati, au sein d'une organisation de forces et d'influences qui agissent dans l'ombre, mais qui constituent le Pouvoir Occulte, ayant pour objectif final la création d'un gouvernement mondial totalitaire.

**–N°35: « L'Ancienne Alliance - d'Adam à Moïse »**
    70 pages env. (disponible en pdf)

Le caractère récapitulatif des temps de la fin que nous vivons rend cette étude d'autant plus nécessaire que cette fin est métaphysiquement le reflet inversé du commencement. La dimension véritable du sujet apparait alors, justifiant toute l'importance que nous devons lui accorder. En dépit de la pluralité des sources, souvent discutée, nous découvrons une certaine structuration à l'aide des nombres symboliques et détermination de rythmes historiques. Mis à nu, ces derniers permettent de dégager une loi de correspondances analogiques de plus haut intérêt, et de connaître l'étendue des fonctions respectives de personnages choisis pour s'inscrire dans une filiation spirituelle transcendant celle de la chair. Cette analyse rétrospective de l'Ancienne Alliance nous permet de mieux comprendre le plan de Salut divin à travers les temps eschatologiques actuels.

Beaucoup de ces ouvrages sont aujourd'hui (2024) épuisés. Toutefois beaucoup d'entre eux peuvent être obtenus sous forme pdf. Une liste des ouvrages et cahiers d'Ouranos disponibles peut être demandée à l'adresse suivante :

**<u>ouranos77@pm.me</u>**

## Organigramme des actions sataniques à propos du phénomène OVNI
(liste non exhaustive)

### 1- *Relevées dans les apparitions d'OVNI:*

– **Fascination, séduction** *dans le caractère «étrange et inexplicable»*
– *Création d'archétypes, mimétisme* **pour tromper**
– **Incohérence** *dans la structure des faits*
– **Aberration** *dans le comportement des créatures*
– *Paralysie des sens,* **troubles** *physiologiques et psychiques relevés auprès des témoins de «rencontres rapprochées»*
– **Panique et terreur** *provoquées par une* **sensation de présence malfaisante** *donnant parfois suite à une dépression nerveuse. Également observées chez des animaux.*
– **Communications** *verbales des êtres - lors d'un contact physique - généralement* **incompréhensibles** *(sauf par télépathie où on soupçonne qu'ils utilisent le cerveau humain comme «transfert»), également des* **sons inaudibles et inquiétants:** *grognements, sifflements, aboiements, rires sarcastiques (à rapprocher des bruits enregistrés au cours de séances d'exorcismes).*
– **Comportement grossier** *des créatures vues près des OVNI: indifférence, ricanements, regard glacial, sans vie...*
– *Le caractère spécifique et irrationel des évolutions d'OVNI est* **un défi** *pour nos connaissances.*

## 2 - *Relevées dans les messages reçus des contactés:*

- **Utilisation** des angoisses et des peurs: danger atomique, pollutions, menace d'un cataclysme universel...
- Déclaration **mensongère et incohérente** : fausses connaissances, humiliant pour la science.
- **Contrefaçon, perversion** de l'Ecriture sainte
- **Faux prophétisme,** *faux messies*
- Substitution, **inversion** *spirituelle*
- Construction de **scénari grossiers,** inacceptables à la logique saine(flotte intergalactique, entités se disant dans un vaisseau-amiral, fraternité cosmique...etc., Van Tasse/ H. Menger et Adamski en 1952, Siragusa, groupes des contactés (sectes): Lumière dorée, Galacteus... etc.)
- **Tromperie** dans les communications (type spirite), assertions induisant en erreur.


Ces quelques caractéristiques relevées du phénomène OVNI témoignent en faveur **d'une action d'égarement spirituel** tel que mentionnée dans les Ecritures (N.T.: 2 Thess. 2:3-12), donc source perverse et maléfique. A cette puissance d'égarement spirituelle s'ajoute **le contrôle des énergies électromagnétiques,** presque toujours **observable** lors d'une manifestation rapprochée d'OVNI.

- Par la luminosité et le puissant champ magnétique développé par l'OVNI (ionisation de l'air)
- Le court-circuitage des circuits électriques (observations sur phares, auto-radio, allumage moteur...)
- Par une action sur le réseau électrique d'une ville, sur un radar.

*–Par un effet d'électrocution paralysant à l'approche d'un objet posé au sol ou à partir d'un faisceau à effet paralysant.*

A ce pouvoir de la puissance occulte s'ajoute celle sur la gravitation (lévitation d'objet, voire même dématérialisation) et le contrôle du système nerveux de la personne **incorporée** par l'entité s'identifiant à un «extraterrestre» (cas Linda-U.S.A., Miguère... etc.) d'où possession.

Les OVNI représentent donc un danger spirituel pour l'être humain et son libre-arbitre. La puissance occulte qui manœuvre les OVNI est **une puissance de contrôle.**

## Effets sur l'être humain lors d'une rencontre OVNI

- paralysie
- perte de cons-
  cience
- et notion du temps
- pigmentation de la
  peau modifiée lors
  d'un rayonnement

### sur les animaux:
- crainte, nervosité
- dépression

## Effets physiques

- mutation de la flore
  et de la faune
- induction magnéti-
  que sur les objets
  environnant
- magnétisation
- stérilisation du ter-
  rain
- interruption des cir-
  cuits d'allumage...

Ces effets peuvent correspondent à un champ magnétique intense développé lors d'une matérialisation dégagée par la «trans-mutation» des atomes de la matière.

## Effets psychiques

- angoisse
- sensation d'une
  présence
- peur d'être enlevé
- trouble du som-
  meil
- état dépressif
- impression d'une
  autre réalité
- période d'inadap-
  tation à la réalité
  présente.

## Traces mécaniques

- empreintes
- calcination ou ef-
  fets thermiques
- brûlures...
- tassements

# HORS TEXTES

Maria Leida, une jeune brésilienne de 23 ans (rencontrée par l'auteur en 1979, à Brasilia) était considérée victime de Macumba. Des dizaines d'objets métalliques (épingles, clous...) se matérialisaient dans son corps, sans aucune trace d'introduction, elle ressentait seulement comme une piqûre d'insecte. Ceux-ci ressortaient du corps en «crevant» la peau, mais aussitôt d'autres se présentaient d'une manière incompréhensible. Plusieurs médecins constatèrent le phénomène sans pouvoir l'expliquer. Les radiographies, faites par un médecin radiologiste de Brasilia témoignèrent de la présence d'une quantité considérable d'objets dans le corps de la jeune fille (page ci-contre, une reproduction de ces radiographies, issue d'un document en duplicata, cette reproduction n'est pas très nette, néanmoins elle nous montre bien le phénomène).

Certains spécialistes, psychiatres, pensent que ces matérialisations d'objets sont le résultat inconscient d'un phénomène mental produit par la jeune fille pendant son sommeil, d'autres que ce serait un phénomène de psychokinèse. Mais comment alors expliquer l'insensibilité physique?

En tout cas, c'est à classer ici dans le cadre des phénomènes psychiques de matérialisations d'objets qui, bien que rares, n'en sont pas moins réels, témoignent de l'existence d'une force occulte capable d'agir sur la matière... et la transmuer? Ces «prodiges» sont également observables au sein du phénomène OVNI.

.

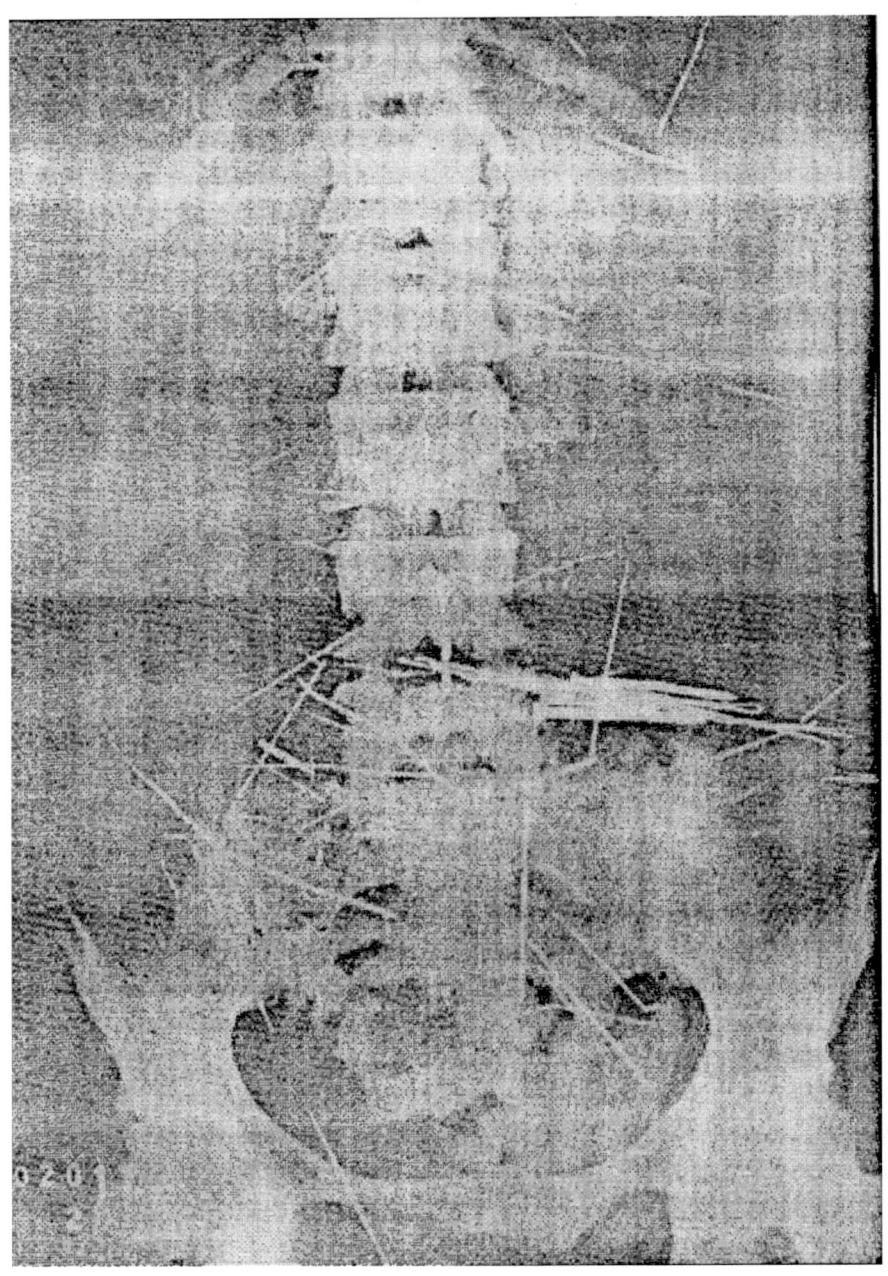

*Autre prodige de matérialisation lors d'une pluie de pétales de roses sur lesquelles la figure du Christ était parfaitement visible.*

Photographie prise en 1948, à LIPA, aux Philipines, dans un monastère de Carmélite en la cellule de soeur Teresita Castillo qui a vu la Vierge le 3-10-1948.

*Cette photo a été prise depuis un bateau sur les rives de la mer Rouge en 1981. Le photographe voulait fixer les ruines d'un château des croisés, mais au développement apparut un objet sphérique avec un anneau sur la partie diamétrale (OVNI type Saturne). Objet semi-matérialisé?*

La publicité s'est saisie du phénomène OVNI en suggestionnant le
cerveau humain par association d'images.

# QUATRIEME PARTIE

# Extrait d'un second document complémentaire, exclusif et inédit

*Le thème abordé dans cette quatrième partie est un composant d'une série d'études du même genre, publiées dans les «Cahiers d'Ouranos» en 1996.*

# PREAMBULE

Faut-il le répéter? Depuis déjà de nombreuses années, pour l'auteur, les OVNI ne sont pas des vaisseaux spatiaux venus d' autres planètes pour observer l'évolution de notre civilisation, sans désirer un contact officiel avec elle. Officieusement, voilà près d'une cinquantaine d'années «qu'ils» ont fait leur entrée dans l'actualité, mais en vérité le phénomène est peut- être encore plus vieux que notre monde. Alors, si ces mystérieux objets ne sont pas originaires d'autres planètes, que sont-ils? En tous cas, loin d'être un mythe, le phénomène est bien réel. C'est l'association «extra-terrestre» qu' on leur a collée qui est un mythe, intentionnellement voulu par la prodigieuse intelligence manipulatrice. Pourtant, il y a bien longtemps que certains chercheurs ont pris du recul après avoir eu conscience que le phénomène était bien plus complexe, et même nocif et dangereux. En premier lieu, il fascine les esprits: celui des enquêteurs, et la plupart de ceux qui se laissent prendre dans son rayonnement attractif. Il est vrai que celui-ci est très puissant et a tôt fait de rendre captif l'esprit humain, en quête de merveilleux ou cherchant à combler un «vide» afin de répondre à l'angoissante question: «sommes-nous seuls dans l'univers?» Sempiternelle question! Les prodiges célestes répondent à l'appel quand on les invoque.

Ce qui paraît pour acquis, sans ambiguïtés, nous l'avons vu, c'est que ces phénomènes sont le produit d'une intelligence suprahumaine, supérieure à celle de l'homme, capable de créer des leurres, susceptibles d'exercer une influence sur notre pensée et de nous induire en erreur, tout en nous orientant sur des voies sans issues, en créant un certain nombre «d'indices possibles».

Mais il y aura toujours ce «grain de sable», faisant que cela ne colle pas avec notre logique habituelle, notre schéma de pensée usuel. De sorte que cette intelligence s'ingénie à nous poser plus de questions que de réponses. A ceci, il nous paraît bien certain qu'une intelligence supérieure peut facilement se jouer de nous, tout comme à notre niveau, nous pouvons contrarier l'ordre d'une fourmilière en intervenant dans l'organisation de celle-ci, en déplaçant, par exemple, les points de repères de la colonie. L'ensemble de la fourmilière ne réagira qu'en fonction de ces changements de repères, c'est-à-dire en fonction des effets produits. Les fourmis n'auront même pas perçu notre présence, ni notre propre geste d'intervention. A la rigueur, elles percevront comme à travers une glace déformée, c'est-à-dire qu'elles interprèteront sous une autre réalité: celle permise dans la frange de la réalité du monde des fourmis.

C'est ainsi que, depuis une cinquantaine d'années, nous percevons les OVNI comme provenant d'un autre monde, réplique du nôtre parce que nous ne pouvons concevoir qu'il en soit autrement, abstreint à un univers limité à trois dimensions, sur le même plan d'existence que le nôtre. Mais ne pourrions-nous pas concevoir que cette intelligence provienne d'un univers hors de notre propre espace de réalité? Dans ce cas, elle resterait imperceptible à nos sens usuels, et nous ne pourrions percevoir que ce qui est sensible à notre propre domaine de perception, fonction de nos points de repères conventionnels. Il suffirait donc que cette intelligence supérieure ait la possibilité de construire des images de perception, susceptibles d'être captées par nos fonctions naturelles, pour que nous en fassions une traduction conforme à notre logique, autrement dit fausse, erronée, déformée. A condition que cela fonctionne, il suffirait donc à cette intelligence, d'user de la situation pour se jouer de notre limitation, voire notre ignorance et étroitesse de vue. Ce qui reviendrait aussi à dire que cette même intelligence ne se nourrit pas de bonnes intentions à notre égard, considérant notre existence guère plus importante que celle que nous pourrions nous-mêmes avoir à l'égard des fourmis, en nous présentant des leurres de façon à nous tromper sur sa véritable nature et intention. Cela s'appelle aussi de la manipulation. Le phénomène OVNI est effectivement fomenté par une intelligence de mauvaise intention.

C'est ainsi qu'on pourrait le considérer depuis qu'il dure, ou tout au moins depuis qu'il se présente à nous sous l'apparence qu'il nous donne: les points de repères construits pour notre interrogation. En conséquence, ladite «recherche ufologique», malgré la compilation de milliers de témoignages, ne peut avancer d'un pas dans la compréhension, d'autant plus si on n'y recherche que des éléments favorables à la thèse extraterrestre. Par exemple, en éliminant systématiquement tout ce qui peut heurter nos concepts habituels. Par ailleurs, il semble qu'ainsi défendu, le mythe soit soigneusement entretenu par des forces sous-jacentes qui ont certainement intérêt qu'il en soit ainsi, simplement parce que cela sert ses desseins. Ce qui reviendrait alors à dire qu'il existerait un contexte occulte, organisé à différents niveaux, afin de maintenir un climat de tromperie favorable à un programme dirigé, pensé de longue date et ne tenant compte de notre propre évolution; celle-ci pourrait même être influencée d'une certaine manière. Tout dépend du but recherché: celui-ci reste a découvrir. Alors la chance serait mince d'y voir vraiment clair, puisque l'ensemble de l'organisation humaine ferait partie du «programme», sans même que nous en soyons conscients. C'est un peu comme si nous étions prisonniers de nos propres points de repères, hors ceux placés à notre attention, comme la mouche prise dans la toile d'araignée, une fois piégée par celle-ci. La mouche sert de nourriture à l'araignée qui réclamera toujours plus de mouches pour grossir et proliférer. En intensifiant le mythe et en l'acceptant, nous le nourrissons en quelque sorte, jusqu'à le voir proliférer et se matérialiser dans notre propre réalité; but sans doute recherché, de façon à nous rendre captifs de l'araignée qui n'aura plus qu'à nous dévorer.

Face à l'analyse objective des faits qui ne reposent que sur la construction de leurres absurdes, de façon à tromper l'ensemble de ceux qui tombent dans le champ d'attraction du phénomène, il serait temps de convenir que le phénomène O.V.N.I.-E.T. ne repose que sur une tromperie soigneusement entretenue, défendue surtout par ceux qui ont un vide psychologique à combler. Il est, d'une certaine manière, réconfortant de croire que nous ne sommes pas seuls dans l'univers.

Comme nous l'avons vu, le phénomène OVNI est plus complexe, si on sort de la toile d'araignée tendue, où en évitant de se laisser prendre à l'appât qui cache l'hameçon, délaissant l'aspect de surface et la seule récapitulation des phénomènes virtuels, pour ne s'attentionner qu'à ses effets psychiques sur la conscience humaine, par exemple, et à examiner l'ensemble du message qu'il contient, l'influence qu'il provoque sur l'esprit de ceux qui s'y laissent séduire. Certes, on comprend qu'en nous induisant en erreur sur sa véritable identité et intention, le phénomène nous paraît plus inquiétant et rebute un grand nombre de séduits, ne désirant pas voir le mythe se détériorer. Mais dans ce cas, cultiver un mythe ne va pas dans le sens d'une authentique recherche, objective et d'esprit ouvert. Sans compter le risque d'être utilisé par cette intelligence supérieure qui saura faire fonctionner tous les mécanismes de tromperie à son profit. D'autre part, il est bien certain qu'une telle rupture ne se fait pas sans casse et qu'à partir du moment ou une minorité commence à faire marche arrière, ne manqueront pas des contre-réactions, tant hostiles qu'humiliantes. Ce seul fait psychologique mérite toute la meilleure attention, car il témoigne que le fil qui relie tous les mystifiés est terriblement solide. Et relié à quoi dans l'ensemble? Si ce n'est qu'à cette prodigieuse intelligence qui sait toujours magistralement tirer profit d'un conflit. Nous devons donc concevoir que cette intelligence OVNI n'est pas seulement mystificatrice, subversive et dangereuse, mais qu'elle a la capacité d'agir jusqu'à l'intérieur de nos consciences: nous sommes ses victimes tant qu'on est dans sa zone d'attraction.

Toutefois, on notera que depuis la fin des années 70, le phénomène OVNI ne se présente plus aussi directement à découvert. La présence d'humanoïdes se fait rare. Peut-être que l'intelligence qui construit les scénarios a maintenant peur de présenter trop d'indices évidents de ses singeries, depuis que certains investigateurs, en recul du phénomène - comme la mouche dans la toile d'araignée - ont commencé une étude de meilleure approche sur des voies nouvelles qui réclament d'allier la raison à l'esprit, et de ce fait, de faire preuve d'une certaine disposition de l'esprit. Quand on reste rivé sur le seul aspect psychique des sens de l'âme, ce n'est pas évident. C'est un effort qui réclame à prendre beaucoup sur soi-même, éloignant inévitablement de «l'ufologie séductrice et confortable», se désirant d'une démarche exclusivement scientifique, de façon à être crédible. Toutefois la seule analyse des milliers de témoignages, rassemblés depuis plus d'une quarantaine d'années (en 1996), montre que l'aspect, le comportement, la typologie même du phénomène, ne se prêtent pas à un examen objectif et ne représentent aucun critère solide à l'observation scientifique. Autrement, il aurait certainement déjà trouvé une première approche en ce domaine, en dehors de l'analyse des effets physiques et de transmutations chimiques, consécutifs à ces manifestations. Par contre, son critère absurde est beaucoup trop apparent pour que cette intelligence instigatrice s'aventure à présenter un peu trop souvent ses pantins sur la scène. Quoi qu'il en soit, les observations de contacts, à l'intérieur d'OVNI surtout (autre genre de scénarios proches de l'illusion visionnaire, intentionnellement provoquée) nous montrent suffisamment l'évidence.

La manœuvre de tromperie OVNI égare donc son monde, utilisant ses promoteurs à dessein, sans lesquels elle n'aurait aucune raison d'être; elle n'a de prise que par rapport à ses propagandistes. Reste maintenant à savoir pourquoi cette entreprise mystificatrice a lieu, sous figurants «extraterrestres», dressant des scénarios, face à notre crédulité ignorante. Ici, le problème est déjà plus complexe à cerner, mais non insoluble. Néanmoins, on pourrait déjà dire que si «on» cherche à nous tromper dans un but bien délibéré, c'est pour mieux nous utiliser ou nous éloigner d'une autre réalité qui n'irait pas au profit de l'agent manipulateur. Voilà qui est effectivement plus inquiétant, mais qui mériterait d'y consacrer beaucoup plus de temps à la réflexion que celui que l'on donne à la simple recherche compilatrice du recueil des témoignages.

Ce qui s'avère plus dangereux, pour la santé mentale, c'est la recherche du contact avec les entités prétendues «extraterrestres», d'établir la relation psychique avec cette source occulte intelligente. Ce n'est pas gratuit, et pour avoir été complètement leurré, un certain nombre de contactés d'OVNI a déjà payé chèrement cette imprudence. Comment faire confiance à une intelligence supérieure, capable de nous manipuler, ne se découvrant pas franchement et nous trompant sur sa véritable intention et identité? Dans le cas d'une relation réelle, avec des êtres venus d'autres planètes, les faits seraient plus objectifs, francs et directs. Tout ce qui est occulte, cache, secret donc, a des raisons obscures de tromperie. Voilà qui devrait prêter à la prudence extrême, car la vérité, la lumière, n'agissent pas de cette manière. Puisse-t-on y réfléchir sérieusement. De la même manière, on devrait s'interroger sur cette (pas très) nouvelle parodie des «bons» et «mauvais» extraterrestres, les «diaboliques» et les «divins», les divins remportant la victoire sur les diaboliques; cette mythologie moderne tient, en vérité, à la mythologie universelle de toutes les anciennes traditions, aussi vieilles que le monde.

Il est donc grand temps de sonder plus en profondeur ces eaux troubles, afin d'endiguer, tant soit peu, cette vaste mystification des esprits. A condition, bien sûr, d'ouvrir les portes de sa perception spirituelle, généralement sclérosée au temps présent, sinon confuse à cause des influences multiples provenant des fausses connaissances, en y associant tout son potentiel intellectuel. Puisse-t-elle, la démarche de l'auteur, apporter des lumières nouvelles auprès de celui qui s'est déjà laissé abuser par ces subtilités d'égarement, avant qu'un lien indéfectible ne soit tissé, irréversiblement, entre lui et la source, et de sortir de son aveuglement. Il souhaite avoir été entendu, et que cette lumière nouvelle chasse les ténèbres de l'esprit mensonger.

# LE MYSTERE OVNI VU SOUS l'ECLAIRAGE THEOLOGIQUE DE LA BIBLE

Pour y revenir, lorsqu'on parle du phénomène OVNI, celui-ci est systématiquement faussement associé à la vie extraterrestre. C'est un point de vue dépourvu de discernement spirituel, car en le confondant ainsi dans l'interaction de deux questions fort distinctes l'une de l'autre, nous tombons dans l'attraction d'une «puissance d'égarement» d'origine occulte.

Les nombreux témoignages recueillis, à propos des OVNI, sont suffisants à le démontrer; ces manifestations inexpliquées proviennent de cette puissance d'égarement, mentionnée par l'Apôtre Paul dans les Ecritures. A cause de l'incrédulité des hommes, se tournant vers des fables, et nous pouvons ajouter de la fausse connaissance (New Age), ceux-ci loin d'être éclairés, recevront:

*«une puissance d'égarement pour qu'ils croient au mensonge afin que tous ceux qui n'ont pas cru à la vérité, mais qui auront pris part à l'injustice, soient condamnés».*

*«C'est pourquoi Dieu leur envoie des illusions puissantes qui les feront croire au mensonge.»*

*(2 Thés. 2:11)*

Incontestablement, les phénomènes qualifiés «d'OVNI» s'intègrent directement parmi ces «illusions puissantes». Ces illusions fascinent bien des esprits par leur caractère étrange et merveilleux, et l'imprudent qui se laisse hypnotiser tombe fatalement dans le piège tendu par cette prodigieuse Intelligence suprahumaine s'ingéniant, depuis des lustres à nous faire miroiter une multitude de leurres pour amener cet imprudent à penser que lesdits OVNI sont des véhicules extraterrestres. L'action occulte de cette intelligence se perd dans les profondeurs de la nuit des temps, mais depuis quelques décennies elle nous construit intentionnellement ce «mythe moderne», désormais contenu dans la formule «OVNI-E.T.», se distillant progressivement dans les consciences.

Ainsi s'installe cette nouvelle idée - voire croyance - plus conforme à nos concepts matérialistes, faisant son chemin avec l'aide de ses partisans et agents de l'occulte. C'est le but recherché, et nous verrons que derrière cette manipulation des esprits - voyons les choses ainsi - il y a une intention bien déterminée que je ferai découvrir au lecteur dans les pages qui suivront.

Pour en revenir au concept «OVNI-E.T.», quitte à répéter ce que j'ai déjà écrit sur ce sujet (*), il ne suffit pas seulement de compiler une quantité impressionnante de témoignages, mener des enquêtes sur le terrain. Cette action finit par devenir inutile car elle ne suffit pas. Il faut faire agir le discernement. Mais comment obtenir ce discernement si déjà l'esprit se trouve sous l'emprise de ces «illusions puissantes»? Là est toute la question. Et cela signifie-t-il que cette emprise soumet psychiquement l'esprit sous dépendance occulte? Nous avons tout lieu de le

---

(*) «Le diabolique secret des OVNI», C.E. OURANOS, 1995. (voir première partie)

penser, suivant l'observation que l'on peut en faire auprès des personnes séduites et influencées par le phénomène. Ce qui expliquerait aussi les raisons pour lesquelles la lumière ne peut surgir des «cercles d'initiés», très impliqués dans cette ténébreuse attraction des OVNI, possédant un lien intime avec l'occultisme en général. Or, l'occultisme, c'est reconnu, n'apporte aucun éclairage de l'esprit, bien au contraire, il l'enténèbre. Nous avons donc bien affaire à une puissance d'égarement des esprits, réclamant impérativement de couper le lien avec celle-ci, quand on peut encore le faire, avant de passer le cap d'irréversibilité.

Si nous ne sommes pas encore victimes de cette cécité, nous sommes logiquement amenés à admettre qu'il y a une autre explication en dehors de la «thèse extraterrestre» des OVNI. Effectivement, nous verrons que le voile obscur qui recouvre le mystère des OVNI, ne peut être levé qu' en sortant du contexte auquel il nous enferme, en le considérant, non pas suivant des vues matérialistes, inhérentes même à la psychologie humaine, mais en l'examinant sous le véritable éclairage. Ces phénomènes ne sont pas physiques, même s'ils en donnent l'apparence et la matérialité. Ils déjouent les lois naturelles parce qu'ils n'y sont pas assujettis, provenant d'un ordre supérieur de réalité, ou d'un «système énergétique» différent du nôtre, néanmoins «enfermés» dans l'ordre naturel d'où ils exercent leur pouvoir d'action sur les hommes et les choses. On ne peut pas dire que les OVNI proviennent du surnaturel qui n'appartient qu'à Dieu, et nous verrons vite pourquoi.

Il existe donc, à n'en pas douter, différents niveaux d'existence dans l'univers et dans notre monde. Le surnaturel, quant à lui, ne se manifeste que très rarement, à quelques âmes privilégiées; dans les visions mystiques des Saints, par les apparitions de La Sainte Vierge, s'adressant généralement a des âmes innocentes, peu intellectuelles: des bergers. Quant aux prodiges célestes du XVème et du XVIIIème siècle, et donc les OVNI, nous prendrons soin de ne pas les confondre avec ce surnaturel, même s'ils proviennent d'une autre réalité d'existence.

Les pages de notre Bible décrivent multiples manifestations du ciel non physiques: «colonnes de feu», «phénomènes célestes», apparitions d'êtres de lumière ou d'anges; l'ange Raphaël apparaissant à Tobie, l'ange Gabriel à Marie, vision de l'Apocalypse à l'Apôtre Jean... etc. S'il existe un surnaturel divin, il existe aussi une surnature diabolique, mais défaite de la puissance surnaturelle, du fait du détachement béatifique de Dieu, ayant - les anges déchus qui le composent - perdu la grâce divine. La théologie catholique désigne ce plan d' existence de **préternaturel**.

Il est vrai que celui qui a vu sait. Pour le plus grand nombre de ceux qui n'ont rien vu, il ne pourra que croire. Mais croire aux OVNI(?) croire au surnaturel, n'implique pas d'adhérer à une croyance, dans le sens religieux du terme. Ce peut être une conviction sans preuves tangibles. Le phénomène OVNI laisse, lui aussi, fort peu d'indices matériels, seulement parfois des traces là où il se manifeste (mécaniques, physiques et psychiques). Pour cette raison, aucune explication scientifique satisfaisante ne peut être donnée. A la rigueur, elle ne pourrait montrer que le caractère supra-intelligent de la cause, mais ne montrera jamais, par exemple, la vraie nature d'un OVNI ou d'un prétendu «extraterrestre». Sauf, peut-être, des constructions de formes réelles par transmutation de la matière, dont les intelligences angéliques sont capables. Néanmoins, soulignons que ces intelligences sus-désignées n'ont rien «d'extraterrestres», elles représentent plus exactement des formes d'énergies spirituelles, comme nous le verrons au prochain chapitre. Ces formes matérielles OVNI-E.T. sont le résultat d'un leurre produit depuis la puissance occulte qui manœuvre précisément les OVNI. Cette question spécifique est développée au chapitre III (page 301).

Si nous avons la chance d'avoir pu franchir les «barrières psychologiques» de notre conformisme intellectuel, permettant de sauter la barre de notre limitation, favorisant l'intelligence de l'esprit, éclairé de la foi et détaché de l'influence des sens, nous serons alors placés sur un terrain propice à une compréhension plus lumineuse. Mais ce ne sera pas encore la loi du plus grand nombre qui l'emportera... la thèse «extraterrestre» est tellement plus séduisante, voire rassurante dans notre solitude intersidérale, que la porte qui s'ouvre est d'autant plus spacieuse. Séduisante certes, mais elle ne tient pas debout, quoiqu'on puisse penser. Manifestations d'une «cinquième dimension» (ce qui ne veut rien dire), d'un monde parallèle (n'existent que dans la science-fiction), du folklore magonien, du mythe moderne jungien, de la socio psychologie... etc. Il nous semble bien que toutes ces versions empruntées aux connaissances humaines, pèchent par ignorance. L'ignorance d'une vérité toute simple, mais qui s'oppose farouchement à nos instincts grégaires, à la longue chaîne génétique de notre passé, de notre rupture d'unité paradisiaque, profondément enfouie dans la mémoire de notre inconscient (ce désir de perfection).

Cette vérité théologique se trouve seulement occultée par notre aveuglement spirituel. C'est donc bien de cette cécité dont nous souffrons, de l'esprit soumis à nos sens, et nos sens soumis à cet «esprit du monde» dont parlent les écrits testamentaires. Tâche très délicate que de la rechercher, risquant fort de fragiliser tout le fondement moral et intellectuel sur lequel toute notre connaissance humaine est assise. Pourtant, il nous semble fondamental de faire le pas en avant, pour une meilleure approche du phénomène qui nous intéresse.

Ne peut-on pas s'étonner aujourd'hui, qu'après avoir rassemblé une pile impressionnante de faits, questionné des milliers de témoins d'apparitions de phénomènes inexpliqués, de nombreux spécialistes - ou se prétendant comme tels - n'aient pu jusqu'ici apporter une explication satisfaisante? La réponse paraît simple; c'est justement parce que l'on porte trop d'intérêt à ces phénomènes trompeurs, exerçant sans cesse une influence sur notre psychologie, piégeant constamment l'infortune chercheur par des leurres, qu'il est impossible de saisir l'insaisissable.

Tout lumineux qu'ils soient parfois, ces fameux OVNI ne peuvent nous éclairer, étant le produit d'une lumière d'enténèbrement, destinée à obscurcir notre esprit, afin de nous induire en erreur sur leur véritable nature. L'objectif de leurs manipulateurs, entités de l'invisible, est de diriger notre attention selon une intention de tromperie; cette dernière se découvrant a la moindre analyse de ces scénarios.

Dans notre étude précédente, nous avons déjà démontré que ces «formes matérielles» sont manipulées par des forces occultes se jouant de notre ignorance et de notre splendide naïveté parce que justement nous sommes éloignés de la Connaissance de la Vérité théologique qui, autrement nous éclairerait, tout en éloignant de nous les ténèbres d'un mystère qui n'en serait plus un. Ainsi mis en lumière dans les consciences, ce phénomène n'aurait plus lieu d'être. Toutefois, ces puissances occultes sont parfaitement capables - c'est dans leur pouvoir - d'exercer d'autres actions modulées en fonction de notre psychologie et enténèbrement spirituel. N'oublions pas que notre intelligence est purement abstractive à partir des choses sensibles et corporelles, alors que l'Intelligence occulte en question, disons «angélique», telle que la théologie nous l'enseigne, est intuitive et immédiate. Son champ d'action s'ouvre donc spontanément à 360°, «d'un seul regard», si l'on peut dire. L'observation de ces phénomènes nous l'a montré et témoigne que nous avons affaire à des puissances supérieures qui connaissent les lois de la nature bien plus parfaitement que le plus grand génie humain.

Il est pour le moins étonnant de constater, en ce début de millénaire, ou la connaissance scientifique a considérablement augmenté notre vision du monde, combien notre perception spirituelle s'est rétrécie. Précisément, c'est à cause de ce matérialisme sur lequel repose toute notre société moderne, qu'un profond changement de société s'est opéré, abandonnant toutes les valeurs fondamentales de «l'ancien monde», considéré comme caduc. La notion même d'esprit ne revêt plus aucun sens, elle entre peu dans le vocabulaire usuel; le nihilisme s'est étroitement associé au matérialisme. On parle aussi de «révolution des mœurs», en fait il s'agit plutôt d'un renversement des valeurs, de polarité spirituelle inversée, s'adressant conjointement aux matérialistes et aux néo-spiritualistes. En cela, nous verrons que la mystification OVNI-E.T. est fort bien mise à profit par le Prince de ce monde, afin de jeter le pont entre deux grandes tendances séductrices, suivant un processus subversif fort intelligemment mis au point. La confusion du psychisme au spirituel s'est parfaitement intégrée dans la nouvelle forme de pensée moderne. C'est à un «nouvel esprit» qu'elle a donné naissance: l'esprit du

Nouvel Age, celui du «nouveau monde», c'est-à-dire encore l'esprit de l'antéchrist, d'où la nouvelle religiosité dont les extraterrestres jouent un rôle de premier plan.

Nous savons effectivement que le phénomène OVNI-E.T., à l'instar des pratiques psychiques, spirites, entre dans le déroulement d'un processus de subversion spirituelle, destiné à égarer les âmes, en les soumettant à des «illusions puissantes qui les feront croire au mensonge». La raison en est que l'âme, substance spirituelle de l'être et principe de vie, constitue l'image du Créateur. Et nous verrons pourquoi cette subversion s'oppose à cette image. Il y a aussi, et surtout, que c'est cette âme qui peut être sauvée de la perdition spirituelle, éternelle, consécutive à la chute, (voir Genèse) par la Rédemption divine du Verbe qui s'est fait chair. Or, ces super-intelligences qui manœuvrent les OVNI, sont ces «esprits répandus dans l'air» dont parle l'Apôtre Paul dans son Epitre aux Ephésiens, ce que la Genèse de notre Bible désigne par «anges déchus», détachés de Dieu, ayant perdu la grâce divine, et de ce fait ne sont plus illuminés que par leur propre lumière: la fausse lumière qu'ils revêtent parfois afin de tromper les hommes. Comme Satan est capable de se transformer en ange de lumière pour séduire, les OVNI séduisent également par leur puissante luminosité, émanant d'une lumière supranaturelle, provenant d'un «ailleurs», que l'esprit du Nouvel Age voudrait confondre intentionnellement à «l'extraterrestre» ou à «d'autres dimensions», dans le sens néo-spirituel.

Selon ce nouvel esprit, et telle que la pensée ésotérique nous les présente, ces «OVNI-extraterrestres» seraient ces «dieux d'autrefois», ou anges de la Bible, qui reviennent - sous entendant «qu'ils» sont déjà venus - représentant des humanités cosmiques, ayant atteint un niveau d'évolution supérieur au nôtre. Ces extraterrestres seraient prêts à intervenir au cas où l'homme provoquerait une catastrophe sur terre. A entendre certains contactés, en relation télépathique avec lesdits «extra- terrestres», celle-ci ne serait pas loin d'arriver. Nous verrons que cette vaste manipulation des esprits, dépourvue de tout discernement spirituel, répond d'une parodie des évènements apocalyptiques, prévue pour la fin des temps. D'où cette mise en place progressive des «scénarios OVNI», en vue de tromper les hommes qui n'auront pas le sceau de Dieu sur leur front (Jean Apo. 9: 4-5). Il nous paraît déjà clair, pour tous ceux qui se laissent fasciner par ces constructions de leurres, qu'ils ne s'embarqueront certainement pas pour Cythère, mais pour «d'autres dimensions parapsychiques», bien plus ténébreuses.

Nous entrevoyons donc plus clairement le danger encouru, en glissant vers ce nouveau concept néo-spirituel, évoluant progressivement par étapes dans les esprits enténébrés. Le mythe OVNI-E.T. étant acquis (la réalité OVNI banalisée), la phase ultime n'a plus qu'à accueillir les «extraterrestres» comme sauveurs de notre humanité, mise en péril par les prémices apocalyptiques qui commencent à se présenter. Aussi, en poussant plus loin l'hérésie, pourquoi donc ne seraient-ils pas aussi nos créateurs dont nous serions les descendants? C'est bien ce qui commence à se dire au sein des cercles ufologiques, par l'infiltration des agents de l'ombre que sont les contactés. Au centre de cette diabolique mystification, on retrouve l'interpénétration des deux concepts, néo-spirituels et matérialistes du Nouvel Age, ou science et religion peuvent parfaitement s'accorder en vue d'ouvrir l'ère du Verseau, selon la pensée panthéiste. La notion parodique néo-spirituelle, convenant à ce nouvel esprit, aura alors atteint son but, suivant l'inversion de polarité spirituelle énoncée plus haut. La créature s'identifiant au Créateur, de cette «logique» découle «naturellement» que les «extraterrestres», d'un niveau d'évolution bien supérieur au nôtre, soient nos créateurs et dont nous sommes les descendants, que ceux-ci, après nous avoir observés durant des millénaires, viennent sauver leurs «élus» au terme des temps apocalyptiques: nouvelle édifiante parodie avec le second avènement glorieux du Christ, annoncé dans les Evangiles ou, précisément, il est dit de ses élus: «Nous les vivants... nous serons enlevés sur les nuées, à la rencontre du Seigneur dans les airs» (4 Thessaloniciens 4:17).

Plusieurs cas d'enlèvements, de disparitions temporaires d'êtres humains, par les «extraterrestres», ont déjà été rapportés dans la littérature ufologique. L'un des cas les plus remarqué fut celui du caporal Valdès, survenu le 25 avril 1977, au Chili; qui, à l'approche d'une masse (ou nuée?) lumineuse... disparut comme par magie pour réapparaître quelques instants après, de la même façon, selon les soldats qui furent témoins de l'incident. Mais avec cette particularité incroyable que la barbe de Valdès avait cinq jours, et que le calendrier de sa montre affichait une date ultérieure de cinq jours, le 30 avril au lieu du 25 avril. Nous savons que la puissance occulte qui manœuvre les OVNI, est parfaitement capable d'agir sur le temps, l'espace et la matière. Là, il s'agit, comme dans bien d'autres cas du genre, d'un enlèvement individuel temporaire, mais nous laissant toutefois entrevoir la possibilité d'un enlèvement collectif par les supposés «extraterrestres». Quand on examine le phénomène OVNI sous l'éclairage théologique de l'Ecriture biblique, il y a tout lieu de penser que ce sera probablement l'Evènement parodique majeur, susceptible d'intervenir dans les temps eschatologiques, tels que les Evangiles nous l'annoncent. La plupart des contactés de l'OVNI-E.T sont déjà conscients de cette éventualité; un lien invisible, voire une sorte de «marquage», les tient avec la force occulte des OVNI, ajouté à un contact mental épisodique.

L'étude de convergence du phénomène OVNI, en parallèle avec la période de «crise globale» que pourrait subir notre humanité d'ici peu, nous montre que nous entrons dans le cours d'évènements sans précédents susceptibles de confondre la population mondiale. Et ce, en rapport direct avec des prophéties bibliques, tant de l'Ancien que du Nouveau Testament. Ce changement d'ère, correspondant à un nouveau cycle zodiacal, selon les ésotéristes et les «newagers» justement, serait plutôt une fin des temps et non du monde. Nul ne sait le jour et l'heure, nous précise l'Ecriture (laissant néanmoins entrevoir que l'on peut prévoir une «période d'années») où ces évènements - passant par de grands bouleversements cosmiques - surviendront. Mais, pour qui observe attentivement les signes eschatologiques accompagnant l'accomplissement des prophéties bibliques, ne peut qu'être frappé par l'accélération croissante des prémices préfigurateurs, conduisant à cet aboutissement apocalyptique. Entendons surtout que l'Apocalypse est une Révélation que Dieu a donné à Jean, le dernier disciple du Christ, lors de son exil à Patmos, sous la forme de visions. Le temps du «Grand Renversement» sera donc aussi le temps de la Révélation pour ceux, «petit reste», demeurés fidèles et confiants à la Parole de Dieu, ne s'étant pas laissés séduire par toutes sortes de prodiges mensongers et illusoires, qui surviendront en ces temps difficiles. Ceux actuels.

Outre les «signes du ciel» que sont les OVNI, et autres phénomènes du genre, quantité d'autres signes des temps, de la fin d'un monde sont perçus à travers la grande crise morale et spirituelle et témoignent du déclin de la société humaine. Toutefois, les OVNI ont ceci de particulier, ils s'inscrivent directement dans ces temps eschatologiques. En s'ouvrant dans l'actualité mondiale, un 24 juin 1947, il n'y a pas de doute que cette Intelligence, qui gouverne l'ensemble, a voulu marquer une intention délibérée, en ce qui concerne l'œuvre occulte qu'elle poursuit, en parodiant le plan salvateur divin, en contrefaisant ce plan auprès des aveugles et en exploitant leur naïveté. Ainsi, une partie des «croyants» au mythe OVNI-E.T. est-elle prête à recevoir le message libérateur et à accueillir la salvatrice invasion des extraterrestres. Très significatif aussi qu'en cette même année 1947, la Providence a permis de découvrir des manuscrits cachés dans les grottes de Qumran, aux abords de la Mer Morte, et à proximité de l'endroit ou Saint Jean Le Baptiste - ayant très certainement eu des contacts avec les Esséniens -, annonçait la venue du Messie, en tant que Précurseur et qu'il baptisa dans les eaux du Jourdain. Deux mille ans après, comme pour boucler la boucle, il était donné au peuple élu, **alors de retour en Palestine,** comme l'annonçaient les prophéties, **pour les temps de la fin,** de retrouver ces précieux parchemins, comportant le Livre d'Isaïe. Toujours en parodie, entre l'alternance de la lumière et des ténèbres, les fameux OVNI ne pouvaient montrer leur entrée en force dans l'actualité, qu'en choisissant malignement le jour de la fête de Saint Jean Le Baptiste. C'est pourquoi, en le remarquant, je sous-titrais un livre écrit en 1977 «Les OVNI précurseurs de notre avenir», c'est-à-dire du Nouvel Age («Contact du 4ème type», éd. De Vecchi).

Ces temps annoncés s'accomplissent rapidement sous notre indifférence, s'inscrivent de plus en plus clairement dans le cours des évènements, ceux-ci s'intensifiant au seuil de l'an 2000 et peu après. Au point de départ de ces deux mille ans, le Christ - dont la naissance virginale, par **Marie,** marque le début de notre calendrier - nous prévenait, par ces paroles reprises par l'Apôtre

Luc, de signes célestes se rapportant sans nul doute à ce que nous appelons les OVNI, dans notre jargon moderne:

*«Dans les derniers temps, il y aura dans le ciel d'effrayantes apparitions et des signes extraordinaires».*
*(Luc 21: 11).*

Ceux-ci apparurent donc en masse depuis la fin de la Seconde Guerre mondiale, jouant les scénarios convenant à notre détachement spirituel de la foi chrétienne qui animait autrefois l'Occident, se disant justement dans le passé «l'Occident chrétien». Après ces deux mille ans d'évangélisation, le christianisme fait déjà partie du passé, substitué maintenant par l'esprit mondialiste, nous menant inexorablement à l'instauration d'un système totalitaire, **d'apparence démocratique**. C'est ce que nous verrons lorsque nous aborderons cette question cruciale de l'antéchrist et de son règne.

Quoi qu'il en soit, nous voilà désormais prévenus de ce que nous sommes en droit d'attendre, dans les temps actuels, de ces «apparitions célestes et signes extraordinaires». La plupart des prophéties bibliques se sont déjà accomplies dans toute leur exactitude... «Dans les derniers temps, écrit Saint Luc, il y aura ces signes extraordinaires dans le ciel.» Depuis 1947, le phénomène OVNI s'est déroulé par phases successives: d'abord des lumières dans le ciel, puis au début des années cinquante, des scénarios «d'atterrissages», avec apparitions d'humanoïdes, enfin des «enlèvements», pour enfin laisser découvrir les «contactés», leurs «agents terrestres». La finalité sera sûrement «l'enlèvement» convainquant ainsi les gens que celui-ci est un évènement tout à fait différent de l'évènement décrit dans le Nouveau Testament.

Ouvrons ici une parenthèse, à titre indicatif et personnel: c'est en ayant été frappé par la célèbre observation de Kenneth Arnold, du 24 juin 1947, survenue au-dessus des Montagnes Rocheuses, aux Etats-Unis, que l'ésotériste Marc Thirouin, alors disciple de Paul Lecour d'Atlantis, fonda en 1951 - il y a donc 45 ans au moment où j'écris ces lignes – la «Commission Internationale d'enquêtes OURANOS», en vue d'étudier ces phénomènes. Il apparaît encore certain que ce n'est pas par hasard qu'un johannite retint cette date pour y discerner le signe de l'entrée de la nouvelle ère, plus exactement des temps eschatologiques, comme il l'écrivait avec clairvoyance quelques années plus tard, vers 1957: «ne redoutons pas qu'il faille voir dans la multiplication de ces signes durant ces dernières années l'annonce prédite par l'Apocalypse et les Evangiles, de **la fin des temps**». Concernant le décryptage de ces signes célestes, nous pensons pouvoir dire aujourd'hui, en 1996, que l'œuvre est achevée, bien qu'elle continuera à laisser indécis les plus réfractaires, pour qui le mythe OVNI-E.T. représente tant d'espérance, que le salut vient d'un ciel matériel.

Cependant, ce salut céleste pourrait fort bien être aussi une menace; depuis quelques années l'idée de «bons» et «mauvais» extraterrestres est également intervenue dans l'esprit de ceux qui s'intéressent de près aux OVNI. Il y aurait les «bons», de type nordique ou aryen, ressemblant au pseudo «vénusien» rencontré par Georges Adamski, en 1952, dans le désert d'Arizona, et les E.B.E. (Entités Biologiques Extraterrestres), de petite taille. Et c'est encore en 1947 que pour la première fois on entendit parler de ces créatures, lors de l'incident de Roswell, relatif à un «crash d'OVNI» au Nouveau Mexique. A savoir que si cette histoire est authentique - et le fait qu'elle peut l'être, c'est qu'elle n' est pas exclusive dans le genre - ce n'est pas non plus, une fois encore, un simple hasard que ce «crash» eut lieu à proximité d'une base militaire.(*)

C'est effectivement juste après la fin de la Seconde Guerre mondiale, entre 1945 et 1947, que des rumeurs relatives à des «accidents d'engins extraterrestres», furent colportées, ne provenant pas seulement des Etats-Unis mais aussi du Spitzberg et d'Europe, d'une façon beaucoup moins connue, au moment de l'intervention des alliés. Puis, comme pour bien montrer que ces véhicules spatiaux n'étaient pas toujours fiables, à partir des années cinquante, lesdits extraterrestres nous présentèrent, dans bien des cas, le «coup de la panne»; juste le temps d'attirer l'attention d'un témoin fortuit et de repartir aussitôt. Ici apparaît une certaine chronologie dans les scénarios bien connus à nos yeux, de l'intelligence qui manœuvre les différents actes de la scène qu'elle nous joue, afin d'attirer l'attention sur une présence extraterrestre.

Parallèlement au déroulement de cette chronologie, et d'une manière sous-jacente, une certaine mise en condition de l'opinion publique sur cette hypothétique présence, peut-être de source inspirée, fit son apparition sur le thème des «envahisseurs», en utilisant l'audio-visuel. Ainsi avant que l'on sache que la planète Mars fut inhabitée, Orson Welles sema la panique, en 1938, avec son émission radiodiffusée sur le débarquement des «martiens», suivie peu après par le film «La guerre des mondes» de H.G. Wells, utilisant toujours les martiens. Enfin après 1957, grâce aux sondes spatiales on sut que la planète Mars était dépourvue de vie; les envahisseurs devinrent «intergalactiques». Il y eut le

---

(*) Un «crash» du même genre a eu lieu en 1988, près de Dalnegorsk, en Russie, également près d'une base militaire.

feuilleton télévisé «les envahisseurs» suivi quelques années plus tard par celui de «V». Puis sur les grands écrans «La guerre des étoiles», ensuite les extraterrestres devinrent plus pacifiques avec le film de Spielberg: «Rencontres du 3$^{ème}$ type» et «E.T.».

L'idée d'envahisseurs venus de l'espace, n'aurait pas échappé, paraît-il, à certains hommes politiques et militaires. Par exemple, le repérage d'un satellite artificiel, de grandes dimensions, évoluant sur une orbite d'environ 800 km, en 1954, aurait été à la source de la réunion entre Gorbatchev et Kennedy à Genève, en 1955. Durant la même année le Général Mc Arthur, aurait déclaré au cours d'un entretien le 7 Octobre avec le maire de Naples: «tous les pays de la terre devront s'unir pour survivre et faire front commun contre une attaque de gens venus d'autres planètes»... «tous les pays de la terre», cela sous-entend la mise en place d'une institution internationale, politique et militaire; un gouvernement mondial! Ce qui impose d'abord d'organiser l'Europe en états-nations fédérés, puis d'effectuer un rapprochement avec les Etats-Unis d'Amérique. Entre-temps, l'U.R.S.S. est démantelée, et après l'échec d'une nouvelle réorganisation, n'a plus qu'à «s'associer». A moins que la nouvelle Russie devienne l'instrument du prochain conflit mondial. Ce qui semble être le cas aujourd'hui.

Aujourd'hui nous semblons bien être entrés dans la phase ultime du plan occulte, se déroulant invisiblement sous nos yeux, mais seulement perceptible par les signes des temps annoncés par les prophéties bibliques, et dont plusieurs prophéties privées se font écho en faisant allusion à un «grand coup» qui clôturera cette phase. Face à la menace du ciel et des profonds bouleversements - commencés - qui opèreront de grandes transformations à tous les niveaux d'ici la fin du siècle, la déclaration du Général McArthur contenait une portée prophétique. A moins qu'étant informé du «programme planétaire» qui devait se mettre rapidement en place après la fin de la guerre froide entre les deux grands blocs Est-Ouest, dont il faisait partie, à l'époque, parmi le petit nombre d'initiés ayant connaissance du Protocole de Sion.

Comment concilier ce paradoxe: des extraterrestres qui viennent en sauveurs de l'humanité, quand par ailleurs ils sont présentés comme «envahisseurs»? La réponse se trouve à l'intérieur du dualisme luciférien bien/mal, entre les «bons» et «mauvais» extraterrestres, tout comme la théologie catholique nous amène à distinguer deux classes d'anges: ceux restés fidèles à l'ordre divin, et ceux ayant fait rupture avec cet ordre, appelés démons, n'en conservant pas moins tous leurs attributs spirituels, c'est-à-dire leur puissance surnaturelle qui est leur nature propre. C'est sur ce fondement théologique que l'Intelligence instigatrice des OVNI a fomenté son plan d'intervention. A savoir: les E.B.E. animés de mauvaises intentions à notre égard, et les «blonds vénusiens» ou «frères de l'espace», censés venir en sauveurs et se livrer une guerre entre eux. Ce combat dualiste se retrouve d'ailleurs dans le chamanisme des communautés indigènes, au cours de «rituels sacrés» entre les forces blanches et noires.

Dans l'univers OVNI-E.T., un certain nombre de «croyants» et de contactés pensent que les (bons) extraterrestres seront en mesure de nous préserver des catastrophes apocalyptiques qui nous menacent. Ce plan occulte a donc prévu cette singerie diabolique; en nous lançant ces sortes de «poupées biologiques», animées par l'esprit satanique, en opposition de cette hypothétique «confédération intergalactique» chargée de maintenir l'ordre dans l'univers, selon l'endoctrinement classique des feuilletons, chargés du symbolisme ésotérique, pour enfants (repris dans les jeux vidéo): les «frères de l'espace» - en fait ceux placés au sommet de la hiérarchie des anges déchus - viendront en libérateurs s'associer aux forces terrestres liguées contre l'envahisseur, le faux antéchrist, afin que le vrai passe justement pour le «Sauveur».

On pourrait croire à un «classique» des romans de science-fiction, tant ce scénario paraît incroyable, irrationnel, et donc inacceptable à la raison «saine». Pourtant, il s'inscrit bien parmi toutes les grandes prophéties bibliques, de l'Ancien et du Nouveau Testament, prédisant clairement qu'à la fin des temps, c'est-à-dire de l'ère judéo-chrétienne, du christianisme plus exactement, lorsque la dépravation morale et spirituelle aura atteint son comble, un châtiment divin atteindra toute la terre. Le point culminant de cette période de tribulations pourrait bien être le déclenchement d'une guerre d'envergure mondiale; la fameuse bataille d'Harmaguedon, ou à l'issue de celle-ci le véritable antéchrist, le dirigeant mondial du Nouvel Ordre, rassemblera toutes ses troupes dans une dernière tentative pour vaincre le Roi des rois:

*«... Et voici que parut un cheval blanc. Celui qui le monte s'appelle Fidèle et Véritable, et il juge et combat avec justice... Et je vis la bête antéchrist, les rois de la terre, et leurs armées rassemblés pour faire la guerre à celui qui était assis sur le cheval et son armée»*

*(Apo. 19:11-19).*

Dans la vision préparatoire des «sept trompettes», il est question des fléaux frappant le tiers de la terre, par l'intervention d'un ange pour chacun de ces fléaux. A la cinquième trompette, qui semble bien correspondre à la période actuelle, à son début, l'Apocalypse nous parle d'une invasion de «sauterelles»: une étoile tombe du ciel sur la terre (cette image symbolique de «l'étoile» se rapporte à l'intervention d'un ange) et on lui donne la clé du **puits de l'abîme...** et il s'éleva du puits une fumée... de cette fumée s'échappent des sauterelles et il leur fut donné un pouvoir... etc. Cette action, dans le temps, se déroule en trois phases:

1 - Ces «sauterelles-démons» viennent tourmenter ceux qui n'ont pas le sceau de Dieu sur leur front.

2 - Ces sauterelles ressemblent ensuite à des chevaux préparés pour le combat (... ) elles ont à leur tête, comme roi, l'**ange de l'abîme,** qui se nomme en hébreu Abaddon et en grec Apollon (c'est-à-dire le destructeur).

3 - A la **sixième trompette,** quatre anges (le chiffre quatre indique les quatre points cardinaux: toute la terre) qui se tenaient prêts pour l'heure, le jour, le mois et l'année (il s'agit donc bien de la «bataille décisive» de la fin des temps, où jusqu'ici nul, ni les anges du ciel, ne connaissent le jour et l'heure où ce «Jour de l'Eternel» se produira) furent déliés afin de tuer la troisième partie des hommes (ceux qui auront échappé au premier engagement préfigurateur) par le feu, par la fumée, par le soufre qui sortaient de leur bouche.

Comme nous le verrons par la suite, il semble que la première phase est déjà engagée, en relation avec le message de la Salette disant «qu'en l'année 1864, Lucifer (en fait ce fameux Lucifer, suivant la vision du Pape Léon XIII, avait demandé un délai de 100 ans pour intervenir à cette lutte finale, ce qui nous reporte donc à 1964, avec le Concile Vatican 2 (1962-1965). Or, nous verrons que cette décennie fut décisive dans l'abolition de la foi, un grand nombre de démons **détachés de l'enfer:** ils aboliront la foi peu à peu et même les personnes consacrées à Dieu **«ils les aveugleront** d'une telle manière, qu'à moins d'une grâce particulière ces personnes prendront l'esprit de ces mauvais anges». La seconde et troisième phase reste encore à venir. La troisième est plus importante, elle répond à la **sixième trompette** - alors qu'il semblerait que nous sommes à la fin de la cinquième - il se pourrait que nous ayons affaire à un conflit nucléaire avec la fumée, le feu et le soufre éléments catalyseurs que l'on retrouve dans la prophétie d'Ezéchiel, concernant la description d'un conflit de «Gog du pays de Magog»:

*«Je te ferai sortir toi et toute ton armée, chevaux et cavaliers, tous vêtus magnifiquement, troupe nombreuse...»*

*(Ezéchiel 38:15)*

*«Je ferai pleuvoir le feu et le soufre sur lui et ses troupes (de Gog)* ***et sur les peuples nombreux*** *qui seront avec lui»*
*(38:21-22)*

Et dans Jérémie:

*«... Ceux que l'Eternel tuera en ce jour-là seront étendus d'un bord à l'autre de la terre... etc.».*
*(Jérémie 25:53)*

La mise en scène des scénarios OVNI ne pourrait-elle pas trouver son aboutissement dans l'acte final, au milieu du chaos ou conflit international à venir? Car la Bête (antéchrist, avec les OVNI?) s'allie avec les puissances terrestres dit l'Apocalypse, dans le symbolisme des «dix rois qui recevront un pouvoir pour une heure (un court temps) avec la Bête... Ceux-ci ont un seul et même dessein, ils mettent au service de la bête leur puissance et leur autorité. Ils feront la guerre à l'Agneau» (Apo. 17:12-13-14).

Aujourd'hui, l'humanité se trouve confrontée à des crises internationales se multipliant à tous les niveaux de façon soudaine et imprévisible. Les dirigeants mondiaux sont maintenant dépassés par l'ampleur de la situation qui s'étend rapidement dans le monde. C'est devant cette menace, non seulement à cause de la «présence extraterrestre», dont les hautes autorités militaires, des grandes puissances, sont censées être informées, mais conjointement avec le phénomène de crises et bouleversements cosmiques naturels de tout ordre décrits par les prophéties. Face à cette menace, les Nations Unies et les différents organismes mondiaux pensent à instaurer un gouvernement mondial, avec une armée internationale des nations, partiellement déjà opérationnelles.

Quand ces évènements prophétiques s'accompliront ce sera le Grand Jour de l'Eternel, après le temps de toutes ces tribulations. En ce jour-là, dit l'Evangile...

*«La détresse sera si grande qu'il n'y en aura point eu de pareille depuis le commencement du monde jusqu'à présent et qu'il n'y en aura jamais plus.»*
*(Matthieu 24:21)*

Le point culminant de cette période de tribulation et de détresse mondiales sera le déclenchement d'une guerre d'envergure planétaire dans la vallée d'Harmaguedon, c'est-à-dire avec Israël au centre. Ce mot «Harmaguedon» provient de deux mots hébreux «har» qui veut dire montagne et «méguido» qui est le nom d'une autre ville surélevée du Mont Carmel, en Israël. Il viendra donc un temps où les évènements et les politiques en Israël attireront une hostilité contre le peuple juif, et la ville de Jérusalem deviendra la cible de toutes les nations. On peut donc supposer que la Troisième Guerre mondiale pourrait venir du pays de Gog et Magog, de la Russie et des pays islamiques, sur Israël. Actuellement la situation en Russie est très inquiétante; une sorte de bombe à retardement sous les restes de la civilisation chrétienne occidentale. On constate une espèce de réhabilitation du communisme. Nous entrons dans une nouvelle bataille mondiale, particulièrement dangereuse, où la prochaine alerte pourrait être nucléaire.(*)

---

(*)    A remarquer que ces notes ont été écrites en 1995

# I

*Introduction*

La croyance aux anges et aux démons fait donc partie intégrale des doctrines juives et chrétiennes sur Dieu, l'homme et l'univers depuis leurs plus lointaines origines jusqu'à nos jours. Seuls des érudits ou des chercheurs peuvent se rendre pleinement compte de la place que les conceptions relatives aux puissances surnaturelles, bonnes ou mauvaises, ont occupé jusqu'au siècle dernier dans la théologie chrétienne. Aujourd'hui, il faut consacrer beaucoup de temps, et de labeur, à étudier d'anciens traités de théologie, aussi bien que la littérature médiévale et l'étude de tous les anciens textes sacrés puisé aux sources des différentes traditions dans le monde, pour extraire le «fil d'Ariane» qui mène, par exemple, de l'ancienne démonologie sémitique aux «interventions extraterrestres» de notre époque.

A la suite d'une précédente étude sur le phénomène OVNI, il m'a semblé utile de venir compléter celle-ci, en effectuant une incursion plus lointaine dans le monde spirituel des anges et démons ancestraux, travestis de nos jours en «extraterrestre». Malgré toute une littérature florissante, bien que moins intensive ces dernières années (le sujet commence à être «lessivé») les idées n'ont guère évolué sur le concept mythologique moderne, associant l'OVNI à l'extraterrestre. L'OVNI a même tendance à s'effacer au profit de l'extraterrestre. Il faut dire que les promoteurs de cette croyance ont beaucoup œuvré en cette faveur et qu'ils y auront été aidés, avec l'assistance des médias, et pas seulement.

Evidemment, depuis les temps médiévaux la psychologie humaine a totalement changé en fonction des connaissances. Mais l'homme, en son âme, dans son identité morale et spirituelle, reste toujours le même. Son environnement, son milieu se sont modifiés, ses connaissances ont augmenté, ses conceptions aussi. Des idées qui, jadis, étaient au centre du tableau en sont aujourd'hui rejetées sur les bords. Des enseignements qui, jusqu'à l'époque moderne, apparaissaient comme d'un intérêt vital, sont aujourd'hui regardés comme des conceptions périmées, n'ayant presque plus rien à voir avec l'expérience actuelle de l'homme. Cette fin de siècle et de millénaire se termine en laissant entrevoir un chemin de découvertes et de connaissances encore plus impressionnant, surtout dans le domaine de l'image, de l'information, du virtuel, des nouvelles énergies et des voyages dans l'espace, si toutefois notre planète tient le coup sous les «convulsions» qu'on lui fait subir. Ce champ d'investigation extraordinaire, de la «nouvelle ère» semble en totale contradiction avec les anciennes précognitions sur le futur, notre présent, c'est-à-dire les grandes prophéties bibliques. Mais laissons pour l'instant cet aspect visionnaire de côté, pour revenir à «notre angéologie».

Le principal objectif de cet ouvrage est d'étudier et de discuter les différentes analogies existantes entre la croyance aux «anges et démons» de l'ancienne démonologie sémitique, telle que nous la trouvons dans l'Ancien et Nouveau Testament. Tenant compte de ce que disent les textes, et de ce que nous connaissons des phénomènes modernes rapportés depuis la fin du 19ème siècle, grâce à la circulation de l'information, nous ne pourrons être surpris de constater que ces «interventions» nous étaient déjà signalées, par les «visionnaires», comme étant les signes précurseurs de la fin d'une période de temps dont il ne faut pas s'illusionner. Enfin, un regard, aussi bref soit-il, au chapitre de la démonologie nous apprendra que si nos concepts de croyance se sont modifiés à travers le temps, l'action du monde occulte, malgré son mimétisme, n'a guère changé dans sa «technique de séduction». Evidemment, cela nous paraît naturel si nous concevons cet univers situé hors de l'espace et du temps. Cet univers existe, l'ancienne littérature juive et grecque le rapporte largement, la théologie l'enseigne, la Bible ne peut être comprise autrement. Certes, difficile à concevoir pour l'esprit cartésien et rationnel, l'existence d'un univers non physique et néanmoins composé d'intelligences supérieures à l'homme. Et pourtant, au plus loin que l'on remonte dans le temps, par le témoignage de l'écriture, qu'elle soit même cunéiforme ou hiéroglyphique, on trouvera la preuve que tous les anciens peuples avaient conscience de son existence. Toutes les religions préchrétiennes possèdent leur fondement sur cette «autre réalité», toute la vie culturelle était basée sur ce concept de relation avec les dieux et déesses. Avec le christianisme, et l'évangélisation à travers tous les pays, sur tous les continents, ces anciennes croyances ont disparu. Le monothéisme, depuis l'intervention sinaïsiaque, a remplacé le polythéisme. Sur les anciens lieux de cultes païens, des églises, des chapelles, des cathédrales ont été construites. Le Dieu vivant a remplacé les idoles des dieux de mort.

Trois mille cinq ans après Moïse, deux mille ans après Jésus-Christ, ces anciennes religions avec leurs cultes, se réaniment, les anciens dieux reviennent; les dieux d'hier deviennent les extraterrestres d'aujourd'hui. Un bouleversement a-t-il eu lieu dans l'invisible? Parvenons-nous à une fin de cycle?

Une boucle se boucle-t-elle? Ou parvenons-nous en bout de course d'un programme bien défini, d'un plan? Ce qui paraît certain, c'est qu'après avoir eu une courbe ascendante, le christianisme parvient à son déclin. Le prochain millénaire verra-t-il une nouvelle forme de religion; celle du Verseau? A l'ère planétaire, verra-t-on toutes les religions, christianisme y compris, se fondre en une seule religion syncrétique universelle? Une religion cosmique plus conforme à la venue «d'extraterrestres», puisqu'en quelque sorte elle sera celle de ces «dieux venus des étoiles», les mêmes qui, jadis, avaient instruit les anciens peuples leur ayant dressé des idoles? Cette conception surprenante, dans la nouvelle croyance qui s'installe dans certains esprits, fait actuellement son chemin, notamment parmi les nouveaux décrypteurs - ou «décodeurs»? - des tablettes sumériennes ou hiéroglyphes égyptiens, voyant dans certains cartouches... l'aéronavale de Ramsès II! Ainsi, voilà réhabilitée la croyance aux «anciens dieux»: ce sont des «hommes de l'espace cosmique, d'autres planètes galactiques», décrites dans les récits mythologiques de Sumer, d'Egypte, dans le Mahabharata hindou... etc. Malgré cette «haute technicité», la sagesse ne devait pas culminer l'intelligence de ces «supérieurs», car finalement leur «savoir» fit que toutes ces civilisations s'écroulèrent, il n'en reste plus que des ruines. Il faut faire un effort pour accepter toutes ces balivernes anti-historiques, antichrétiennes, menant à l'abominable aberration actuellement acquise chez les «initiés de l'occulte» et parmi les ufologues les plus avertis: «ceux qui nous visitent actuellement dans leurs OVNI, ne seraient-ils pas les descendants ayant fait «progresser» ces anciens peuples, des récits mythologiques...?» (propos recueillis sur ces «plates-bandes» de la «recherche extraterrestre avancée»).

Il est certain qu'en acceptant de telles sottises, dévoilant un épais enténèbrement de l'esprit, obscurci et pollué; triste conséquence de manipulation mentale, d'imprégnation à l'erreur, résultant d'un trop grand penchant pour l'occulte, on vacille vite dans l'irréalité, victime de cette «énergie d'égarement» dont parle Saint Paul. Ce n'est pas lumière mais ténèbres, on s'écarte de la saine raison pour tomber dans l'abîme sans fond; l'univers des ténèbres qui existe réellement en son aspect spirituel. Preuve en est. Ceci nous démontre le danger spirituel de l'occulte et nous fait immédiatement nous interroger sur la véritable identité de ces «hommes de l'espace». Ce que nous ne tarderons pas à examiner.

# LES CONCEPTIONS RELIGIEUSES JUDAIQUES ET DES ANCIENS PEUPLES A l'EGARD DE «CEUX D'AILLEURS»

Certes, si on étudie, tant soit peu, l'arrière-plan des conceptions religieuses des anciennes civilisations, on constate que la croyance aux entités spirituelles, aux démons ou «mauvais esprits», a été, et est encore auprès de certaines communautés, caractéristique de tous les peuples connus de la terre. Le fait sur lequel je tiens à bien attirer l'attention est qu'en recherchant l'**origine** des conceptions plus évoluées de la démonologie, nous nous voyons forcés de remonter à la croyance primitive en une quantité d'esprits qui sont soit bons ou mauvais, ou plutôt amicaux ou hostiles, selon les circonstances. Or, par rapport à cette rétrospective, selon la «nouvelle croyance» actuelle, qu'y voyons-nous: de «bons» et «mauvais» extraterrestres; les fameux E.B.E. (Entités Biologiques Extraterrestres) et les «grands blonds», ayant un non moins curieux rapprochement avec la «race aryenne» ou il y aurait beaucoup à dire. Ne pouvons-nous pas y voir un «transfert» des croyances ancestrales, relatives à une classe bien définie d'anges ou de démons? Ce qui penche sérieusement à penser que, depuis la plus haute antiquité, le monde des «esprits», d'entités non corporelles, mais capables de prendre forme humaine (variant selon les peuples, les cultures, les croyances, les conceptions mentales), interfère dans le nôtre, soit sporadiquement, soit dans des circonstances «rituelles» particulières si on lui fait appel.

La croyance religieuse relative à un monde spirituel, peuplé d'entités bonnes ou mauvaises, se retrouve donc dans toutes les anciennes traditions, tant occidentales, orientales, asiatiques. Mais nous ne nous intéressons ici qu'à la tradition judéo-chrétienne, nous concernant tout particulièrement, puisque l'origine du christianisme y est directement issue. Quiconque étudie les croyances juives, a l'origine de la «généalogie génésiaque», ne peut aussi que s'intéresser à la croyance religieuse des civilisations de Babylonie et de l'Assyrie, tant il y a de raisons pour considérer ces croyances comme la source la plus proche des conceptions qui, par la suite, ont prévalu chez les anciens hébreux et les chrétiens à partir du premier siècle. Ceci se conçoit très bien au sein de ces «influences religieuses», mais change soudainement avec «l'influence yahviste» lancée par Moïse, qui s'intensifie et se développe par les prophètes à partir du huitième siècle avant notre ère. Le but est de «culbuter les anciens dieux» en affirmant la croyance en Yahvé comme seul vrai Dieu. Malgré cette «révolution religieuse», on peut constater que les anciennes croyances et coutumes traditionnelles, comme celles qui sont associées au culte des ancêtres, à la nécromancie, conservent des vestiges dans l'Ancien Testament, plus nombreux qu'on ne le suppose en général.

Nous savons que ces croyances traditionnelles ne sont pas exclusives à la seule incrustation de la tradition judéo-chrétienne, mais il est intéressant de faire remarquer que le dualisme bien/ mal, pour en revenir à lui, se découvre déjà au chapitre 4 de la Genèse - en dehors du fait que l'arbre de la Connaissance du bien et du mal s'en trouve à l'origine – et est souvent utilisé pour servir la «croyance extraterrestre» de l'ufologie. En associant ainsi cet évènement génésiaque des «Fils de Dieu s'unissant aux filles des hommes», on établit subtilement la jonction entre ces «fils de Dieu» - ne pouvant être que les «anges déchus» - et les «extraterrestres» du 21$^{\text{ème}}$ siècle. Cette intention cadre avec le sens littéral de la Bible, de la lettre sans l'esprit, ce qui ne peut être autrement dans la pensée athéiste. Considéré ainsi, l'Ancien

Testament devient le récit d'une intervention extraterrestre. Ce que bon nombre d'écrivains ufologues ne se sont pas privés d'interpréter dans ce sens. Cette interprétation yahviste possède toujours ses partisans au sein de l'athéisme moderne, attachés au mythe extraterrestre. Ainsi sommes-nous épiés, voire infiltrés, par des êtres de l'espace venus sur notre planète depuis des temps très reculés, nous observant comme des rats de laboratoire, et dont nous serions les descendants. Conception, permettant de ranger Yahvé «au placard», en tant que Dieu unique et créateur.

A propos des «Fils de Dieu qui s'unirent aux filles des hommes», Genèse 4 dit que de cette union naquit une race de géants, les «Néphilim» en hébreu: «les tombés», qui pervertirent l'humanité, conduisant au Déluge. La racine sémitique du terme «Néphilim» signifie «jetés en bas», rapprochant singulièrement des «anges déchus» qui, du ciel, furent jetés sur la terre à la suite de leur dissidence avec leur Créateur Yahvé-Dieu dans l'Ancien Testament. Ils ne sont donc que créatures, et on ne peut associer créatures et Créateur, à moins d'effacer cette notion de Créateur unique, d'où rien n'existe sans Lui. On comprend donc, qu'en réhabilitant les «anges déchus», les extraterrestres d'aujourd'hui puissent devenir nos descendants, nos géniteurs; véritable inversion du sens des valeurs, favorable à la nouvelle spiritualité matérialiste du New Age. Dieu en tout, dans les esprits de la nature et dans le cosmos, un Dieu impersonnel, éliminant d'un coup toute la Révélation contenue dans l'Ecriture, entre l'Ancien et le Nouveau Testament, dont le Christ occupe le centre. Tout se tient et devient clair. Le combat dualiste entre les bons et mauvais extraterrestres, qui dure depuis le commencement du monde parvient - avec le déclin du christianisme - à boucler la boucle en faisant resurgir les «anciens peuples souterrains» du «puits de l'abîme», reprenant place sur leurs anciens sanctuaires, en vue de préparer la venue de leur chef de file, au sommet de la hiérarchie des «anciens dieux», chef et inspirateur d'une catégorie d'anges qui se sont révoltés contre Dieu. En conséquence de quoi, ils furent expulsés des cieux et précipites sur la terre. Celui que la terminologie juive appelle «le diable» ou «Satan», décrit comme «le mauvais esprit des régions inférieures», et comme ayant été le tentateur d'Adam et Eve.

Toutes les croyances s'alignent sur le même drame cosmique: la division des «bons» et «mauvais» êtres célestes, par suite de la révolte, ou rébellion, d'une partie d' entre eux contre leur commun Créateur. La «chute des anges» se montre dans le Livre de Job, écrit par Moïse ou approximativement de son temps, et sous cette forme comporte l'allusion à un évènement depuis longtemps parfaitement connu de tous (Job IV,18). Ainsi, certains poèmes cités par Plutarque et qui font voir les Démons ou Génies chassés du ciel par la colère divine, suffisent à établir que cette croyance n'était pas non plus étrangère aux Grecs, ayant eux aussi, reçu l'influence égyptienne. Mais en faisant la part des altérations que la tradition originelle à partout eu à subir, on trouve une bien plus forte preuve, de ce fait, dans la légende des «dieux révoltés contre Jupiter, vaincus par lui, précipités du Ciel et relégués pour toujours dans les profondeurs de l'enfer. Apollonius de Rhodes, après Orphée, rappelle la guerre des dieux contre ces anges déserteurs dont le chef prend chez eux le nom d'Orphion ou de Serpent, non sans rappeler encore la figure mythique du Serpent prise par Lucifer dans l'Eden pour tromper Adam et Eve.

J'avais dit de ne pas sortir du contexte judaïque mais ici un élément manquerait peut-être en rapprochant la tradition hindoue de celui qui regarde la forme de serpent, momentanément empruntée par les chefs des anges rebelles ou déchus. Il nous est fourni par «Ouprek-Hat», ancienne tradition persane des livres sacrés de l'Inde:

*«Les bons anges (Deva), dit le livre, ont autrefois vaincu les mauvais (Asuras): ils ont vaincu en reconnaissant Dieu, en l'appelant à leur secours, en invoquant le nom mythique de Dieu. Le chef des bons anges est Indra, celui des mauvais est Satan, ou l'Adversaire le grand ennemi qui est péché, erreur et mort. Il est dit de Dieu qu'il a tué une grande tribu de «Djenans» à trois têtes, parce qu'ils ne connaissaient pas Dieu, qu'il a, de sa foudre, tué «Vrita», appelé Satan, qui est sur les montagnes en forme de serpent, qui est appelé «Serpent».*

A ce fait s' associe celui d'Ahriman prenant la forme du serpent pour détruire l'œuvre du Créateur, de «Loke» prenant la forme du serpent chez les scandinaves, comme Typhon chez les Grecs et sans doute aussi chez les Egyptiens: du nom d'Ophionée.

Enfin pour revenir à la tradition rabbinique, à l'égard des anges, n'oublions pas ce que les livres de Moïse nous disent. Ceux-ci successivement apparurent soit à Agar, dans le désert (Gen. XVI:7), soit à Abraham sous les chênes du Mambré (Gen. XVIII) , soit dans Sodome (Gen. XIX), soit à Jacob, aux yeux duquel ils forment toute une chaîne qui relie la terre au ciel (Gen.: XXX:2). Si par ailleurs, nous rappelons que les démons où Job est momentanément abandonné (Job v.13) pour être éprouvé par eux, comme les Deva repentis doivent l'être par les Asuras et le Serpent tentateur du premier couple humain, nous devons reconnaître que la croyance en des esprits supérieurs à l'homme, en sagesse et en puissance, est de tous les temps et de tous les lieux et que, d'autre part, toutes les religions ont admis leur existence, et que cette croyance a toujours été possédée par toutes les générations successives, en remontant sans doute jusqu'à Noé, lequel la tenait de l'humanité post antédiluvienne. Le mystérieux et puissant serpent tentateur de la Genèse se retrouve dans toutes les mythologies: en Egypte, en Inde, en Perse, en Chaldée, en Assyrie, en Asie... etc. Il personnifie la puissance malfaisante, le mauvais principe, le Génie opposé à la gloire de Dieu et au bonheur des hommes. On peut dire de lui qu'il est la figure la plus ancienne par laquelle l'humanité dans son enfance a désigné la puissance du mal. Le narrateur hébreu de la Genèse semble donc s'être borné à ordonner et à rétablir dans leur portée véritable des traditions conservées à l'état rudimentaire dans les diverses races de l'humanité.

Nous savons aussi que les «anges» ou esprits des ténèbres, dépourvus de la grâce et de la gloire divine, en tombant du Ciel, n'ont pas perdu leur puissance et facultés naturelles. Ils ont, en effet conservé tous leurs attributs car, en fait, les «anges rebelles», sont identiques aux «anges restés fidèles à l'ordre divin», puisque ce sont évidemment les mêmes à l'origine de la création du monde surnaturel, avant certainement l'univers matériel. Ils ne sont donc pas soumis aux mêmes lois de la physique, ni à l'espace, ni au temps, et par conséquent possèdent la possibilité d'apparaître d'un point à un autre de notre espace, instantanément, et de disparaître d'autant, se rendant visibles sous une certaine corporalité ou invisibles. Lucifer, chef rebelle de la cohorte des anges déchus, est à l'origine du chaos et du combat dualiste dans le monde, mené non directement contre son Créateur - «un combat entre Dieu et une créature, fut-elle le plus beau des anges, me fait remarquer un fidèle lecteur belge, est théologiquement et métaphysiquement impossible» - mais **contre l'homme** et plus précisément contre sa «substance» spirituelle qu'est l'âme.

Comme étonné du foudroiement du plus beau des anges, l'Esprit dit dans Isaïe:

«*Comment es-tu tombée du Ciel, Etoile du matin fils de l'Aurore? Et tu as été précipité au schéol, dans la profondeur de l'abîme.*»

(Isaïe 14:12 et 15)

# TRANSPOSITION DES CONCEPTIONS PRIMITIVES DANS LA CROYANCE ACTUELLE

Nous avons abordé le domaine des nombreuses interventions du monde surnaturel, rapportées suivant un langage approprié à la pensée de l'époque, dans une infinité de textes sacrés, outre ceux de notre Bible. Est-ce à dire que de nos jours ces entités célestes n'apparaissent plus aux hommes? Loin d'en être le cas, sous d'autres formes et apparences, ces manifestations de l'invisible sont aujourd'hui généralement classées dans la longue série des «apparitions inexpliquées», dont les OVNI et quelques 1400 «apparitions religieuses» font partie (selon le répertoire d'un ufologue lyonnais). Dans la première partie: «Le diabolique secret des OVNI», nous avons montré que les différents types d'humanoïdes et androïdes robotisés, vus près des OVNI, se rangeaient dans cette catégorie d'êtres, matérialisés très temporairement dans notre monde terrestre, en prenant l'apparence convenant à notre conception moderne, sous l'aspect de «voyageurs spatiaux», munis de scaphandres en légère anticipation des futurs vols «Apollo» de la NASA. Les annales de l'ufologie regorgent de tous ces faits, entre les années cinquante et quatre-vingts. Nous avons également montré en son temps, le caractère absurde de ces furtives intrusions.

Tout ce scénario d'apparitions «extraterrestres» plaide à n'en pas douter, en faveur des «anciens dieux», mentionnés dans les textes sacrés de toutes les religions païennes. Nous connaissons leur but qui est celui de nous tromper sur leur intention et véritable nature. Mais dont l'essentiel se résout à atteindre le psychisme de l'être de façon à l'induire sur une «autre réalité», malheureusement fausse car en relation avec l'univers des ténèbres. Le résultat final est une fermeture de l'esprit, de l'enténèbrement de l'âme, afin de la perdre à la vie spirituelle, permise par le plan du Salut Rédempteur. Ces créatures exercent donc une action de fascination et de séduction des esprits, dans la construction de «scénarios de tromperie». C'est par cette puissance d'emprise sur l'esprit, en utilisant la séduction des sens psychiques, que l'Intelligence qui manœuvre ces leurres parvient à duper l'être humain pris dans son attraction malfaisante.

Cette action détournée sur les sens humains montre bien que cette intelligence ne peut intervenir directement sur la volonté et donc sur le libre arbitre. L'action qu'elle peut exercer sur l'esprit humain est donc limitée à une influence extérieure. Elle peut néanmoins nous illusionner en intervenant sur certaines zones sensibles du cerveau, sur notre inconscient. Cette intention de séduction, en provoquant en nous des impulsions violentes, découvre le caractère obscur et néfaste des entités dont le R.P. Bernard Marie Maréchaux nous dit «qu'elles pervertissent l'âme de l'homme et l'agitent par des passions cruelles, par des erreurs sans nombre (...) Mais leur but est de détourner l'homme par de faux prodiges de la pensée du vrai Dieu». Saint Paul avait déjà affirmé cette présence des esprits infernaux dans nos combats moraux:

«(...) nous n'avons pas à lutter contre la chair et le sang (c'est-à-dire les hommes - N.D.A.), mais contre les Principautés, les Puissances, les dominateurs de ce monde ténébreux, contre les esprits de malice dans les régions célestes» (ou encore «qui font leur séjour dans l'atmosphère», suivant les traductions). »

Saint Paul veut nous signifier que ces entités démoniaques sont dans l'air, dans notre environnement immédiat, terrestre, malgré qu'elles soient en même temps hors de l'espace et du temps, donc très proches et très éloignées de nous. C'est là que rode le «lion rugissant» (I Pierre V- 8-9), dont nous pouvons nous défendre que par la foi et la vigilance.

C'est encore Saint Paul qui appelle Satan «dieu de ce monde». Il dit en effet dans sa seconde épître aux Corinthiens: «Si notre Evangile est recouvert d'un voile, c'est pour ceux qui se perdent qu'il reste voilé, pour les incrédules dont le dieu de ce monde a aveuglé l'intelligence, afin qu'ils ne voient pas briller la lumière de l'Evangile de la gloire du Christ, qui est l'image de Dieu» (II Cor. IV:4). C'est donc très clair, cela explique pourquoi tous ceux qui ont pratiqué l'occulte, ou se sont seulement laissés imprégner l'esprit par la littérature de ce genre, ne sont absolument plus capables de distinguer le vrai du faux, et prennent des illusions pour des réalités. Ils rejettent aussi systématiquement tout ce qui a trait à la Parole d'Evangile, incompréhensible pour eux, et considèrent «mythiques» ou «illuminés» ceux qui la respectent. Il s'agit bien d'une **occultation** de l'esprit. Outre cet affaiblissement de la saine lucidité de l'esprit, une **dépendance psychique** se fait également fortement sentir pour tout ce qui touche à l'occulte. Ce qui montre bien aussi que nous avons là affaire **à des puissances.** La finalité, quand on se drogue à cette puissance des ténèbres, c'est la mort de l'âme, la mort spirituelle, la seconde mort dans «l'étang de feu» où Satan lui-même, en tant qu'être spirituel, est condamné à y être jeté a la fin des temps.

Mais ces puissances «bonnes» ou «mauvaises» peuvent-elles se confondre dans les effets qu'elles produisent? Comment différencier les vrais des faux miracles? Où situer leurs limites? Spécifions tout d'abord qu'un miracle se conçoit surnaturellement, se produit **sans supports physiques,** spontanément, en un instant. Tandis que les phénomènes naturels se créent selon certaines conditions et préparations. Les phénomènes miraculeux se produisent donc au-dessus des forces de la nature. Or, c'est précisément dans la production d'effets spontanément visibles que se manifestent les Puissances célestes. Ces effets sont donc produits par leur propre énergie, susceptibles de présenter des «prodiges miraculeux», mais qui ne sont que de faux miracles car l'effet obtenu, d'apparence «magique», ne dépasse pas l'ordre naturel. C'est un miracle, mais instruit la théologie, s'il est produit sur l'ordre de Dieu par l'ange agissant comme son ministre; ce n'est pas un miracle, quand il est créé par l'ange agissant de son propre chef, cet effet restant dans la sphère de sa puissance naturelle.

La tradition philosophique, de même que celle de l'Eglise, a reconnu dans les substances angéliques un pouvoir de direction sur les éléments de la matière. Elles peuvent donc posséder un pouvoir direct sur **le transfert** des corps d'un lieu à un autre, par leur propre puissance, produire un grand nombre de changements intrinsèques. Elles peuvent modifier la substance ou la qualité ou même la quantité des éléments matériels, dans la mesure où le «milieu local», qui est le moyen dont cette puissance se sert pour opérer, le permet. A cet effet, rappelons-nous les «prodiges miraculeux» accomplis par les magiciens du Pharaon (Exode VII), provenant de leur capacité de commander sur les éléments naturels, en multipliant en quantité ces éléments locaux pour en faire des fléaux naturels, par l'intermédiaire du bâton de Moïse: grenouilles, moustiques taons, grêle, sauterelles... Il n'y a pas de limites à la production de changements substantiels et autres changements intrinsèques par l'intermédiaire de l'environnement local. Comme, d'une part, ces purs esprits possèdent une connaissance des lois physiques et chimiques dépassant de beaucoup notre connaissance et, que d'autre part, leur puissance d'action sur la matière est très **étendue,** nous ne pouvons imaginer tous les phénomènes d'illusions matérialisées que ces intelligences sont capables de produire.

Pour ce qui concerne plus particulièrement les entités démoniaques, si celles-ci occasionnent parfois une influence néfaste à l'homme ou un désordre dans le milieu ambiant, cela est dû soit **à un pacte** explicite ou tacite avec ces entités. Tels sont les cas de sorcellerie, d'envoûtement et de possessions, d'inductions psychiques de l'être. L'initié ou le sorcier n'est qu'un instrument de cette puissance remise par l'entité à l'occasion d'un pacte. Mais ce «don paranormal» n'est pas gratuit, il y a échange, en l'occurrence un lien occulte a été établi entre le sorcier et l'entité, et ce lien est celui qui attache l'âme à l'entité en question. Ainsi s'expliquent les phénomènes de spiritisme, de nécromancie, d'écriture automatique, de «voix intérieure», d'influences à distance et relevant de tous autres dons paranormaux, hors ceux naturels. Mais aussi les nombreux phénomènes relatifs aux OVNI, mis sur le compte d'une «présence extraterrestre»: impression d'être observé ou d'être surveillé, impressions de messages télépathiques, inductions hypnotiques, phénomènes prémonitoires («flashs», voix intérieure... etc.) Tous ces phénomènes témoignent de la présence d'une force occulte exerçant son attraction à la fois sur le psychisme et le milieu naturel environnant.

# PHÉNOMÈNE DE «CONTACTS EXTRATERRESTRES» ET DE «SCENARIOS D'ENLEVEMENTS OVNI» VUS SOUS l'ECLAIRAGE THEOLOGIQUE

Désormais, nous ne devons plus nous convaincre de l'existence d'entités incorporelles, appelées «anges» ou «démons» dans les textes bibliques, connues sous d'autres noms dans les différentes sources mythologiques et traditions. Situées hors de l'espace et du temps dans notre univers naturel, ces intelligences de l'invisible, toujours les mêmes, interviennent sporadiquement auprès des hommes.

La théologie nous enseigne que le monde est gouverné par l'action de Dieu, comme par une cause première et universelle de vie et de mouvement. Les éléments de ce monde ont reçu du Créateur le pouvoir d'exercer, les uns sur les autres, une influence motrice, et c'est ainsi que l'action de cette cause première est diversifiée suivant les agents qui sont à l'œuvre. Notre monde trouve ses limites enfermées dans le temps et l'espace. Ce n'est plus le cas pour les intelligences célestes qui sont substances spirituelles, n'occupant pas un lien particulier, mais ayant la possibilité d'exercer leur puissance sur un objet matériel déterminé ou de jeter leur dévolu, si elles en ont l'autorité, sur la personnalité humaine. D'autre part, comme il n'y a pas de déplacement - étant hors de l'espace et du temps - ces intelligences peuvent néanmoins transférer leur action d'un point à un autre, spontanément. De même, par le fait que l'Energie d'une puissance angélique s'applique à un lieu ou à un objet déterminé, cette puissance prend possession de ce lieu ou de cet objet, c'est-à-dire **qu'elle l'occupe.** C'est ainsi qu'il existe des lieux hantés et zones de prédilection pour les manifestations d'OVNI. Dans cette occupation complète et absolue par ces énergies spirituelles, d'un objet, lieu déterminé, animal ou homme, nous trouvons l'explication de cet empire exercé par les puissances invisibles dans notre monde, ce qui échappe évidemment à toute investigation scientifique. Ainsi des cas très spécifiques de possession diabolique, ou d'intervention «extraterrestres», dans le monde étrange des phénomènes inexpliqués, se rencontrent assez fréquemment dans les annales de l'histoire et de l'ufologie. Vues sous cet aspect, les manifestations OVNI ne sont plus à regarder sous l'apparence trompeuse du mythe extraterrestre mais plutôt comme des phénomènes de «hantise moderne», s'appliquant à notre société et se modelant à notre psychisme. Il en fut bien autrement à d'autres époques et en des temps plus reculés.

De ce qui a été dit, on peut en déduire que la possibilité d'exercer une action sur la matière ou de translater un objet d'un lieu à un autre, est le chaînon qui met les puissances spirituelles invisibles en contact immédiat avec le monde matériel. Par ailleurs, le fait que ces substances spirituelles sont simplement énergie, sans forme proprement dite, mais capables d'en prendre une, elles peuvent également incorporer un être humain et ainsi s'en servir comme d'un instrument dans un but déterminé. C'est le cas des médiums; intermédiaires de ces esprits qui, par dédoublement de la personnalité, peuvent agir sous influence, sinon même sous contrôle de ces puissances spirituelles. En outre, il n'est pas au-delà de leur possibilité, nous instruit la théologie, d'emprunter des éléments de la nature et même des animaux ou encore, dans certains cas, à des hommes vivants (et là on pense irrémédiablement aux phénomènes de mutilations d'animaux survenues aux U.S.A. notamment, et de «trafics de fœtus» relevés à propos des «interventions OVNI»), **quand bien même ceux-**

ci seraient **éloignés du lieu où le phénomène est produit.** Les phénomènes se produisant **par transfert.**

Ainsi, tenant compte de ce fait, que ces intelligences de l'invisible ont la possibilité d'avoir une parfaite connaissance de la physionomie et qualités de chaque individu, vivant ou mort, on peut facilement concevoir qu'elles sont en mesure, par leur propre puissance, de reproduire les caractéristiques corporelles, caractérielles et même vestimentaires d'un être que nous pouvons avoir connu, simulacre capable de tromper ceux liés le plus intimement à cette personne. N'est-ce pas ainsi que certaines visions médiumniques opèrent auprès de ceux qui consultent les voyants à la recherche d'un être cher? Et qu'avec l'aide de la vidéo, la transcommunication permet de faire apparaître l'image spectrale des morts? Rappelons-nous aussi l'histoire du roi Saül qui interrogea la nécromancienne d'Endor (I Samuel 28:8); véritable séance spirite, malgré l'interdiction de ces pratiques par la loi juive: Saül reconnut dans la vision le prophète Samuel à son vieux manteau, c'est ainsi qu'il fut trompé, comme le sont tous ceux qui interrogent les morts et **semblent** reconnaître leurs chers disparus par la description correspondant à leurs derniers jours. Alors que l'Ecriture nous dit que les morts «dorment» en attendant la résurrection, et jouiront d'un **corps différent du corps terrestre:**

*«Ni la chair ni le sang ne peuvent hériter le royaume de Dieu, et que la **corruption n'héritera pas l'incorruptibilité.**»*
*(J cor. 15:20)*

Ces «contacts spirites» ne sont donc que purs simulacres, manigances par le truchement des forces occultes de mauvaise intention, de façon à tromper et à déstabiliser les êtres, déjà psychologiquement fragiles, commettant l'énorme erreur d'y rechercher un réconfort. Les «contacts extraterrestres», d'une toute autre manière - les puissances occultes utilisant les éléments matériels et la manipulation psychique - ne s'y prennent pas autrement.

Pour parfaire leurs inextricables pièges dont elles possèdent tout un potentiel, ces puissances spirituelles sont capables de produire des simulacres encore plus surprenants. En l'occurrence faire animer un corps d'apparence biologique au nôtre, capable de se mouvoir, de prononcer des phrases intelligibles, accompagnant ces divers actes de tous les gestes particuliers à une personne vivante. Avec l'histoire de Tobie, la Bible nous fournit, là encore, une preuve frappante de ce qu'enseigne sur ce point la théologie. A la différence près que, par rapport à nous qui sommes composés d'une âme et d'un corps, c'est que les actes accomplis par ces «golems» sous la puissance angélique démoniaque, ne sont pas des actes vitaux mais **mécaniques,** artificiels, du fait que ce ne sont pas des corps vivants. Ils sont privés de l'esprit vivifiant, forme substantielle de notre corps (âme). Donc, ces corps empruntés, mus par l'esprit démoniaque, en quelque sorte, ne sont que des instruments, sorte de golems, de «coquilles creuses».

Nonobstant tout ce que la littérature ufologique a pu rapporter pour défendre la thèse «extraterrestre», dans la longue série des leurres actionnés par cette puissance occulte, il nous paraît incontestable que les «humanoïdes» vus près des OVNI sortent de sa fabrication. Afin d'illustrer notre propos, peut-être pourrions-nous extraire quelques éléments, parmi les plus caractéristiques, parus dans l'ex revue «OURANOS». Ceux-ci pris un peu au hasard, résumés très brièvement:

- Le 10 septembre 1978, aux environs de Tucuman (Argentine) deux jeunes garçons sont témoins de l'apparition de deux créatures de petite taille (moins d'un mètre) à l'intérieur d'un magasin. Ils y pénétrèrent après avoir entendu des bruits à l'intérieur et constate des perturbations électriques sur des appareils domestiques. Ces deux créatures **d'apparence humaine** étaient vêtues d'une combinaison les couvrant jusqu'à la tête, ne laissant voir que leur **visage d'un aspect laid.** Elles tenaient dans leurs mains un «pistolet» **ressemblant à un sèche-cheveux.** Fait surprenant, **ces humanoïdes apparaissaient et disparaissaient au même endroit, ceci à trois reprises.** Après enquête **d'étranges phénomènes de hantise** (jets de pierres) furent enregistrés dans le même secteur.

- A la mi-décembre 1978, de grands quotidiens de la presse italienne («La Nazione» du 18.12.78 et «Gente» du 30.12.78) relatèrent des manifestations d'OVNI et de **créatures inhumaines** dans la région de Gènes: le 7 décembre 1978, un gardien de nuit, au cours d'une ronde, se trouve en face d'une créature imposante, revêtue d'une combinaison verte, la **tête terrifiante avec des yeux triangulaires, jaunes,** perçants, **n'ayant aucun caractère humain.** Un OVNI a été observé. Dans la même région, en 1977, quatre jeunes universitaires, se promenant la nuit voient soudainement surgir une créature **d'apparence humaine,** de grande taille, **ressemblant à un robot.** Les yeux n'étaient pas des yeux mais des ronds brillants d'où émanaient des faisceaux de lumière blanche très intense. Ensuite un deuxième «robot» apparut. L'un d'eux indiqua d'un geste la direction du ciel. Puis tout a disparu» («OURANOS» n° 25 - 1er trim. 1979).

- Fin Septembre 1973, dans un petit village du Portugal, de nuit trois personnes en voiture aperçoivent un OVNI au sol émettant des «flashs lumineux», laissant apparaître un objet **d'apparence métallique.** Des incidents se firent sentir dans le régime du moteur de la voiture. Peu après, sur le bord de la route, ils aperçoivent deux humanoïdes d'environ 1,50 mètre, portant un casque sphérique muni d'un hublot rectangulaire à la hauteur des yeux, avec à la partie supérieure, une sorte «d'antenne». En passant à proximité des créatures (env. 2 mètres) le conducteur et ses deux passagers purent entendre comme des sons, **comparables a un gargouillement indistinct.** Puis, ils virent encore les deux humanoïdes **s'élever du sol, d'une façon rigide,** sans mouvement articulé des bras ou des jambes, et disparurent («Contacts du 4ème type» - Ed. De Vecchi, 1979).

Des dizaines de cas du genre furent répertoriés, en son temps, par la «Commission OURANOS» ayant fait l'objet d'enquêtes minutieuses. Malgré l'aspect irrationnel, parfois irrecevable, ces descriptions dans les témoignages ne peuvent être mises en doute. En fait, dans ces scénarios, mis en œuvre par la puissance occulte, tout est possible. L'aspect grossier, robotique ou animal, des humanoïdes n'est plus à redire. En dehors de la communication télépathique - ne réclamant pas la présence de ces créatures - le «langage», ou plus exactement le son, émis par les humanoïdes est primitif: gazouillement, grognement, sifflement, possède une certaine similitude avec les infestations diaboliques (possession, hantise...) D'autre part, les actes mécaniques, dont nous parlions précédemment, sont ici très apparents: attitude rigide, mouvement robotique des êtres, regard inhumain... et le terme «apparent» (d'apparence humaine, d'apparence métallique) revient d'une façon générale dans les témoignages d'observation. C'est faire preuve de cécité naïve que de considérer ces «créations robotiques» comme étant les représentants d'une «race supérieure».

Quant aux phénomènes de «téléportation», de transport de personnes d'un lieu à un autre, d'enlèvements et d'expériences vécues à bord d'un OVNI, de récits de voyages dans l'espace, bien que plus rares, n'en sont pas moins réels. Mais ils font aussi partie de la panoplie des «techniques» de manipulation. Voici quelques cas:

- 20 janvier 1978, au Brésil, deux enfants sont enlevés par un OVNI, l'un d'eux est retrouvé à 500 km plus loin, l'autre resta introuvable. - 6 juillet 1978, deux personnes de Mendoza (Argentine) affirment avoir été soulevées dans les airs avec leur véhicule, elles voient un panorama inconnu et étrange se dérouler sous leurs yeux. Finalement, elles se retrouvent à neuf kilomètres du lieu initial.

- 13 septembre 1978, au Brésil, une employée au Ministère du Travail brésilien, roulant à environ 100 km/h sur la route de Blumenal, est «aspirée» dans les airs, perd connaissance et se voit dans une salle semi-circulaire. Devant elle, un être prétendant se nommer «Dragon» lui parle télépathiquement. Puis se retrouve sur la route du retour, inconsciente, réveillée par une patrouille de police.

- 24 septembre 1978, le journal argentin «La Razon», relate en grandes manchettes, l'expérience incroyable de deux pilotes chiliens qui furent soulevés en pleine vitesse par une «puissante lumière» au cours d'un Rallye international automobile. Leur compteur kilométrique indiquait 50 km, alors que de l'endroit où ils furent enlevés dans les airs, (le phénomène ne dura guère plus d'une minute) et d'où ils se retrouvèrent, il y avait 120 km. D'autres faits en tous points similaires furent signalés en plusieurs endroits dans d'autres localités de la région, et chaque fois, une déposition a été faite à la police.

Ces quelques cas sont extraits, parmi d'autres, du livre «Contacts du 4ème type», (Ed. De Vecchi, 1979) déjà cité. On remarquera que ces témoignages recueillis de la presse locale ou directement par des enquêteurs de la «Commission OURANOS», se situent tous en Amérique du Sud; ils furent recueillis sur un même lieu géographique, au cours de la même année(\*). Ce qui n'exclut pas qu'il y ait eu quelques rarissimes cas en France, mais la presse n'en fit pas cas, peut-être à cause de leur degré d'irrationalité. J'ai relevé moi-même une expérience du genre, directement du témoin, lors d'un voyage au Pérou. Malgré leur caractère invraisemblable ils sont véridiques: ce sont des «prodiges magiques» entrant tout à fait dans les possibilités des puissances angéliques, ayant un pouvoir très grand sur le monde matériel et l'univers corporel dont toute notre psychologie «inférieure» fait partie (sensibilité, passions, impressions... etc.). Par ailleurs, ces phénomènes sont connus des démonologues depuis longtemps. Seulement, le rapprochement avec les manifestations OVNI n'a pas été fait. Nous avons ici affaire à des puissances supérieures qui connaissent les lois de la nature bien plus parfaitement que le plus grand génie humain. Ce qui est possible à ces puissances, c'est d'agir sur la matière, le temps et l'espace (démontré par les multiples témoignages OVNI), mais par contre, ce qui n'est pas de leur pouvoir, c'est d'infuser la vie, une âme à un corps; la Vie n'appartient qu'à Dieu seul. De ce fait, ces «robots» observés par les témoins ne peuvent être des

---

(\*) Notons, en passant que c'est aussi en 1978, un 21 août qu'eût lieu en Suède, l'observation dans le ciel très dégagé, des chiffres «1986». Or, 1986 vit la réunion d'Assise avec le Pape et les représentants des religions ainsi que l'incident de Tchernobyl. (Publié par une revue suédoise et repris par «OURANOS» n° 28 du 4ème trim. 1979).

êtres vivants; simplement des «constructions», des «golems» animés par la puissance angélique; pour cette raison ils paraîssent artificiels, robotiques, incapables de s'exprimer humainement. Ainsi, «l'extraterrestre» de Roswell, montré lors d'une émission de T.V. , peut très bien être une fabrication biologique qui a pu être utilisée et animée par ces puissances démoniaques, ne possédant pas d'âme, ensuite abandonnée après l'avoir incorporée au sein d'un scénario; en l'occurrence un «crash organisé» afin d' amener à faire croire à une intervention extraterrestre, auprès des autorités militaires américaines.

Cela dit, pour en revenir à ces transports de personnes d'un lieu à un autre, on ne sera guère surpris de savoir que ces prodiges sont décrits dans le Message de l'Apparition de La Sainte Vierge sur la montagne de La Salette, le 19 septembre 1846, en ce qui concerne l'action de ces esprits démoniaques justement:

«En l'année 1864, Lucifer avec un grand nombre de démons seront détachés de l'enfer, **ils aboliront la foi peu à peu** et même dans les personnes consacrées à Dieu: ils **les aveugleront** d'une telle manière, qu'à moins d'une grâce particulière, ces personnes prendront l'esprit de ces mauvais anges (...)

*«Les esprits des ténèbres auront un très grand pouvoir sur la nature: il y aura des églises pour servir ces esprits (sectes démoniaques - NDA). Des personnes seront transportées d'un lieu à un autre par ces esprits mauvais (...) On fera ressusciter des morts et des justes (c'est-à-dire qu'avec le spiritisme moderne, comme la transcommunication, on fera apparaître et parler les «morts», n'étant en fait que ces mêmes esprits de tromperie). Ils feront en tout lieu des prodiges extraordinaires*

*parce que la vraie foi s'est éteinte et que la fausse lumière éclaire le monde».*

Cette partie du message de La Salette datant de 1846 et publiée après 1858, et dans toute son intégralité **en 1879,** parle d'elle-même au sujet des prodiges OVNI exposés précédemment. Evènements prophétiques qui se sont effectivement réalisés et n'en continuant pas moins de séduire «parce que la vraie foi s'est éteinte et que la fausse lumière éclaire le monde» prévient la Sainte Vierge de La Salette à Mélanie Calvat. Depuis une vingtaine d'années les évènements se prononcent d'eux-mêmes, on peut dire qu'ils ont eu leur accomplissement prophétique, mais pas encore pour toute la partie du message. Il est encore dit un peu plus loin dans le message: «les démons de l'air (ici on retrouve une correspondance avec «les esprits de malice dans les régions célestes» de Saint Paul) avec l'antéchrist feront de grands prodiges sur la terre et dans les airs».

Ces évènements prophétiques annoncés en 1846 n'ont réellement commencé à se produire qu'un siècle après, c'est-à-dire aussitôt à la fin de la Seconde Guerre mondiale. Ce qui semble bien correspondre au «sursis de 100 ans» réclamé par Satan, à la suite d' une vision perçue par Léon XIII au cours d'un office religieux. Or, «le Pape Léon XIII rendit une visite à Mélanie, en 1879, pour une audience privée et l'a chargée aussi de la compilation des règles d'un nouvel ordre, préconisé et réclamé par Notre-Dame de La Salette et intitulé: «Les Apôtres des derniers temps». Pour achever une telle rédaction, l'ex-bergère demeura pendant cinq mois dans le Couvent de Salésianes, à Rome» (Extrait d'une lettre de Mgr Zola, évêque de Lecce à l'Abbé I. Roubard, datée du 24 mai 1880). A la fin du livre nous parlerons plus largement de la teneur du Message de La Salette.

La «fausse lumière qui éclaire le monde», indiquée dans le Message de 1846 est on ne peut plus évident aujourd'hui. En ce temps d'apostasie de l'Eglise et des nations, la vraie foi a quitté Rome («qui deviendra le siège de l'Antéchrist», précise le Message), laissant le monde désorienté, sans boussole, d'où le succès des sectes et la recherche d'unité des trois grandes religions monothéistes, ayant la même «racine». Cette recherche d'unité à laquelle peuvent venir s'associer d'autres religions comme le bouddhisme, qui est plus une «thérapie de méditation contemplative» qu'une religion proprement dite, tend favorablement vers une religion syncrétique commune: la religion de l'Antéchrist basée sur le culte de l'homme, **l'humanisme**. La fausse lumière se répand ainsi sur le monde enténébré, et les interventions démoniaques, avec les OVNI et le nombre grandissant des agents de l'occulte, comme les «contactés», y contribuent, parallèlement à l'action des sectes; cet extrait du Message de La Salette répond de cette terrible réalité, de la puissance d'aveuglement. Mais le Message dit aussi, à la fin, que **«la foi seule VIVRA»**. Il y a donc un message d'Espérance... «à la fin mon cœur immaculé triomphera» a dit La Vierge de Fatima, en 1917.

Il y a des signes qui ne trompent pas, et pas seulement dans leur symbolisme. L'éclipse de Lune qui s'est produite au soir du 3 avril 1996, aurait permis, dans sa périodicité, de déterminer la date de crucifixion exacte du Christ soit le 3 avril de l'an 33 de notre ère. Si on retranche 33 ans de 1996 on tombe en 1963, en plein Concile qui va éclipser l'Eglise jusqu'à la fin des temps. Les évènements se déroulent au Vatican, d'autant plus que le Pape Jean XXIII décède le 3 juin de cette année-là. C'est le temps d'épreuves qui commence aussi pour les catholiques qui perdent le sens d'orientation depuis l'Eglise Primitive. Ce soir du 3 juin, dans un petit village d'Espagne, à Garabandal entendant sonner le glas, Conchita, la voyante, dit à sa mère: «C'est pour le Pape!... Il n'en reste plus que trois, jusqu'à la fin des temps»(*). Le crépuscule tombait donc en même temps sur ce pape et l'Eglise. Et si les choses doivent être telles qu'elles sont annoncées, nous voilà pratiquement parvenus à cette fin des temps, selon les «repères chronologiques prophétiques». Là encore tout converge et s'oriente vers le sommet de la «crise mondiale», provoquée, susceptible de devenir incontrôlable d'ici peu. La forte influence médiatique pourrait être le moyen de la déclencher, à partir d'un fait aussi brutal qu'imprévu, provoquant les réactions psychologiques recherchées pour obtenir le résultat désiré par les manipulateurs. Il y a toujours une part d'irrationalité dans un mouvement collectif incontrôlable. On imagine mal les réactions que pourraient provoquer l'apparition en masse d'OVNI dans tous les pays du monde. Car, il y a bien aussi une finalité dans le déroulement étudié des «scénarios OVNI», s'inscrivant sur la courbe d'ensemble des «phénomènes de convergence», qui semble s'aligner sur 2030-35.

---

(*) Périodique «Notre-Dame du Carmel » - n° 3 - mars 1996

# SCENARIOS VIRTUELS DE MISE EN SCENE
# L'AUTRE COTE DU MIROIR

Nous savons désormais que les OVNI ne sont pas des «véhicules extraterrestres», qu'ils sont des leurres matérialisés, produits par une Intelligence supérieure, non humaine. Que tous les phénomènes du paranormal, incluant les OVNI, montrent la présence dans notre environnement - et ce depuis l'aube de l'humanité - l'omniprésence de cette Intelligence, marquant sa présence sous des formes variées selon les concepts mentaux ou croyances de l'époque ou du lieu. Cette Intelligence est aussi capable de construire des scénarios, d'apparence de formes et de matériaux connus, mais aussi d'agir sur notre psychisme, notre inconscient et d'y incruster également des leurres, d'y exercer une sorte de cinéma paranormal, de «voyages dans l'espace» ou d'expériences traumatisantes à bord d'un «véhicule spatial». Nous l'avons montré dans un précèdent ouvrage, tout ceci n'est qu'illusions puissantes d'une surprenante irréalité, néanmoins bien réelle dans le fonctionnement magique du leurre. Le but de tous ces simulacres est de nous tromper en dirigeant l'attention dans une orientation désirée, menée progressivement, en procédant par étapes. Cette action occulte se poursuivra indéniablement jusqu'à ce que le leurre - en l'occurrence le mythe OVNI - soit suffisamment accepté par la plus grande majorité des gens. Etape franchie, semble-t-il, à présent. Partie initialement de la rampe ufologique, grâce aux media, l'idée de visiteurs extraterrestres, par les OVNI, s'est banalisée parmi l'opinion publique, malgré la présentation peu sérieuse et amusée qu'on a pu en faire. Néanmoins le «message» passe et se fait accepter. Si cette étape était l'un des objectifs voulu par cette Intelligence, il est maintenant atteint, mais le but final reste encore à se dévoiler.

Nous avons vu que le dénouement n'est peut- être plus loin à se faire, après cinquante ans de mise en place dans les consciences.

Cela dit, il y a de quoi s'interroger auprès de ceux n'en continuant pas moins à défendre la thèse H.E.T. - Hypothèse Extra-Terrestre – mais l'explication, entre autres, tient peut-être qu'on ne se débarrasse pas aussi facilement d'un mythe bien installé dans les consciences. Il est d'autant plus séducteur qu'on place toute son espérance, face au «vide intérieur», sous la protection d'une civilisation supérieure, c'est sécurisant et réconfortant. Il y a certes, un aspect psychologique, dans ce vide à combler, toutefois il n'est pas suffisant pour tout expliquer, bien qu' installé à l'intérieur d' un ensemble de paramètres, il n'en participe pas moins à la vaste manipulation des esprits, et de notre société par conséquent. Eu égard à tout ce que nous savons maintenant du phénomène OVNI, de toute évidence, le Grand Manipulateur qui tire les ficelles de cette phénoménologie, est un grand psychologue qui sait extraire profit, à son avantage, de nos faiblesses et de nos concepts mentaux, voire même exercer, de ce fait, une certaine influence sur la pensée, à partir du moment où l'on se place dans sa zone d'attraction. Car n'oublions pas que nous avons affaire, en même temps, à une Puissance d'illusion, à une «énergie d'égarement» - d'origine préternaturelle - mentionnée par l'Apôtre Paul, il y a près de deux mille ans. Cette Puissance d' égarement des esprits n'a jamais été ignorée des apôtres, instruits par le Christ, ayant dit Lui-même que **cette Puissance se trouvait dans le monde**. Ce n'est pas sans raison qu'Il l'a dit à ses disciples:

«Autrefois, vous étiez ténèbres, mais à présent vous êtes lumière dans le Seigneur » (Eph. 5-8). Il y a donc une vérité révélée à ceux qui se convertissent dans le Seigneur. Seule cette «connaissance de la Vérité permet de revenir au bon sens et de se dégager des pièges de cette Puissance qui tient captifs les infortunés qui s'y laissent prendre et les asservit à ses volontés» (2 Tim. 2:25-26).

Le «Message évangélique», complètement ignoré et refusé par «l'esprit du monde», est en totale opposition avec l'esprit des ténèbres. Ces «ténèbres» spirituelles sont précisément contenues par cette puissance d'asservissement des esprits. Il est donc absolument impossible de s'extraire de cette puissance occulte tant que l'âme, cette partie vitale, principe de vie de l'être, n'est pas elle-même libérée de sa «captivité». Ceci explique que certains chercheurs, une bien extrême minorité il est vrai, ayant objectivement étudié le phénomène OVNI sous toutes ses coutures, se soient considérablement approchés de cette Connaissance de Vérité révélée, sans toutefois avoir franchi le pas capital. C'est bien évident, car cette connaissance n'est pas proprement initiatique - ce terme «initiatique» répond plus exactement de la Connaissance occulte, ésotérique, passant par les sociétés secrètes... et les OVNI justement - elle est fonction d'un état d'être, passant par la conversion de l'âme, c'est-à-dire **la transformation intérieure,** qu'en termes évangéliques on appelle «renaissance», mourir à soi-même dans la condition «ténèbres» pour renaître dans la condition «lumière». Cette renaissance - parodiée par l'initiation de la contre-tradition - ne peut s'opérer que «dans Le Seigneur». Cette indication nous renvoie au «mystère de la Rédemption », du Verbe incarné qui s'est fait chair, dans la condition humaine, mort dans son humanité et ressuscité des morts dans toute la puissance de la Gloire divine. Un témoignage de ce miracle de la Résurrection resté pour notre époque, c'est le Linceul du Christ, improprement appelé le «Suaire de Turin» qui, bien qu'ayant eu ses opposants et manipulateurs -

toujours pour la même raison - n'en reste pas moins le témoin authentique, dans son «empreinte», de ce véritable miracle. Il s'adresse tout spécialement à notre société actuelle, n'ayant plus de fondements moraux à cause de l'athéisme dominant et la déviation vers une religiosité débordante et aveugle. Bien entendu, par-dessus cet enténèbrement, les manipulateurs de l'ombre remplissent leur rôle plus efficacement que jamais, provoquant la confusion la plus extrême dans les esprits. C'est sur nos faiblesses et notre ignorance que cette puissance des ténèbres, par l'intermédiaire de ses agents humains et non humains, joue sur du velours.

Ce voile d' enténèbrement qui nous recouvre, parce que nous sommes en tant qu'humains, toujours soumis à la condition originelle de la chute - ce qui n' est pas acceptable à tout esprit donc - ne permet pas d'entrevoir la Réalité telle qu' elle est mais plutôt, ici plus spécifiquement dit pour les OVNI, telle qu'on voudrait nous la présenter. La crise spirituelle que nous traversons, marquée paradoxalement par un besoin de spirituel et de merveilleux aide beaucoup à cet état de fait. Mais cette situation peut être provoquée en faveur de l'autre; détruire les fondements chrétiens qui faisaient la société occidentale d'autrefois - les pays industrialisés actuellement plus particulièrement touchés par ces phénomènes - afin de permettre à la Puissance occulte de reprendre la situation en main, c'est-à-dire, par la résurgence active des anciens dieux, et du paganisme qui en découle, tenter de déstabiliser les esprits pour en prendre le contrôle à vaste échelle. Les desseins cachés de cette puissance viseraient donc la domination mondiale, une fois son contrôle assuré, par l'application d'une institution à cette échelle. Ce qui ne veut pas dire que cet objectif passerait par la voie politico-militaire, mais plus exactement - selon ce que nous pouvons entrevoir - par l'action de puissantes institutions-états alliées à cette Puissance, ce dont les sociétés secrètes, ayant infiltré ces institutions et peut-être certains gouvernements, auraient préparé de longue date, suivant un plan précis, étapes après étapes. Dans le désordre actuel un certain ordre semble se diriger en ce sens, de plus en plus perceptible au fur et à mesure qu'on approche de l'échéance du but recherché. Dans cette éventualité, l'acte final se découvrira brutalement, une fois que cette Puissance n'aura plus besoin de se cacher.

Ainsi, face au nouveau monolithe humaniste, nouvelle Tour de Babel, se construisant imperceptiblement sous nos yeux profanes, n'entrevoyant que les convulsions de son accouchement, on comprend que la fusion des cultures, des religions, valeurs chrétiennes et valeurs laïques, tendent à se conforter pour promouvoir «fraternellement» la nouvelle société de demain, soi-disant plus égalitaire et plus libre; seulement on oublie de dire à qui elle profitera. Certainement pas à l'homme, malgré cette tendance humaniste, non pas parce qu' il sera sous contrôle psychique, numérique et magnétique, mais tout simplement parce qu'il se sera considérablement éloigné des véritables valeurs, qui faisaient autrefois une nation, et enfin et surtout distant du fondement de la Vérité chrétienne, à l'origine de la civilisation judéo-chrétienne et que **seule cette Vérité rend libre**. Les forces mondialistes actuellement en place sont donc directement opposées à ce fondement de base, et à cette vérité venue dans le monde, par le Christ; et qui n' a pas été reçue. Le mondialisme du Nouvel Ordre, qu'on n'ose plus trop prononcer parce que trop significatif, est donc radicalement anti christique, tout en préparant la venue de l'Antéchrist. Cet humanisme se passe de la divinité, du moins de celle du Dieu Créateur, en substituant celle-ci par la mise en place du chef de la hiérarchie des dieux, attendu par toutes les religions qui se seront conciliées, voire réconciliées, pour «s'associer» en une seule. Religion syncrétique donc, basée sur le culte de l'homme, avec Lucifer réhabilité sur le trône de Pierre qu'il aura usurpé. Il n'est pas Dieu mais créature se présentant dans une parodie de l'incarnation du Verbe, qui trompera beaucoup de monde à cause de sa fausse lumière qui aura déjà infiltré la plupart des esprits. Ainsi donc la préparation à son couronnement est à l'œuvre et les OVNI, pour enfin en revenir à eux, y auront contribué pour leur juste part.

Ce qui, pour boucler la boucle, nous ramène au point de départ, à la «chute des anges», sachant que ceux-ci se situent, en quelque sorte, dans un univers hors de l'espace et du temps, rien ne les sépare des «extraterrestres» à eux... ces «dieux qui reviennent». Les initiés, à des degrés divers, leurs doivent d'avoir reçu une parcelle de leurs pouvoirs occultes par un pacte d'alliance, ce qui arrive aussi aux contactés d'OVNI, il n'y a pas de différence, ni en ce qui concerne les «channels»: le canal de relation ou «contact» avec «eux» est médiumnique, par l'ouverture des portes E.S.P. (Extra Sensoriel Perception). La «réception» ou «communication» implique l'état de transe, d'altération de la conscience, dénominateur commun des pratiques occultes, l'état hypnotique, d'autohypnose, procédant de ces pratiques, permettant de se mettre en résonance avec le «champ vibratoire» de la source, à laquelle se rattache toute initiation. La possession par une entité, c'est autre chose.

Une autre source relatant la «chute des anges» est un livre apocryphe. «Le Livre d'Hénoch», et en particulier le «Livre des Veilleurs.» Il nous apprend que la corruption de l'humanité à pour cause des Veilleurs du ciel qui, en s'unissant aux filles des hommes, leur apprirent «toutes les turpitudes de la terre» et rendirent manifestes «les secrets éternels qui s'accomplissent dans les cieux» (Hen. IX,6). Par «secrets éternels...» nous devons entendre les pouvoirs magiques, paranormaux. Ici une remarque s'impose, dans la correspondance du chapitre 4 de La Genèse; ces «Veilleurs», de nature spirituelle, ont dû prendre une forme matérielle pour s'unir aux «filles des hommes», ou tout au moins changer de nature. Ce qui est parfaitement possible, mais pour passer d'une nature spirituelle à une nature corporelle, il faut nécessairement une intervention dans le sein d'une créature mortelle, ce à quoi certains cultes sacerdotaux, magico sexuels, pratiqués notamment en Assyrie et Babylonie, auraient beaucoup à nous apprendre, mais cela nous amènerait trop loin. Néanmoins, en dehors de l'expérience connue de V. Boas, survenue au Brésil dans les années cinquante, nous connaissons des cas où il y a eu effectivement accouplement entre «extraterrestres» hommes et «terrestres» femmes.

Nous pouvons dégager de ces considérations, qu'en premier lieu d'un certain nombre d'anges déchus se mêlant aux humains, de leur union avec les femmes naissent des êtres de nature mi-humaine, mi-angélique, amenant la colère divine. Ensuite, ces anges déchus enseignent au genre humain, des secrets «éternels», magiques, allant dans le sens de la perversion, à travers certaines connaissances occultes, et la pratique de celles-ci, n'élevant pas l'homme vers son Créateur, mais au contraire lui offrent le moyen d'exercer sur ses semblables **un pouvoir de domination** qui va au-delà de l'humain. Rien de changé aujourd'hui dans la recherche des pouvoirs occultes qui sont effectivement un moyen de domination sur autrui: influences à distance, envoûtement, induction psychique, hypnose... transmis par ces mêmes puissances démoniaques. Il ne serait donc pas étonnant, vu l'engouement pour toutes ces pratiques aujourd'hui qui ressortent des vieux grimoires, que cette Puissance voit intensifier son action au paroxysme de l'apostasie permettant de manifester, au temps de la fin, l'Antéchrist qui sera l'incarnation même de cette Puissance luciférienne et satanique. Le but ultime et secret, en parodie du «millenium de paix», étant d'installer les conditions d'instauration de l'Empire des ténèbres, en intime alliance des puissances temporelles, en vue de dominer le monde. Certains lecteurs pourront sans doute sourire à cette idée, cependant, pas si loin de nous, qu'ils n'oublient pas cet idéaliste mystique, initié et membre de la Société secrète de Thulé, Hitler, qui, sous l'emprise de cette puissance qu'il incarnait, pensait instaurer le règne des mille ans du Reich. Mais, heureusement pour nous le temps n'était pas encore venu, néanmoins, c'est sur des ruines et des millions de victimes que cet avant-coureur de l'Antéchrist échoua. Initié à la Puissance occulte, il était investi d'une mission, à un moindre niveau, tous les contactés-missionnés des OVNI. Hitler était médium, les contactés le sont aussi; ils deviennent des instruments. Et le danger encouru est d'autant plus grand quand intervient une période de crises, comme l'Allemagne en 1938 et comme le sont beaucoup de pays du monde aujourd'hui. Ces forces obscures sont en action et cherchent à déstabiliser les anciennes structures, à remettre tout en cause, à donner de nouvelles valeurs, à changer le sens des mots, à modifier notre façon de penser, de manière à créer une nouvelle mentalité, inhumaine car froide et indifférente à la cause humaine. Une fois parvenu au paroxysme de la crise que nous traversons, tout sera prêt pour l'Avènement du «Grand Coup», afin d'établir le règne de la Bête qui établira sa domination mondiale avec les dix «rois». Les Ecritures doivent s'accomplir, seulement une prise de conscience pourrait retarder l'échéance... «Si le monde et la Russie se convertissent» nous avertit la Messagère de Fatima, vingt-neuf ans après Celle de La Salette.

# II

## A QUEL «SYSTEME D'UNIVERS» APPARTIENNENT LES OVNI?

Avant d'aborder cette question fondamentale, nous devons considérer que l'univers s'est construit sur deux plans de réalités différents: l'univers visible et invisible, naturel et surnaturel. Le terme «surnaturel» signifie «ce qui monte au-dessus du naturel». Il y a donc un ordre supérieur, surnaturel, au-dessus du naturel. Le terme «ordre» étant lui-même très significatif. En effet, l'univers n'est pas désordre, il répond d'un ordonnancement supérieur que la science, microphysique et astrophysique, commence seulement à découvrir, sans pour cela admettre l'existence d'une Puissance créatrice supérieure, c'est-à-dire ce que la Religion nomme communément Dieu.

Le premier verset de la Genèse dit: «**Au commencement** Dieu créa...» Hors du fait qu'il y a eu un commencement, et qu'il y aura donc une fin dans la création universelle, on peut dire que la matière est sortie du néant, du «tohu-bohu», du vide, exprimant la notion de création à partir du néant. Cette cause première de la matière a dû, au commencement, recevoir l'impulsion initiale d'une Intelligence qui la créa, suivant des lois physiques très fines et sages, permettant à cet univers de se maintenir dans un équilibre harmonieux de longue portée.

Le monde est donc gouverné par une super intelligence, connue sous le nom de Dieu, qui, Elle, est non créée, mais **créatrice universelle, de l'univers matériel et invisible**, et de toutes les créatures le contenant. Cette vision des choses est purement créationniste, et nous ne pouvons concevoir cette connaissance autrement; l'évolutionniste, s'y opposant radicalement, ne nous apporte aucun éclairage satisfaisant à notre entendement spirituel, du fait qu'il provient lui-même d'une construction ténébreuse, intentionnellement dirigée contre La Vérité biblique, nous faisant connaître le Créateur de toutes choses.

Avant donc il y eut un commencement, et il y aura forcément une fin, l'univers n'est pas éternel, à l'inverse de la notion habituellement connue de Dieu, qui n'a pas eu de commencement et n'aura pas de fin: - «Je suis l'Alpha et l'Omega, dit le Seigneur...» «Principe et fin» de tout ce qui existe (Apo. 1:8 et 21:6) - le Créateur est donc éternel, sans limites aucunes, agissant à tous les niveaux de la création, tant naturelle que surnaturelle.

En cette fin du 20ème siècle, la science commence à distinguer qu'à travers cette complexité de la matière et de la vie, il y a une Intelligence supérieure qui régit l'ensemble, d'une manière extraordinairement ordonnée. Cette interrogation fondamentale amène donc les scientifiques aux limites des perceptions «ultra-sensibles», de l'existence de Dieu, sans l'admettre véritablement. A savoir: l'origine de la création conciliable avec les textes génésiaques, de la matière elle-même, ce qu'elle est, à si à travers elle, le monde manifeste est lui-même conciliable avec l'existence de Dieu, de l'Esprit dispensateur de **Vie,** entre le monde des réalités sensibles et le surnaturel, imperceptible à nos sens usuels. Ces deux niveaux de Connaissance peuvent-ils être complémentaires ou distincts? En cela, nous pouvons déjà répondre par ce que Saint Paul écrivait aux Romains, que «Dieu lui-même s'est clairement manifesté. Depuis la création, ses créations **invisibles,** puissance éternelle et divinité, sont **par le moyen de ses œuvres,** rendues visibles à l'Intelligence» (Rom. 1:20).

Néanmoins, l'Ecriture nous instruit clairement sur la distinction à faire entre le royaume céleste et le royaume terrestre, entre le Ciel (non matériel) et la Terre (la création matérielle), entre l'univers invisible, spirituel, et visible, temporel. seul accessible à notre entendement intellectuel et à nos sens, mais que seule l'âme, par grâce, peut appréhender la présence surnaturelle, sachant que la lumière de Vérité est essentiellement cachée dans le centre intime de l'âme.

En vérité, la science ne fait que découvrir ce qui existe, en remontant à la Source de «ce Commencement». Quand Dieu s'est déjà exprimé aux hommes par les grands prophètes de l'Ancienne Alliance, et par Son Verbe incarné, en Jésus-Christ, dans la Nouvelle. Cet héritage divin reste dans le Livre des livres, répondant à toutes les questions.

L'Ecriture nous parle de deux niveaux fort différents de «substances», séparées de toute matière, purs esprits, et des substances que nous sommes: corps et âmes. Le corps est de «substance animale», fait de matière, et l'âme est spirituelle, faite à l'image du Créateur dans sa transcendance, «réveillée» du sommeil d'une vie naturelle à une vie surnaturelle. Dans le premier niveau de réalité, l'accent est mis sur l'esprit, sur le spirituel du surnaturel, univers composé de créatures ou intelligences que les textes bibliques appellent «anges». Quant à l'homme, il est d'une création particulière, composé d'esprit et de matière, intimement liés l'un dans l'autre, corps et âme, indissociables, **tant que le principe de vie qu'est l'âme anime l'ensemble**.

*«Dans ce monde invisible et inconnu qui côtoie et domine le monde visible connu, il se trouve un nombre incalculable d'anges bons ou mauvais, d'esprits qui ne sont pas indifférents aux grands phénomènes de l 'univers et dont la Providence ne manque jamais de faire ses instruments dans le gouvernement du monde.»*

*(«L'Imagination et les prodiges»*
*Mgr Elie Meric, 1905)*

Cette omniprésence dans notre univers physique, temporel, est connue de tous ceux ayant pu approcher la Réalité du monde, de la Connaissance, dès lors que l'âme est conduite à s'ouvrir à cette Réalité. Comment donc pourrait s'expliquer toutes les apparitions et manifestations du surréel, que ce soit dans le domaine religieux ou du paraphysique (préternaturel), incluant le phénomène OVNI, et sur lesquelles la science ne peut donner aucune explication? Pire, ces phénomènes rebutent les scientifiques, et pas seulement eux, pour ce qui relève du paranormal. Evidemment, ces manifestations sont étrangères à notre champ visuel limité, et sont exclusivement de nature spirituelle, provenant d'une «source vibratoire», invisible à nos sens, pour ce qui concerne le surréel paraphysique, issues d'un univers placé encore «au-dessus» de ce surréel paraphysique, car celui-ci ne se situe pas dans le naturel, tout en ayant la possibilité d'y interférer, du fait qu'il trouve son existence sur une «orbite supérieure».

Toutes les anciennes traditions évoquent ces relations avec l'invisible quelles que soient les contrées, adaptées à la psychologie et au contexte mental de l'endroit. Malgré les variantes, la nature des faits est identique. Certains parleront d'archétypes en fonction des croyances, mais cette explication jungienne n'éclaire aucunement l'aspect général de la question, réclamant une réponse plus satisfaisante, à la lumière du discernement spirituel de l'âme, puisqu'elle-même y recèle la réponse.

D'autre part, tout un enseignement nous a déjà été donné par de grands philosophes et théologiens, comme Bossuet, Saint Thomas d'Aquin, Saint Augustin; c'est la théologie, c'est la tradition, c'est l'universelle croyance du genre humain, tant combattue de nos jours par l'athéisme matérialiste. C'est reposer le savoir sur les limites de nos sens, au-delà la communication est coupée entre le sujet et l'objet. Cependant l'Intelligence, cette puissance de l'âme peut permettre de repousser ces limites, d'élargir notre perception. Mais entre le rationnel et l'irrationnel une barrière s'interpose. Nous avons deux cerveaux, faut-il faire fonctionner l'un plus que l'autre? Ou n'est-ce pas la partie spirituelle de l'âme qui doit s'ouvrir vers ses «dimensions nouvelles»? Le cerveau irrationnel ne peut-il fonctionner qu'à partir du réveil de l'âme sur le surnaturel? La réflexion sur ces questions fondamentales semble complexe. En fait, cette cécité fait notre ignorance, qui ne peut être éclairée que par la Connaissance de la Vérité, éternellement une et créatrice depuis le Commencement.

Qu'il existe en dehors de notre univers visible d'autres créatures plus intelligentes que nous, immatérielles, anges bons ou mauvais, ne doit donc pas nous heurter, vu que leur existence est relatée dans toutes les traditions, depuis la plus haute antiquité, et qu'elles sont connues et admises par tous les théologiens du christianisme ou d'autres religions. Nous retrouvons pratiquement à chaque page du Nouveau Testament, et dans l'Ancien, cette présence et cette intervention des créatures célestes, appelées «anges» ou «démons»; chacune de ces créatures paraissant avoir une fonction propre et certaines sont connues par leur nom - Gabriel, Raphaël, Uriel - laissant sans doute apparaître une hiérarchie céleste, suivant leur rayonnement, leur illumination propres. Mais comme la théologie et les textes bibliques nous révèlent qu' il y a de bons et mauvais anges, à l'instar des bons et mauvais «extraterrestres», dans notre conception psychologique actuelle, faut-il admettre que cette hiérarchie est la même dans les deux camps? Nous répondrons que oui, puisqu'à l'origine de leur création - bien avant celle de l'homme - ce sont les mêmes entités spirituelles.

L'existence d'un monde immatériel enveloppant de toutes parts notre monde matériel, le pénétrant jusqu'à ses ressorts intimes, l'existence des créatures spirituelles, célestes (anges de la Bible), avec la distinction irréductible entre esprits bons et mauvais, est une de ces vérités qu'on nomme **traditionnelles,** parce qu' elles se trouvent chez tous les peuples et qu'elles remontent à l'antiquité la plus reculée.

- La Grèce antique possédait son Panthéon des demi-dieux, sculptés sous les portiques de ses temples, comme ceux d'Egypte (Apollon, prince de la puissance de l'air),

- Les communautés indigènes croient aux esprits,

- Le chrétien y croit aussi, mais pour lui, la croyance universelle, grâce à la foi, est devenue une certitude. L'existence des anges est affirmée en une multitude d'endroits de l'Ecriture;

bien plus, ils entrent en scène, comme envoyés de Dieu à tout instant.

Dans la création, il existe donc deux sortes de créatures: la **spirituelle** et la **corporelle,** et l'homme - cet être à part - composé de l'une et l'autre (corps + âme spirituelle). Les textes sont formels et **toutes les traditions anciennes l'attestent:** l'existence du monde des esprits, vérité entrevue par la raison, vérité expérimentale, vérité traditionnelle, est une certitude et fait partie du dogme de la foi du croyant. Se référant à cette infusion de vie surnaturelle, Saint Augustin a dit de ces intelligences, cette belle parole:

*«Aussitôt faits, ils furent faits lumière.»*

Mais un drame cosmique eut lieu dans la «cour céleste», il y a eu dissidence; un certain nombre de ces intelligences s'est opposé à l'ordre divin harmonieux de la création, alors que peut-être le monde matériel n'existait pas encore. Ayant rompu leur relation avec leur Créateur, ces créatures s'enfermèrent dans leur propre cercle de lumière, pour ainsi dire, en conservant leurs attributs et puissance, éclairées par leur propre lumière, repliées sur elles-mêmes. C'est ainsi, nous apprennent les textes, qu'elles devinrent des «esprits ténébreux» - les révoltés - condamnés à une peine éternelle, à errer aux confins de l'univers infini; le monde des esprits mauvais que l'Ecriture appelle les «démons»: il y eut une révolte dans le ciel. La «chute des anges» est indiquée dans l'Apocalypse des «étoiles précipitées sur la terre, balayées par la queue du dragon » (Apo. 12:4). C'est-à-dire entraînées par le chef rebelle, Lucifer, l'une des plus belles créatures célestes que Dieu ait créées. «Il n'y eut plus de place pour lui dans le ciel» (Apo. 12-8), de là est surgi le monde des ténèbres, l'empire démoniaque (des déchus). Dans bon nombre d'anciennes traditions, tant occidentales, qu'orientales et asiatiques, il est question de cette chute de divinités célestes sur la terre. Ces divinités, privées de la gloire divine, sont devenues ténèbres opposées à Dieu et aux «anges» restés fidèles. L'unité a donc été rompue dans le Ciel avant qu'elle le soit sur la terre par la Séduction de ce même hiérarque de la hiérarchie céleste, auprès de l'homme. **Nous touchons ici au mystère d'iniquité**; le mal ne provient pas de Dieu qui est Amour et créait par amour, mais de la créature. Le dualisme provient de cette rupture d'unité originelle par la révolte angélique; en cela le Lucifer judéo-chrétien n'est pas un Dieu mauvais opposé à un Dieu d'amour, comme l'ont cru certains philosophes, mais un faux dieu, se présentant en tant que créature, comme s'il était Dieu. La créature n'est pas Dieu, elle émane de Lui. A partir de cette révolte céleste, **de l'ordre est sorti le désordre** dans l'œuvre de la création divine. Ainsi, le mal est-il entré dans le monde et y restera jusqu'à la fin des temps. Certains lecteurs peuvent sans doute se demander pourquoi une partie de la création du monde invisible a rompu l'harmonie unitaire. La réponse est toute simple: les œuvres de Dieu ne sont pas dépendantes d'un système totalitaire, rigide, rendant esclaves ses créatures. Celles-ci, en tant que volontés créées, possèdent une certaine autonomie par le don de liberté que le Créateur leur a remis. Seulement, cette liberté de la volonté créée, répond d'un ordre voulu par Dieu, selon Son propre dessein. La volonté créée peut refuser de fonctionner selon l'ordre divin. C'est ce qui se passa avec une partie des divinités célestes. Le mal provient d'une mauvaise gérance des lois que le Créateur avait placées afin de maintenir l'équilibre harmonieux de l'Ordre établi par Lui. En s'y opposant, en ne respectant pas ses lois, les volontés libres, à qui Dieu avait confié la gérance de cet ordre, provoquèrent un déséquilibre, en se mettant en quelque sorte en rébellion contre lui. Les forces du mal, des ténèbres, entrèrent ainsi dans le monde. Essentiellement moral, le mal est la négation, par une volonté capable de refus, des lois divines sur la création.

Il n'est pas essentiellement de notre propos d'épiloguer sur ce Mystère du Mal, mais il convient d'en bien saisir les tenants et les aboutissants, afin de mieux comprendre le drame dualiste, cette guerre spirituelle, dont notre humanité continue de souffrir, en attendant le jour de la délivrance. C'est-à-dire à la fin des temps, pour un temps, en attendant la fin du monde où le Mal, personnifié par le Serpent luciférien, sera définitivement éliminé, avec l'engloutissement des œuvres divines de la matière et du temps; le rouleau s'enroulera sur lui-même.

Nous aurions parfaitement tort, tout en nous induisant naïvement en erreur, si nous voulions donner des explications sur la base de concepts purement intellectuels et matérialistes, alors que ces mystères relèvent exclusivement du spirituel surnaturel. C'est ainsi, qu'en effectuant cette «intégration», de grotesques interprétations matérialistes ont été faites de la Bible, tandis que d'autres firent parler la lettre sans l'Esprit, alors que ces textes sacrés furent écrits sous inspiration divine de ce même Esprit. Sans le «grotesque matérialiste», il n'en résulte guère moins une interprétation erronée, de fausse lumière.

De cette évidence, dans notre démarche, nous ne pouvons concevoir un monde sans Dieu, d'un ordre aussi savamment réglé, ne serait-ce même qu'en ce qui concerne la mécanique céleste situant notre planète à l'endroit exact où elle doit se trouver pour que la vie organisée ait pu obtenir la moindre chance de se développer. Il en aurait fallu de très peu qu'elle soit trop éloignée ou trop rapprochée du soleil. La création est le fruit de la volonté immuable de Dieu, liant l'un et l'autre d'un **lien indissociable**. C'est de ce lien que la religion a pris naissance, du latin «religare» signifiant relier. C'est la religion qui relie l'homme à Dieu. **Cette réalité se trouve présente en l'homme**, qu'il soit matérialiste, athéiste ou religieux, dans sa quête incessante de perfection et de bonheur ressentie dans son intime personnalité. Cependant cette vérité, cette ascension de l'être, n'est accessible **que par l'esprit**, nous permettant d'être relié à l'Esprit de l'Être Éternel, Son Créateur.

A ce sujet, il est intéressant de conter ce qui suit:

«Une vieille légende hindoue raconte qu'il y eut un temps où tous les hommes étaient des dieux. Mais ils abusèrent tellement de leur divinité que Brahma (Dieu) le maître des dieux décida de leur ôter le pourvoir divin et de le cacher à un endroit où il leur serait impossible de le retrouver. Le grand problème fut donc de lui trouver une cachette.

Lorsque les dieux mineurs furent convoqués à un conseil pour résoudre ce problème, ils proposèrent ceci: «Enterrons la divinité de l'homme dans la terre». Mais Brahma répondit: «Non, cela ne suffit pas, car l'homme creusera et la trouvera».

Alors les dieux répliquèrent: «Dans ce cas, jetons la divinité dans le plus profond des océans».

Mais Brahma répondit à nouveau: «Non, car tôt ou tard, l'homme explorera les profondeurs de tous les océans, et il est certain qu'un jour, il la trouvera et la remontera a la surface».

Alors les dieux mineurs conclurent: «Nous ne savons pas où la cacher car il ne semble pas exister sur terre ou dans la mer d'endroit que l'homme ne puisse atteindre un jour».

Alors Brahma dit: «Voici ce que nous ferons de la divinité de l'homme: nous la cacherons au plus profond de lui-même, car c'est le seul endroit où il ne pensera jamais la chercher».

Depuis ce temps-là, conclut la légende, l'homme a fait le tour de la terre, il a exploré, escaladé, plongé et creusé à la recherche de quelque chose qui se trouve en lui.

L'univers est à la fois spirituel et matériel, mais l'élément moteur de l'existence, de l'univers créé est l'**esprit,** de l'univers invisible, imperceptible à nos sens psychiques, néanmoins accessible à notre esprit, une fois l'âme «ouverte» à son influence, et que par conversion le lien rompu à l'origine de la chute originelle, puisse être renoué. Genèse I nous dit: «Au Commencement Dieu créa le ciel et la terre, les ténèbres couvraient l'abîme, l'Esprit de Dieu planait sur les eaux. Et Dieu créa... **l'ordonnancement complet de la vie sur la planète, suivant un ordre chronologique parfait** et l'homme en dernier. La création terrestre lui était destinée en devenant roi de cette création. Aujourd'hui il la saccage, la pollue, condamnant aussi son milieu, lui-même et sa progéniture, en déclenchant toutes sortes de calamités; descendu dans les ténèbres de son ignorance, il n'en connaît plus les lois et n'en respecte donc plus le fragile équilibre de l'ordre.

Nous savons désormais que l'Être Eternel qu'est le Créateur, a engendré différents niveaux d'évolution de conscience dans la création, par-dessus lesquels l'homme **possède une place**

**privilégiée**. C'est ce que nous révèle la Genèse de la Bible. Ici le récit génésiaque nous décrit les principales étapes du processus créatif, en nous mettant en présence de trois grandes révolutions qui successivement s'accomplissent:

- La création **de la matière**
- La création **de la vie**
- La création **de l'homme.**

Mais revenons au monde de l'invisible. Sachant que le monde visible, de la matière, est fait pour l'homme, non pour l'isoler du monde surnaturel, car Dieu s'est plu à se manifester lui-même à l'homme d'une manière spéciale, l'élevant au-dessus de sa condition naturelle et lui révélant les plus sublimes vérités de l'ordre surnaturel. Si cela n'était, comment donc les grands prophètes comme Jérémie, Ezéchiel, Zacharie, Isaïe, Daniel... auraient-ils pu percevoir et rapporter, suivant les conceptions intellectuelles de leur temps, des évènements prophétiques **pour notre temps,** l'essentiel étant déjà accompli ou en cours d'accomplissement. C'est ici, en particulier, que s'ouvre le vaste champ ou, par ordre divin, le pouvoir angélique, du monde spirituel, se déploie sur les éléments de la matière. Car si le spirituel peut agir sur la matière, la matière, quant à elle, ne peut rien, même à son état vibratoire, ou, comme nous le verrons, l'Energie-matière - contrairement à ce qu'avancent certains partisans de la mécanique quantique - ne peut aucunement s'intégrer au monde de la surnature; ce sont deux états séparés très différents de l'invisibilité. L'un est dans le «champ du monde», l'autre hors de ce champ, situé «au-dessus».

Concernant notre univers temporel, dont l'immensité infinie du champ des étoiles nous laisse contemplatifs durant les belles nuits d'été, il est en mouvement depuis sa création - depuis la Nébuleuse, en passant par les systèmes planétaires et ceux des atomes - soumis à des lois bien précises, fonction des masses et des déplacements, dépendant des mouvements, donc de l'**espace et du temps;** la fonction temps joue donc un rôle essentiel dans l'œuvre créatrice temporelle, tandis que la notion **d'éternité** ne l'inclut pas. Il est dit qu'il n'y aura plus de temps quand s'accomplira la prophétie de l'Apocalypse:

*«Alors l'Ange que j'avais vu sur la mer et sur la terre, leva la main droite vers le ciel et jura par Celui qui vit aux siècles des siècles, qui a créé le ciel et les choses qui y sont, la terre et les choses qui y sont, la mer et les choses qui y sont, qu'il n'y **aura plus de temps,** mais que le jour où le **septième ange** ferait entendre sa voix en sonnant de la trompette, **le mystère de Dieu serait consommé,** comme l'ont annoncé les prophètes».*

*(Apo. 10.5-7)*

La prophétie mentionne ici les temps eschatologiques, l'établissement définitif du Royaume de Dieu, marqué par la destruction de l'ancien ordre des choses, dominé par Satan et son système mondial totalitaire: le «septième jour», celui du «Sabbath» où le facteur «temps», synonyme de corruptibilité et de limitation, aura disparu. Le «septième jour» achève le monde en quelque sorte. En lui s'accomplissent les six phases du temps présentées symboliquement comme six millénaires, périodes de temps assimilées aux six premiers jours de la Création, **le septième étant la phase du retour à l'unité primordiale, au centre, de l'alpha et de l'oméga, le «Jour du Seigneur» n'incluant plus le facteur «temps».** En cela, la période des «mille ans» ne peut donc être que symbolique d'un cycle cosmique, déterminé par Dieu seul pour qui un jour est comme mille ans.

La place de l'Evolution apparait comme un phénomène limité dans le temps, déterminé par l'existence de trois principes irréductibles qui se situent sur des plans différents: **la Matière, la Vie, l'Esprit.** L'évolutionnisme peut d'ailleurs se concevoir que dans les frontières du monde créé. Cette évolution limitée est en même temps une évolution **dirigée** qui se déroule suivant un **plan,** ce qui n'exclut certes pas un certain «principe de liberté» ou «d'indétermination», que d'aucuns prennent justement pour le jeu incontrôlé et limité du hasard (Jean Rostand). Ces quelques points de réflexion ne font que souligner l'actualité du récit biblique de la création, aucunement dépassé par les «théories modernes». Par ailleurs, il est également écrit que les temps de la fin des temps seront marqués par des prodiges qui feront croire à la «transcendance de l'homme» et à son «auto transformation». C'est bien ce que nous laissent entendre aujourd'hui la spiritualité du New Age, incluant le Nouvel Ordre Mondial, et ce nouveau mythe moderne des «extraterrestres créateurs de l'humanité», dont nous serions les descendants. Autrement dit, la créature déifiée à son sommet le plus élevé, se substituant au Créateur, la créature à la place du Créateur. Nous retrouvons bien là «l'Ange rebelle», aveuglé par l'orgueil qui a déjà provoqué sa chute.

Sous ce même aveuglement, le mouvement évolutif actuel, en vogue depuis déjà au moins deux ou trois décennies, concourt à s'efforcer de réunir science et religion, ou mieux de concilier Dieu à la matière, selon une nouvelle «métaphysique», prétendant également rompre les frontières entre l'esprit et la matière. L'idée n'est pas nouvelle, mais aura germé dans le creuset de cette métaphysique moderne reprise par un certain nombre d'écrivains scientifiques et philosophes, considérés comme croyants, nous conduisant ainsi - comme dit précédemment - sur les bases des connaissances (et non de La Connaissance, comme on l'entend dire maintenant, au même titre que l'Initiation, employée à toutes les sauces) scientifiques de la mécanique quantique, à considérer Dieu dans la partie la plus impalpable de la matière. Au-delà des limites observées jusqu'alors de l'atome, c'est-à-dire au stade **ou matière et énergie se confondent au niveau vibratoire** et n'ayant plus de «masse matérielle» possible, mesurable. A ce stade de l'infiniment petit, impalpable, la particule matérielle se confond à une onde porteuse, sans substance, mais ordonnée et insaisissable. On en est donc rendu à l'impossibilité de séparer matière et non matière. C'est cette non séparation entre matière et vibration ordonnée qui lui donne forme et qui semble donc maintenant établie par la physique moderne. L'ancienne idée d'un matérialisme scientifique tend donc à s'écrouler au profit «d'un matérialisme spiritualiste», encore à définir, mais qui tend irrémédiablement à réconcilier la science avec les philosophes, Dieu et la science, suivant une nouvelle vision théologique du monde physique aux frontières de l'invisible, gouverné par un ordre intelligible. Mais peut-on réellement associer l'ordre naturel de la création à l'ordre surnaturel de l'Eternité? Et encore, d'une autre manière, confondre la créature au Créateur, l'unité dans la dualité? Certainement pas, vu que la créature est sortie du Créateur, et le dualisme de l'unité. Malheureusement cette idée fait son chemin, sous couleur de vérité, s'associant non sans raison, aux conceptions newageuses. Enfin, au terme du combat dualiste, dont nous sommes l'enjeu depuis la chute originelle, la Vérité seule sortira du puits et rejoindra son unité. C'est pour cela que seul un tout «petit reste» demeuré fidèle à Dieu, par amour de la Vérité, et dans l'Esprit de cette Vérité, pourra passer par la porte étroite. Beaucoup d'appelés et peu d'élus.

L'intrusion de la physique avancée dans l'infiniment petit, plus petit que l'atome, à l'intérieur même du noyau de l'atome composé de particules, animées de mouvements vibratoires ordonnés, nous fait découvrir, à un certain stade, que la matière n'est plus décelable en tant que «masse matérielle» proprement dite, mais se confond avec un «champ de force vibratoire». Ce qui reviendrait à dire qu'à son niveau le plus subtil (état initial?), elle n'est plus perceptible en tant que «corps-matière», mais en tant que «champ vibratoire» ou «énergie-matière». Rien de comparable ici avec l'énergie nucléaire dégagée par fusion ou fission de l'atome, qui est une énergie de mort, difficilement contrôlable et dont les déchets des «radioéléments» posent de graves problèmes pour l'environnement de la Vie: celle-ci étant utilisée à son état le plus primaire, entendons, dans le sens d'une combustion thermonucléaire, comparable à celle de notre soleil, encore que cette énergie n'a pas été domestiquée, sauf à l'état de piles ou de centrales, avec toutes les difficultés et inconvénients que cette technique comporte.

Plus exactement, le domaine des «champs vibratoires» nous amène à percevoir l'**univers secret de la matérialisation et dématérialisation de la matière** et avec cela, l'étendue du pouvoir angélique sur la matière. Sachant, d'autre part, par l'étude théologique des anciens textes, que les intelligences qui se meuvent dans l'univers céleste, non physique, possèdent une connaissance des lois physiques et chimiques dépassant de beaucoup notre connaissance, et que d'autre part, leur puissance sur la matière est d'une si grande étendue, nous pouvons être sûrs qu'il existe un phénomène ou prodiges qu'elles ne peuvent produire d'une manière ou d'une autre. Cependant, la production de tels phénomènes ou «manifestations inexpliquées», tout aussi surprenants qu'ils soient à nos yeux, ne sont jamais que l'**apparence** de miracles; en vérité de faux miracles. Pourquoi? Tout simplement, parce que ces «constructions matérialisées» dans notre champ de perception, surpassent les forces de l'univers visible, elles ne surpassent pas en réalité cette puissance angélique, tandis que le miracle appartient exclusivement à la puissance divine, dépassant toutes les forces de la création, de la nature visible aussi bien que l'invisible. En guise d'illustration rappelons-nous les prodiges accomplis par les magiciens du Pharaon (Exode VII) et Moïse: ce fut finalement le bâton de Moïse, transformé en serpent, qui avala les serpents des magiciens égyptiens, entre multiples autres prodiges. **Cette puissance angélique se limite donc à l'ordre naturel** et ne peut s'exercer qu'en intervenant sur la matière, en manipulant cette «énergie-matière» dont nous parlions précédemment. Nous reviendrons sur cette question.

Dans un proche avenir, il n'est pas exclu que les futures découvertes de la physique avancée iront dans ce domaine micro-vibratoire de la matière - que la fiction a déjà mis en action - dont on soupçonne encore mal jusqu'où celles-ci pourraient nous mener, et ceci en dehors des armes électromagnétiques déjà en application. Est-ce à dire que le temps vient où l'intelligence humaine pourra pénétrer dans le secret des forces irrationnelles, dans l'univers interdit des puissances de l'invisible? Cette pensée que la science puisse rejoindre la magie des forces naturelles nous donne le vertige; l'Eternel en a fixé ses limites. Seulement ces «limites» sont largement repoussées pour les intelligences célestes situées sur une orbite supérieure à celle où nous évoluons, étant capables quant à elles, d'agir sur la matière, l'espace et le temps. C'est en jouant sur ces paramètres que certaines de ces intelligences manipulent le phénomène OVNI, fixées sur ce «système d'univers», connu depuis des temps immémoriaux, s'inscrivant aujourd'hui dans le paranormal.

Ces réflexions nous reconduisent auprès des OVNI eux-mêmes, dont nous connaissons les possibilités extraordinaires de transformations mimétiques au cours de leurs manifestations. C'est, sans aucun doute, par cette manipulation de «l'énergie-matière» des champs vibratoires, que les intelligences non humaines parviennent à «créer» des formes ou objets matérialisés. Nous mettons créer entre guillemets, car en vérité ces intelligences ne peuvent créer du néant - seul Dieu le peut - elles agissent donc **par transfert.** Peut-être même qu'à partir d'une molécule, d'une cellule vivante, elles peuvent opérer une «construction matérialisée» par génération spontanée. Quant à la mise en circuit des «humanoïdes-robots» vus généralement près des OVNI, il n'est pas non plus en dehors des possibilités des intelligences célestes, d'emprunter certains éléments du vivant, à des animaux ou même à des hommes vivants (ici on ne peut s'empêcher de penser aux mutilations d'animaux, survenues aux U.S.A. dans les zones fréquentées par les OVNI, au cours des années soixante-dix, et des trafics de fœtus humains, rapportés, toujours des U.S.A., par certains ufologues).

On conçoit avec effarement jusqu'où cette conception des «choses cachées au monde» pourrait nous mener. Assurément, nous le verrons, l'extension de ces manifestations prodigieuses nous dirige dans le cours des évènements de la fin des temps. Elles s'inscrivent parmi les signes avant-coureurs de ces évènements:

*«Dans les temps à venir (les nôtres) certains abandonneront la foi, pour s'attacher à des esprits séducteurs et à des doctrines diaboliques, enseignées par d'hypocrites imposteurs».*

*(I-Timothée 4:1-2)*

Depuis le début du vingtième siècle, et plus intensément depuis la fin de la Seconde Guerre mondiale, les «anges rebelles» sont sortis du «puits de l'Abîme» (Apo. 9) maintenus jusqu'ici dans leur univers agathien, et libérés, pour venir séduire les hommes qui ne sont pas marqués du sceau de Dieu sur le front.

# LES OVNI DE l'APOCALYPSE

Il est certainement vain de tenter d'éclairer les esprits enténébrés par ces «illusions puissantes qui feront croire au mensonge».

C'est exactement ce qui se passe avec le «mythe extraterrestre, créateur d'humanités», propulsé par tous les tenants de l'ufologie, artisans du mythe, rejoints par la cohorte grandissante des «contactés», agents de l'occulte, victimes d'une manipulation démoniaque, à cause de leur naïve ignorance du monde spirituel, et sans doute aussi à cause de leur cécité, fortifiée par la fascination attractive de l'occulte. Néanmoins, il est toujours possible qu'une parcelle divine vienne percer ces ténèbres, ce qu'espère l'auteur de ces lignes. Cela dit, à cause du fait que la vérité est généralement mal reçue, s'opposant à des blocages psychologiques conditionnés, surtout quand on associe l'Apocalypse aux OVNI. Pourtant, l'esprit éclairé le sait, nous vivons bien aujourd'hui les temps de la Révélation où tous les signes-évènements et prophéties bibliques, annoncés il y a deux mille ans et plus (de l'Ancien Testament), sont dans leur accomplissement final.

A ces forces d'obscurité et d'aveuglement s'adjoignent celles de la contre-tradition, la transposition de l'eschatologie biblique, du prophétisme sacré et chrétien à l'ésotérisme gnostique, encore qualifié «d'ésotérisme chrétien». Ce courant contre-traditionnel s'aligne sous le signe zodiacal du Verseau, des «nouvelles influences spirituelles», déversées sur le monde, par l'âme d'Andromède. André Malraux avait prophétisé que le 21ème siècle serait spirituel. Certes, nous n'avons guère de difficultés pour comprendre de quel esprit il sera. La véritable foi chrétienne aura disparu des sanctuaires depuis longtemps. Certains intellectuels médiatiques prétendent que Dieu a disparu dans le monde moderne, qu'il s'est humanisé (au contraire, on pourrait dire que c'est l'homme qui s'est divinisé, déifié) et qu'il faudrait alors inventer un autre Dieu. Quel bel exemple d'ignorance et d'athéisme! Notre orgueil démesuré qui prétend tout savoir! C'est le vide, la confusion au paroxysme, la sècheresse de l'âme. Comment s'en étonner? Le drame que nous vivons présentement est d'ordre spirituel, il provient essentiellement de la désaffection de l'Eglise depuis la décennie des années soixante. En effet, le Concile de Vatican II s'est terminé en 1965; depuis ce temps il n'y eut plus dans l'Eglise de règle de la foi; il y eut rupture avec la Tradition, elle s'est humanisée, ou plus exactement mondialisée; elle ne va plus au Christ mais au monde. C'est ainsi qu'elle n'accomplit plus sa mission, mais **pactise avec l'esprit du monde** soumis au maître occulte; elle tombe sous la condamnation de la «Grande Prostituée» décrite par Saint Jean dans son Apocalypse, au chapitre 17:

*«Je vais te montrer le Jugement de la Grande Prostituée qui est assise sur des eaux nombreuses, avec laquelle les rois de la terre se sont prostitués, de sorte que les habitants de la terre se sont enivrés du vin de la prostitution...»*

*(Apo. 17:2)*

Ainsi privées de Guide, les règles de la foi n'étant plus respectées, c'est le désarroi parmi les chrétiens, en même temps qu'une porte ouverte aux sectes. D'où l'infiltration des «fumées de Satan» à l'intérieur des lieux saints, l'abomination et la désolation. De cette désaffection ecclésiale, c'est le désert spirituel dans les âmes. Tout se meurt, tandis que les anciens dieux resurgissent. Ce désastre était annoncé par le Christ dans son discours apocalyptique sur la fin des temps, citant Daniel:

*«Alors donc que vous verrez l'abomination de la désolation... dans le lieu saint...»*

*(Mat. 24:15)*

Ce qui était également contenu dans le Message de La Salette du 19 septembre 1846. A savoir:

*«Dans l'année 1865, on verra l'abomination dans les lieux saints...»*

En fait, il y aurait ici une erreur sur la date, selon l'Abbé Grumel qui a savamment étudié le Message de La Salette, dans «l'Apocalypse de Notre-Dame», c'est bien l'**année 1965** qui aurait dû être écrit. L'erreur commise par Mélanie Calvat serait due au fait d'une transgression de l'ordre de la Vierge Marie, en écrivant Le Secret avant l'année 1858, elle a ainsi erré sur une date. D'autant plus, que si le travail de sape s'est opéré dans l'Eglise et dans le monde, il n'a pu se faire **que progressivement.** Il le fut en un siècle, de 1864 à 1965. En effet, antérieurement, le Message de La Salette précise: «En l'année 1864, Lucifer avec un grand nombre de démons seront détachés de l'enfer, ils aboliront la foi peu à peu...», répondant ainsi à l'Apocalypse de Saint Jean, à la Cinquième trompette:

*... Alors j'aperçus un astre (ici le mot «astre» désigne un «ange déchu», peut-être Lucifer lui-même) qui du ciel avait chu*

*sur la terre. On lui remit la clef du puits de l'abîme (du monde des ténèbres, souterrain, de l'enfer). Lorsqu'il entrouvrit ce puits, il en monta une fumée comme celle d'une immense fournaise (très certainement relatif aux ténèbres spirituelles qui vont recouvrir le monde), et de cette fumée des sauterelles se répandirent sur la terre (...) On leur recommanda de s'en prendre seulement aux hommes qui ne porteraient pas sur leur front la marque (ou le sceau) de Dieu ( ... à leur tête, comme roi, elles ont l'ange de l'Abîme, il s'appelle en hébreu «Abaddon» et en grec «apollyon».)*

«Apollyon», ou Apollon dieu solaire, est la principale divinité du panthéon des dieux grecs, fils de Zeus, le destructeur correspondant au Lucifer judéo-chrétien. Il fut également demandé aux «démons-sauterelles» de ne pas tuer mais de tourmenter, assurément il s'agit de «tourments spirituels». C'est exactement ce qui se passe avec les scénarios d'OVNI, se jouant de la naïveté de leurs victimes, en leur faisant du «cinéma paranormal», laissant entrevoir une action sur les zones secrètes de l'inconscient du cerveau. Sur quels critères ces entités démoniaques («extraterrestres» dans la conception ufologique) peuvent-elles ainsi intrusionner? Pour le savoir, il serait sans doute intéressant de connaître le concept spirituel de la personne incriminée, sinon elle, ou son ascendance, n'aurait pas «pactisée» avec des pratiques psychiques, aussi anodines soient-elles, pour le peu qu'elle s'en souvienne. Dans ce cas un lien occulte serait établi avec les puissances de l'invisible. «De s'en prendre seulement aux hommes qui n'auraient pas le sceau de Dieu sur leur front» certainement ceux qui n'auront pas été baptisés. Mais le front désigne encore la pensée, cette puissance de l'esprit, de l'âme, pouvant aussi signifier ceux qui n'auront pas la foi.

C'est précisément à cause de cette disparition de la foi, que les «anges-démons», sauterelles de l'Apocalypse, s'en prennent aux hommes et envahissent le monde - l'autorité leur en étant donnée - «les envahisseurs» ont donc commencé à sortir ouvertement de leur antre depuis 1864. Effectivement, dès la fin du 19ème siècle, des «vagues» d'apparitions d'OVNI (notamment en 1896-98) se firent jour, et connaître par la presse. Puis, pendant la Seconde Guerre mondiale, pris pour des «armes secrètes» dans les différents camps. Et en 1945, deux années après, ceux-ci entrent dans l'actualité mondiale, le 24 juin 1947, jour de la fête de Saint-Jean Le Baptiste, précurseur du Christ, étant eux-mêmes précurseurs de l'antéchrist. Quelle ironie! Mais l'adversaire signe toujours dans cette contrefaçon. Depuis, ce phénomène qualifié d'OVNI, après avoir été désigné de «poêle à frire sans queue» (soucoupes volantes), se «matérialisa», cinquante ans après, dans le mythe moderne «extraterrestre»; et selon les messages de ces entités auprès de leurs contactés, «sauveurs de l'humanité...» à la place du Christ Rédempteur. La contrefaçon est complète. Les anges déchus d'antan ne viennent plus du «ciel de l'enfer», mais du ciel bien matériel, plus adapté à notre psychologie matérialiste actuelle. En ces temps de «crises», l'espoir vient du Ciel, à savoir: «nous ne sommes pas seuls dans l'univers» (La pluralité des mondes habités).

En fait de crises provoquées, après celle du pétrole des Emirats arabes, en 1972, c'est ici plus véritablement d'une crise spirituelle qu'il s'agit, car «la foi a quitté les sanctuaires». D'où le déclin moral et spirituel, amenant l'irrespect, la violence, la destruction: le déclin tout court de notre société. Ce phénomène de crises aboutira inexorablement a une crise globale, planétaire, qui se terminera par «Le Grand Coup» annoncé par les prophéties privées, après le risque d'un conflit mondial, «inscrit» lui-même dans les grandes prophéties bibliques, notamment ce fameux conflit de «Gog du pays de Magog» contre Israël; peuples désignés au-delà du Caucase, «ennemi venant du nord» (par rapport à Israël) ou d'un «ennemi du Septentrion» (Jérémie 1: 12-15, Ezéchiel 1:4, Daniel 11, Joël 2:20). S'agirait-il de la Russie avec la coalition des pays arabes, de la Syrie, du Liban, de l'Irak, ennemis d'Israël? Les évènements actuels pourraient laisser présager ce scénario (A ce sujet, on lira avec profit: «Demain l'Apocalypse» de J.P. Neyhousser). Ce conflit mondial découlerait directement de la crise globale dans le monde, après toutes les tentatives désespérées de régler les problèmes localement, d'imposer la paix en Israël, cette «pierre d'achoppement pour toutes les nations». Cette crise de la foi est le drame annoncé par l'Apocalypse de Saint Jean, ayant pour conséquence de faire surgir les «sauterelles-démons du puits de l'abîme», se lançant à l'assaut de cette démission de la foi, tant des sanctuaires intérieurs qu'extérieurs. C'est pourquoi, en ultime avertissement, les apparitions de Notre-Dame de La Salette (1846) et de Fatima (1917), sont venues nous le rappeler, avec l'espoir d'un dernier recours possible de la sentence, mais hélas, l'Eglise est restée sourde, car déjà investie par l'ennemi. Les deux voyantes, ont été isolées dans un monastère; le Secret de Maximin (La Salette) n'a jamais été connu. Toutefois, **la cause** de ce châtiment sur l'humanité provient de cette crise de la foi, due à la «désorientation diabolique», également contenue dans ce troisième Secret de Fatima. La cause en est encore «La Grande Prostituée, revêtue de pourpre et assise sur les sept collines» (Apo. 17), au service du monde, du pouvoir, de la finance internationale, ainsi servir un humanisme, coupant l'homme de sa filiation divine. En cela le troisième secret de Fatima répond à celui de la Salette, engageant la perte de la Foi jusqu'au plus hauts sommets de la hiérarchie de l'Eglise, ce qui relève de l'apostasie générale, précédant la mise en place d'un système universel totalitaire de l'antéchrist.

Il s'agit bien de l'Eglise romaine qui, étant mise en cause dans ces avertissements mariaux, ne pouvait qu'occulter la Vérité. Car, déjà, peu à peu, dès l'année 1864, les puissances démoniaques sortaient du «puits de l'abîme»: Or, la Première Internationale marxiste fut fondée à Londres le 28 septembre 1964, répondant, à la suite de la Révolution bolchevique de 1917, et par l'athéisme, ses «erreurs dans le monde». Faits accomplis de nos jours. La phase finale, n'est pas loin, elle serait plutôt imminente. Les OVNI de l'Apocalypse (pris non plus dans son véritable sens, mais dans son ambivalence = destruction), auraient-ils cette témérité de venir en «sauveurs», mandatés et accompagnés par leur maître occulte, se dévoilant à la face du monde pour la circonstance: l'antéchrist, Lucifer, incarnant, en parodie du Verbe divin, un corps humain, investi de la puissance angélique», opérant de faux miracles, capables de séduire les élus eux-mêmes.

En cela, la contre-tradition travaille aussi en son endroit, parmi les traditionalistes, précisément, où dans cet état de crises, le mythe du Grand Monarque apparu au cinquième siècle de notre ère, resurgit de nouveau, colporté par tout un courant religieux et royaliste, attendant que le prétendant, Henri V, prenne place sur le trône, après le chaos mondial. Viendraient ensuite les 25 années de paix (La Salette) que certains interprètent confondues au «millenium du Septième jour». Après quoi, les démons de l'air, enchaînés durant ce temps, seraient de nouveau lâchés avec l'antéchrist. Nous craignons bien que ce mythe monarchiste réponde d'une nouvelle astuce luciférienne, de manière à tromper les derniers fidèles à la Tradition, non éclairés par l'Esprit de l'Evangile. Ce règne monarchiste des 25 ans de paix, du cycle prophétique du Grand Monarque, appartient aux prophéties privées; elles sont à résonance politique, altérées, déviées. Ce «cycle monarchique» ne peut être que faux, car l'antéchrist, selon Saint-Paul, surgirait au moment où l'apostasie - de l'Eglise et des nations - parviendra à son paroxysme: il **faut d'abord que vienne l'apostasie** (les temps actuels sont bien ceux de l'apostasie, de la perte de la foi, engendrant le déclin du christianisme intégré dans un syncrétisme religieux et œcuménique; modèle parfait de la future religion universelle antéchristique.)

Il ne semble guère possible de passer ce «Septième jour» sans une profonde transformation, restauration, du monde actuel, de l'homme et de la nature, attendant dans la condition présente, déchue, l'Espérance du Jour de la délivrance, souffrant dans cette attente. L'Apocalypse ne nous parle pas d'un Monarque, assisté d'un Grand Pontife, mais d'un «Roi des rois et Seigneur des seigneurs» (Apo. 19-16) Les armées du ciel (angéliques) le suivaient sur des chevaux blancs (symbole de pureté)... C'est Lui qui foule dans la cuve le vin de l'ardente colère de Dieu (ici, l'image du pressoir symbolise l'extermination par Dieu des ennemis de son peuple, au «Grand Jour de sa colère». **Le Jour de l'Éternel,** de Yahvé). Le millenium dont il est question dans l'Apocalypse (v. 20) ne prône pas un règne monarchiste de paix avec un monarque humain, comme l'étaient les rois de France, «lieutenants du Christ sur terre», mais bel et bien avec «le Roi des rois, Seigneur des seigneurs», c'est-à-dire avec le Christ glorieux, dans son second avènement. Avec lui «tous ceux qui refusèrent d'adorer la Bête (l'antéchrist, venant donc avant et non après les mille ans), et son image, de se faire marquer sur le front ou sur la main: **ils reprirent vie et régnèrent avec le Christ mille années»** (Apo. 20:4). Il s'agit donc bien d'une terre transformée, restaurée, dans son état originel, d'avant la Chute.

Le Mal, source de la corruption et de la déchéance, étant vaincu au cours du Grand Combat eschatologique, n'est plus. Les Justes, «de la première résurrection» (Apo. 20:5) et ceux vivant l'Evènement, transformés, règneront pendant ce millenium, du septième jour, avec le Christ, Le Véritable Monarque, tel que l'Apocalypse nous le mentionne. Peut-on mettre en doute la Parole divine? Vaut-il mieux risquer son Salut éternel à écouter des fables? Il va s'en dire que le mythe du Grand Monarque s'appuie sur la restauration de l'empire romain ressuscitée par les dix rois qui s'allieront, pour une heure (un court temps = 1260 jours ou 3 ans 1/2) avec la Bête (antéchrist). Ces dix rois-états pourraient être cinq états d'Occident et cinq états d'Orient, à l'image des cinq doigts de chaque pied de la statue de Nabuchodonosor, interprétée par Daniel, et correspondant encore aux dix cornes couronnées de la Bête de l'Apocalypse.

Quitte à courir le risque de sortir de notre propos, il est utile d'ouvrir ici une parenthèse sur la chronologie prophétique, cette brève intrusion dans les textes nous permet d'avoir des points de repères par rapport à la crise mondiale de la période actuelle. A la suite, nous verrons que Le Message de la Salette se rapporte à l'Apocalypse de Jean. Nous devons considérer, entre ces points de repères, l'existence «d'années clés» dans le cours de cette chronologie, comme étant des étapes marquantes.

Ainsi, par exemple, après la fin de la Seconde Guerre mondiale, la charnière 1947-48 ouvre une «nouvelle ère» dans l'hégémonie mondiale: 1947, cette année se trouve marquée par l'actualisation des OVNI (signes dans le ciel et sur la terre) et par la découverte des rouleaux (cachés depuis près de 2000 ans) de Qumran, à proximité de la Mer Morte, en Israël, juste au moment où l'état juif est en reconstruction (1948). Cette étape marque aussi **la fin du temps des nations,** il était donc logique

que les OVNI ouvrent, en tant que signes du ciel, cette ère nouvelle sur le mondialisme. A partir de cette étape, la situation mondiale va être liée avec Israël qui, rappelons-le, représente une «pierre d'achoppement pour les nations». La plupart des prophéties concernant Israël se sont soudainement accomplies pour préparer la phase finale jusqu'au dernier conflit mondial, que nous sommes en droit d'attendre d'ici peu, selon ces prophéties. A ce sujet, il suffit de lire Esaïe 11:11-12, Amos 9:14-15. Et c'est Jérusalem qui en sera le centre, en marquant «Le Jour de l'Eternel», à la suite du «Grand Coup» annoncé par les prophéties privées. On peut prévoir qu'une coalition mondiale - les dix nations alliées à l'antéchrist avec certains pays arabes du Moyen-Orient, se liguera contre Israël, **à cause de Jérusalem.**

*«Voici je ferai de Jérusalem une coupe d'étourdissement pour tous les peuples d'alentour, et aussi pour Juda, dans le siège de Jérusalem. En ces jours-là, je ferai de Jérusalem une pierre pesante pour tous les peuples»*

*(Zacharie 12:2-3)*

*«En ce jour-là, je m'efforcerai de détruire toutes les nations qui viendront contre Jérusalem. »*

Et concernant la nation d'Israël, proclamée en 1917 et **devenant effective en 1948:**

*«Jérusalem sera foulée aux pieds par les Gentils (nations) jusqu'à ce que les temps des Gentils soient accomplis.»*

*(Luc 21:24)*

Ce dernier évènement marque ainsi l'accomplissement de la prophétie d'Ezéchiel (et d'autres) qui remonte à plus de 2500 ans:

*« Car je vous retirerai d'entre les nations, je vous rassemblerai de tous les pays, et je vous ramènerai dans votre terre. »*

*(Ezéchiel 36:24)*

Cette reconstruction d'Israël sur la « Terre Promise » répond au plan divin, depuis la vocation d'Abraham (Gen. 8). Ceci montre, d'une part, l'exactitude des prophéties et, d'autre part, *l'importance d'Israël au cœur des évènements eschatologiques et au centre des nations dans le temps de fausse paix actuel, jusqu'à ce que la boucle se boucle à Jérusalem, à la suite du dernier conflit mondial.* Quoi qu'il en soit 1948 semble bien marquer la fin du temps des nations et l'ouverture sur l'internationalisation des affaires du monde, **tout en préparant un temps de crises et de troubles**, après une certaine période aléatoire de paix, à la fin de la Seconde Guerre mondiale l'Europe et la France en particulier, en reconstruction. De cette chronologie [*], il est intéressant de voir si l'on peut y associer « l'Apocalypse mariale » du Message de La Salette, suivant les années repaires qui s'y trouvent. Comme cette chronologie se doit d'être normalement en relation directe avec Israël, et l'Eglise, mise tout particulièrement à l'index par La Salette, il nous semble logique d'inscrire les « 25 ans d'abondantes récoltes », indiquant un temps de paix qui ne sera pas long, après la « période des guerres qui se succèdent », ayant pour théâtre l'Europe et les nations dites « chrétiennes » (France, Espagne, Italie, Angleterre). 1945 marque la fin de ces hostilités, avec Yalta et le rétablissement d'Israël en 1948. Il s'ensuit effectivement approximativement vingt-cinq ans de paix et de « récoltes abondantes », la pollution de la terre et de la

---

[*] A noter que cette « chronologie prophétique », mettant en cause un conflit mondial avec Israël, dans un « temps de crise et de trouble » a été rapportée, écrite il y a 30 ans.

mer n'est pas encore effective. De 1948 + 25 ans, nous arrivons à 1973, année marquée par la crise du pétrole dans le Golfe Persique, **point de départ d'un état de crises** (économiques, sociales... ) qui n'est pas fini, et qui se terminera surement par une crise globale. Quant à l'Eglise, nous avons vu que la crise à l'intérieur de celle-ci a commencé en 1962, avec l'ouverture du Concile de Vatican II. A ce sujet, Le Message de La Salette dit que «les conducteurs du peuple de Dieu ont négligé la prière et la pénitence, et le démon a obscurci leurs intelligences; ils sont devenus des étoiles errantes (...) Dieu permettra au vieux Serpent de mettre des divisions dans toutes les sociétés et dans toutes les familles; «on souffrira des peines physiques et morales (...) des châtiments **se succèderont pendant plus de trente-cinq ans**». C'est bien ce qui se passe depuis ces dernières années, aussi bien à l'intérieur des familles, des sociétés, des politiques, des institutions, et même dans les conditions climatiques, tout est touché, **contaminé d'une manière générale**. Or, si l'Eglise est en cause, cette période de trente-cinq ans de châtiments commence nécessairement à partir du schisme de 1962, ouvrant sur Vatican II, le Concile ayant rompu avec la Tradition depuis l'Eglise primitive. Dans ce cas ces 35 années et plus, nous amènent jusque vers 1998 (1962+35), fin de cette période où la véritable église sera éclipsée, mais 1998 pourrait être l'année qu'enclanchera le début de la crise mondiale. Ici Le Message de La Salette rejoint la chronologie eschatologique de Daniel et de Jean, au point de convergence où «La dernière guerre sera alors faite par les dix rois de l'antéchrist, lesquels rois auront tous un même dessein et **seront les seuls qui gouverneront le monde** (...) avant que cela arrive il y aura une espèce de fausse paix dans le monde, on ne pensera qu'à se divertir...» C'est exactement la période actuelle dont nous sommes témoins; période de fausse paix - incluse dans celle des 35 ans - ou les hommes ne pensent plus qu'à se divertir dans les jeux, le sport à la une, chloroformés par la télévision, les jeux vidéo, devenus dépendants de l'ordinateur, tout ce qui annule la réflexion, le sens critique, effectue la fermeture de l'esprit, pour ne plus conserver que les réflexes essentiels. Quant aux «dix rois de l'antéchrist qui seront les seuls à gouverner le monde», ils représentent sans nul doute la structure du futur gouvernement mondial. Le Nouvel Ordre Mondial, la Trilatérale, le NEW AGE et quantité d'institutions comme «Bonne Volonté Mondiale» de Lucie Trust (anciennement Lucifer Publishing Company) de Genève, fondée par A. Bailey, disciple de H.P. Blavatsky, les Citoyens du Monde... etc., défendent cette idée.

Nous ne parlerons pas ici des prophéties privées, annonçant, elles aussi, une série d'épreuves, ce qui réclamerait d'y consacrer un livre entier. Les prophéties de Jean XXIII signalent que les temps difficiles prendront fin vers 2033. Si on soustrait les 35 ans indiqués par Le Message de La Salette, on parvient à 1998. Mais prudence oblige dans ce genre de pronostics, hors du fait qu'un alignement de causes inquiétantes, actuellement à l'œuvre, converge sur cette période critique. Enfin, un dernier mot sur les prophéties, en dehors de celles de Nostradamus, dont on a déjà beaucoup écrit, en mentionnant encore celles de la «prophétie des papes» de Saint Malachie, datant du 12ème siècle, reposant sur le sacerdoce de 112 papes, dont le 112ème, Pierre II Le Romain, serait peut-être à mettre à part. Nous en sommes au **110ème (en 1996)**. Précédant Pierre II, clôturant ce cycle, le prochain pape «De Gloria Olivae», présagerait la conversion d'Israël, dont l'olivier est le symbole, mais dans son ambivalence, l'olivier est aussi le symbole d'Apollon, mentionné dans l'Apocalypse. Dans la Grèce antique, on couronnait les champions des jeux de l'olympiade par une couronne d'olivier. Faudrait-il en déduire que le Grand Monarque ou Messie, attendu par le courant millénariste, serait un faux Messie pris pour le vrai par les juifs religieux, n'ayant pas reconnu Celui venu il y a deux mille ans, l'antéchrist, occupant le siège de Pierre? Le thème de notre démarche ne nous permet pas de nous avancer plus avant dans ces pronostics apocalyptiques. Nous y mettrons un point final par cette conclusion d'Eric Muraise, dans «Histoire et Légende du Grand Monarque» (Ed. A. Michel, 1975):

*«Le prophétisme le plus ancien et la prospective la plus moderne s'accordent pour annoncer vers «L'an deux mil» une sorte de fin des temps. Cette singulière coïncidence n'est pas sans renforcer le prestige du prophétisme sacré et, par voie de conséquence, du prophétisme politique... dont les prophéties privées, alliées au Grand Monarque, se font particulièrement l'écho».*

En cela, il faut nous attendre à l'expansion des sectes millénaristes et apocalyptiques pour le 21ème siècle, dont le seuil à franchir se présente comme un signal d'alarme, consécutif à la crise morale et spirituelle, au plus critique de ce temps d'apostasie de l'Eglise, éclipsée par son intégration «humaniste», dans le syncrétisme religieux qui s'amorce. Symptomatique de cette crise, la récente affaire de l'Ordre du Temple Solaire- O.T.S. - dont la philosophie repose sur un syncrétisme ésotéro-gnostique. Le succès des sectes, rejoint cette convergence des phénomènes d'ensemble, comprenant le «mythe extraterrestres, sauveurs de l'humanité» et du «Grand monarque». On peut intégrer ces croyances parmi «les fausses doctrines et les faux prophètes», mentionnés dans l'Evangile de Saint Matthieu, concernant ces temps sombres de l'apostasie:

*«Prenez garde qu'on ne vous abuse. Car il en viendra beaucoup en mon nom, qui diront: c'est moi, le Christ: et ils en abuseront beaucoup.»*

(Mat. 24:5 et Luc 21:8)

Et encore:

*«Il surgira de faux christs et de faux prophètes, qui opéreront de grands signes et prodiges au point d'abuser, s'il était possible, même les élus.»*

(Mat. 24:24)

On ne peut s'empêcher de penser ici, à Maitreya, «L'instructeur mondial» qui se faisait précisément passer pour le Christ.

Cet assaut du «spirituel», qu'avait prévu André Malraux, pour le 21ème siècle possède sa raison d'être, en des racines bien plus profondes qu'on pourrait imaginer, et confondre ce courant avec la Parole prophétique de Dieu, à travers les grands prophètes de l'Ancienne Alliance et l'Evangile de la Nouvelle, par les apôtres, serait commettre une monumentale erreur dans la confusion, d'ailleurs intentionnellement voulue. Ce qui n'exclut pas qu'à travers cet enténèbrement des esprits, un travail de sanctification et de salut s'opère dans le secret des cœurs et des consciences. Ce double mystère de la réalité historique est déjà inscrit dans la Parabole de l'ivraie; le mystère d'iniquité, d'une part, et celui de sanctification de l'âme, d'autre part, parmi un «petit reste», fidèle à la Vérité évangélique en ce temps de «fausse paix».

L'explication «socio-psychologique» à propos de cette crise spirituelle et morale n'est donc pas satisfaisante; c'est au contraire, cette absence de la foi, d'éclairage des âmes, qui provoque les malheureuses conséquences des maux actuels de notre société. Certes, par des voies de «prospectives modernes», conciliant science et religion (donc faussées), on revient aux pronostics médiévaux de la grande peur de l'an 1000. Mais en étudiant en profondeur cette convergence des phénomènes, transposant le prophétisme sacré et chrétien à l'ésotérisme gnostique, on conçoit très vite que le problème est beaucoup plus complexe, et qu'on aurait bien tort de ne pas s'y attentionner avec sérieux. Le courant millénariste n'est pas seul en cause; multiples autres paramètres seraient à placer sur la courbe exponentielle de convergence, laissant présager des périls de crises graves, susceptibles d'éclater dans la période située entre ces cinq dernières années qui nous séparent de l'an 2030-35.

Ce tour d'horizon - utile pour notre compréhension - étant bouclé, il convient de revenir à nos OVNI, ne présentant qu'une facette du contexte global, mettant en cause notre humanité pour un futur proche. Comme je l'écrivais dans une étude précédente: «Le diabolique secret des OVNI»...: «si les «dieux d'hier» sont les «extraterrestres d'aujourd'hui», il y a de quoi s'inquiéter sur le sombre dessein auquel ils prétendent nous conduire, à l'aube du Verseau sur cette prétendue «libération de l'homme» qui est comme une séduction, de l'appât qui cache l'hameçon»... décelant l'éternel écho de la fallacieuse promesse du tentateur: «vous serez comme des dieux». Il en est des OVNI comme de certaines sectes. A ce titre, J.F. Mayer, historien suisse, s'étant fait connaître à la suite de son analyse sur la secte du «Temple de l'Ordre Solaire», conclut à propos: «Il nous faut prendre conscience de la séduction que peuvent exercer certaines idées en circulation sur le marché du religieux et de leur potentiel parfois dangereux» (La Croix du 27.12.95).

Ce «potentiel dangereux» est ce terrain sur lequel il convient de ne pas glisser. Malheureusement c'est le cas de beaucoup de personnes en recherche, ne trouvant pas de réponse satisfaisante à leur interrogation sur le sens de la vie, et dont la plupart souffre d'une certaine faiblesse psychologique; elles sont tout disposées à se brancher à la «source». Quand l'homme «veut être comme Dieu», il ouvre forcement toute grande la porte à ces «influences lucifériennes». De cette antique source spirituelle devenue celle de la religion du Nouvel Age, les «extraterrestres», à l'instar des nombreux dieux et déesses païens ont de nouveau fait leur apparition. Parallèlement, les «nouvelles sectes» adorent ces divinités «réactivées» par les invocations de leurs adeptes. David Spangler, l'un des principaux dirigeants du mouvement Nouvel Age, codirecteur pendant trois ans de la Fondation Findhom, en Ecosse, écrivait en 1978 dans l'un de ses livres: «Lucifer agit en chacun de nous, pour nous conduire à l'état de l'intégralité. Tandis que nous entrons dans une nouvelle ère, l'ère de l'intégralité de l'homme, chacun de nous parviendra au point que j'appellerai celui de l'initiation luciférienne (menant au pacte). C'est la porte d'entrée particulière que l'individu doit traverser pour pénétrer pleinement dans la présence de sa propre lumière et de sa propre intégralité».

Au cœur de cette nouvelle spiritualité, prônée par les sectes, se trouve l'initiation, la consécration appelée ouvertement «luciférienne», non seulement par David Spangler, mais déjà par H. Blavatsky et Alice Bailey dans leurs publications. Il ne fait pas de doute que cet archange déchu est celui qui guide le mouvement de la spiritualité newageuse aujourd'hui. Lui sont soumises toutes les «puissances» et «autorités» désignées par

Saint Paul comme étant «les esprits du Mal qui habitent les espaces célestes» (Eph. 6- 11-12). Ainsi, cette «religion» puise à toutes les sources de l'occultisme connues de tous temps par les cercles d'initiés. Les pratiques occultes - largement utilisées par les sectes - dérivent également des sources de ce lointain paganisme, à la base des anciennes religions qui, comme leurs «dieux et déesses» reviennent à la surface, parce que la foi se perd avec le déclin du christianisme. Ce «vous serez comme des dieux» se reflète donc dans tout ce qui relève de l'occulte et ses pratiques, le phénomène OVNI n'y étant pas exempt, notamment par le «contact psychique» recherche avec lesdits extraterrestres.

Cette résurgence du «puits de l'abîme» prépare la nouvelle religion syncrétique du Verseau, du surhomme, de la créature à la place du Créateur, de l'antéchrist qui se fera adorer comme Dieu: La subtile et progressive inversion des valeurs spirituelles, substituant le psychisme au spirituel, nous y aura préparés. Aujourd'hui, en parlant de religions, il n'est plus question de la foi mais de «spiritualité», terme ambigu, convenant plus à la religion des sectes qu'au christianisme. Car on peut très bien parler de spiritualité en faisant du yoga ou du zen, ou encore en pratiquant la méditation transcendantale d'un yogi, ayant recours à des mantras. Cette spiritualité est plus en rapport avec le psychisme qu'avec l'esprit. Ces techniques apprennent à se mettre en résonance vibratoire avec le Soi; c'est une introspection de l'âme, du «christ intérieur». C'est une question de «puissances» (d'en bas) exposant le psychisme sous l'emprise démoniaque; c'est-à-dire des divinités hindoues. Par ces pratiques, on se met en relation avec les forces occultes, ouvrant la voie aux perceptions extrasensorielles, dites surnaturelles (siddhis), selon l'enseignement des maîtres. Ces doctrines sont fausses, du fait qu'elles n'ouvrent pas sur l'esprit mais sur le psychisme, c'est-à-dire sur les puissances de ténèbres. Le «contact extraterrestre» revêt exactement la même chose, sous une forme différente, de «channeling» adapté au contexte OVNI. Cette «voie spirituelle» s'oppose formellement avec celle proposée par La Parole de Dieu, contenue dans l'Ecriture, que ce soit de l'Ancien ou du Nouveau Testament:

*«Dans les temps à venir (les nôtres) certains abandonneront la foi, pour s'attacher à des esprits séducteurs et à des doctrines diaboliques, enseignées par d'hypocrites imposteurs.»*
*(1 Timothée 4:1-2)*

*«Qu'on ne trouve chez toi, personne qui se livre à la divination, incantation, mantique ou magie, qui ait recours à des techniques occultes ou à la sorcellerie, qui interroge les spectres et devins, qui invoque les morts, car quiconque se livre à ces pratiques est en horreur à l'Eternel.»*
*(Deut. 18:10-12)*

Il est donc clair par ces interdits que toutes pratiques psychiques, initiatiques, modifiant les états de conscience, n'ouvrent pas le chemin de la véritable Connaissance de La Vérité, en passant par la recherche intérieure (et non pas de l'être intérieur, du Soi). On n'y trouve pas l'harmonie de relation divine recherchée; les ténèbres de l'occultisme ne peuvent chasser la lumière de la Révélation chrétienne, passant par les Prophètes et l'Evangile. C'est plutôt le contraire. L'illuminisme initiatique ne peut s'y confondre; la véritable initiation, du chemin qui conduit à la «Source d'eau vive» passe par l'éclairage de l'âme, de la mort du «vieil homme» et la renaissance en Christ. Il n'y a qu'une seule loi (Eph. 4-5), tout comme il ne peut y avoir qu'une seule vérité. S'il y avait deux vérités, il n'y aurait pas de Vérité.

Cette Vérité s'est incarnée dans la condition humaine, par la Parole de Dieu qui s'est faite chair: «Je suis la Vérité» (Jean 14:6) Le problème c'est que dans la confusion actuelle, résultant des ténèbres de cette fin des temps (déchristianisation), chaque secte prétend posséder sa vérité. Effectivement la sienne, autrement cet esprit sectaire ne conduirait pas au désordre du chaos, véritable manipulation des esprits - sous emprise psychique du maître - dont sont victimes les adeptes. Ce qui prouve que le «maître à penser», quand ce n'est pas un charlatan, a été initié au pacte luciférien; la force occulte dont il est investi ne provient pas de lui. Il n'est qu'un instrument des «forces d'en-bas»; d'où toutes les formes de perversion lui sont généralement inculquées.

Dans la même lignée que les manifestations OVNI et «religieuses», du préternaturel, le phénomène des sectes s'intensifie au fur et à mesure que nous franchissons la ligne de démarcation du millénaire. Ce que les ésotéristes appellent le «changement d'ère»; nous quittons celle des poissons (christianisme) pour entrer dans celle du Verseau (Nouvel Age), de cette spiritualité à rebours, dont nous avons parlé, de ce que d'aucuns prétendent encore être celle de «l'ère de l'Esprit», après celle du Père (A.T.) et du Fils (N.T.); thèse défendue par Joachim De Flores. Mais cette version des choses est anti-chrétienne, inconciliable avec la Révélation chrétienne et prophétique biblique: la chronologie prophétique de Daniel et de Jean, dans leur eschatologie, n'indique pas un changement d'ère, mais **une restauration du monde,** par le grand renversement des puissances infernales. Elle annonce une délivrance de cette domination esclavagiste du monde et non pas un recommencement cyclique, le «Septième Jour Millénaire», de la Parousie du Christ, parodiée par les nombreuses contrefaçons sataniques déployées à l'intérieur des multiples formes de séduction et faux miracles de l'épreuve qui vient sur l'humanité, pour tous ceux qui auront abandonné «l'Espérance de la délivrance», dont Saint Luc dit au chrétien, lorsqu'il verra tous les signes annoncés pour ce temps, de «relever la tête» (Luc 21:28). Il va donc de soi, par la séduction, que les puissances occultes trompent un maximum de monde, afin qu'il y en ait peu à passer la porte étroite. C'est ce qui motive la guerre spirituelle à travers les sectes, l'occultisme, l'auto transformation par les pratiques psychiques, les drogues, le subliminal, les OVNI, la fausse illumination... etc.

Malheureusement, la fermeture des esprits, chloroformés en plus par la désinformation, ne prête pas à accepter cette Réalité, surtout à l'intérieur d'une société matérialiste, ne responsabilisant les êtres qu'au niveau social, au culte de l'argent et des apparences. Résultat: cerveaux vides, dépourvus de toute vie spirituelle - pour la majorité - quand encore ce «vide» n'est déjà rempli par l'infestation démoniaque investissant tous les étages de ladite société, de la publicité, de la politique internationale, de certaines organisations, de marketing, des sectes et communautés religieuses, de l'Eglise, des religions, de la musique ... l'invocation des forces spirituelles (occultes) restant une réalité visible et tangible pour «l'initié». Et lorsque cette réalité est évoquée, on passe pour un doux illuminé. Il est connu que la force de Satan réside dans le fait de faire croire qu'il n'existe pas. Mais les promoteurs du mythe extraterrestre sont loin du compte, dans leur naïve ignorance.

Dans cette action occulte sur les esprits, il y a une complicité des agents humains; celle-ci apparait en filigrane à travers les médias, de certains films et émissions télévisées sur le surréel, particulièrement orientés. Toutes ces influences, passant à travers divers «relais», inconscients du rôle qu'ils jouent vraiment, dans le concert d'ensemble, proviennent du même pôle vecteur. Le but apparaît nettement à nous préparer à d'éventuels «visiteurs de l'espace». En cela, la fameuse affaire de «l'extraterrestre de Roswell» aura eu son utilité, malgré la grossièreté apparente de cette «poupée biologique». La venue sur terre de créatures extragalactiques serait sans doute providentielle et nous éclairerait en bien des choses quant aux mystères de la Vie et de Dieu. Mais seulement ces «civilisations supérieures» ne sont pas tellement enclines à nous faire des révélations de sitôt, préférant rester dans les coulisses de notre monde, en passant parfois par le filtrage des contactés. Ce qui ne vient pas de la lumière est plutôt ténébreux. Quant à la teneur des messages, captés par ces «channels», ils sont d'une pauvreté déconcertante. Car quoi? Que disent-ils en gros?

Ils proposent à l'homme de devenir un dieu cosmique - «vous serez comme des dieux» - en se libérant de ses «anciennes valeurs», autrement dit des valeurs chrétiennes, du christianisme désuet. Il y a contrefaçon, ou rejet de la réalité biblique (ce sont «eux» nos créateurs, nos descendants, nos géniteurs...) refus du Dieu-Créateur, incréé, éternel. Dieu est, il est contenu dans le cosmos, dans la nature, dans l'homme, ce «panthéisme renaissant» ne dit plus que l'homme descend du singe. Mais qu'il doit être réharmonisé avec le cosmos pour parvenir à l'unité universelle. Mais restons lucides; vouloir faire de l'homme un être tendant uniquement vers le naturel psychique, incapable de discerner les choses de Dieu, rejetant la quête de son élévation par le spirituel et l'Esprit divin, c'est tout simplement vouloir le ramener au niveau de l'animal, de la vie psychique dépourvue de l'esprit. En bref, un zombie... comme les pantins humanoïdes vus quelquefois près des OVNI, une sorte de robot biologique sans vie, à l'image de celui de Roswell. Si c'est cette forme d'humanité «transhumanisée» que nous propose le Nouvel Ordre, nous savons désormais à quoi nous en tenir.

A l'homme, créé à l'image de Dieu et possédant donc une âme spirituelle, on lui propose cette «nouvelle révélation» de connaissance des choses régressives, avec les OVNI, les nouvelles doctrines du Nouvel Age. Ce courant spirituel, sous l'approbation des autorités ecclésiastiques, préférant le silence plutôt que de dévoiler l'imposture, et pour cause, l'infiltration maçonnique dans le sanctuaire du siège de Pierre, nous propose de rejeter la tradition apostolique, inadaptée à la société moderne, pour épouser l'esprit du monde. Cet esprit du monde incarné par le serpent génésiaque: «rejetez vos valeurs, acceptez les nôtres qui sont inversées aux lois divines, et vous deviendrez comme des dieux». C'est ainsi que les fondements du véritable christianisme, celui de la foi et non celui des droits de l'homme, substituant les lois divines, sont progressivement minés. C'est l'apostasie au plus haut sommet de l'Eglise, dans l'attente de l'antéchrist.

Par la prolifération des «infiltrations psychiques», provenant des différents canaux d'ensemencement des consciences, on cherche à unifier les différences, en intégrant par exemple - dans ce qui est le plus visible - le mouvement du «Renouveau charismatique» au sein de l'Eglise, représentant un vivier providentiel pour le «nouvel apostolat» des prêtres modernistes, en rupture avec la Tradition apostolique. Ainsi, en est-il fait de vingt siècles de christianisme, qui voit aujourd'hui la «libération de l'homme du Verseau». Nous en constatons déjà toutes les «joyeuses retombées», l'esprit du Nouvel Ordre nous prépare aux réjouissances de la civilisation du 21ème siècle. Cette crise de la foi, s'accentuant avec le phénomène de «crises», se termine à l'intérieur d'une crise globale, spirituelle et morale, renversant tous les garde-fous de «l'ancien monde», ne pouvant plus contenir les désœuvrés, les paumés, les déprimés, les indifférents, les drogués, les «branchés», que sais-je encore? Nul ne tiendra, au paroxysme de la chute finale, s' il n' a pas la foi nourrie à la seule source qui soit salvatrice des âmes: au corps mystique du Christ, de son authentique Eglise, quand celle de Pierre est éclipsée, investie de l'intérieur, en attendant le soleil de la restauration de ce monde en perdition, souffrant dans l'attente de la délivrance.

La Bête de l'Apocalypse qui sort de la terre, commence à se montrer en opérant plus ouvertement par la mondialisation des consciences, en prêchant un «nouvel évangile», plus conforme à la future religion universelle, œcuménique ou mondiale. Une conclusion apparaît: l'Intelligence qui manipule le phénomène «extraterrestre» est la même qui dirige les hauts initiés agissant derrière les coulisses. Ceci peut nous mener loin, à savoir si certains phénomènes de société ne trouveraient pas une orientation très intentionnelle, dans un but précis, placés sous son influence, ayant pour fonction d'aplanir inconsciemment les voies de l'antéchrist. Il semblerait bien, depuis quelque temps, que les media suivent une certaine logistique mondialiste sur fond apocalyptique, à partir de faits entrant directement dans le cadre de cette logistique, créant une certaine psychose parmi les populations. Par exemple, avec les sectes, le terrorisme intégriste, plus récemment avec les «vaches folles», bien qu'aucun argument scientifique n'étaye l'hypothèse d'une transmission de la contagion du bovin à l'homme. Cela conduit à des situations difficiles, humainement désastreuses face à la menace. Si ces phénomènes déstabilisateurs s'amplifiaient, ils pourraient prêter le terrain favorable pour une «gérance mondiale» de la planète, pour tout ce qui concerne les ressources, les besoins énergétiques, l'alimentation, allant directement dans le sens d' un gouvernement mondial. Il n'est d'ailleurs pas exclu, dans ce scénario, que l'intervention de l'antéchrist soit assistée de nos fameux OVNI, s'inscrivant dans la phase finale de leurs facéties à laquelle ils nous auront préparés depuis près de cinquante ans. Jean Robin, dans son livre «Le Royaume du Graal» (Trédaniel, 1992) est aussi de cet avis, en précisant que ce scénario s'associe à un «plan dualiste» entre les «bons» et «mauvais» extraterrestres: menace sur la terre et menace venant du ciel, constitueraient une situation décisive pour la mise en place du Gouvernement mondial. Rappelons aussi que durant les années cinquante, les OVNI étaient considérés comme des envahisseurs belliqueux. Puis, à partir de la décennie quatre-vingts, ils devenaient plus accueillants, voire bons enfants, notamment avec les films de Spielberg: «Rencontres du troisième type» et «E.T.», films parodiques, de surcroît.

Sans aucun doute, le phénomène OVNI est programmé dans le plan d'ensemble de «sauvetage de la planète», allié, par exemple, aux «crises climatiques», aux maladies contagieuses qui surviennent (bien que détectées des années avant qu'elles soient médiatisées). Ajouté à la menace d'intervention des OVNI, jusqu'ici localisés sur une certaine région, comme ce fut le cas en Belgique, en 1990, on peut dire avec Jean Robin que «le résultat final est qu'un sentiment d'angoisse et d'attente informulé se répand parmi les populations: l'anticipation de quelque chose de terrible qui viendra du ciel, quelque chose que personne sur terre ne comprendra, quelque chose qui sera rapide et entraînera un changement radical de la vie humaine» (p. 752). D'autres voient aussi dans l'apparition des comètes de notre système solaire (la dernière de celle-ci: Hyakutake, mars 1996), des signes avant-coureurs d'apocalypse. Mais ce n' est pas nouveau et ne repose sur aucun fondement sérieux, à moins que l'inconscient collectif recèle le souvenir d'un «danger du ciel» ayant eu lieu dans un lointain passé. Ce danger céleste pourrait-il se renouveler en cette fin de siècle? d'une manière cyclique?

Quoi qu'il en soit, il se crée un climat d'angoisse et d'incertitude, reflétant ce que dit l'Ecriture: «les peuples seront dans l'angoisse». L'épouvante est prédite par le Christ lui-même: «les hommes sècheront de frayeurs et d'angoisse à la vue de ce qui arrive sur terre» (Luc 21:26). Les calamités ne peuvent que s'accentuer au fur et à mesure que nous parvenons au point de convergence des différents paramètres inhérents à ces phénomènes, et que s'accomplissent les desseins de l'antéchrist, se présentant en sauveur. Les «7 plaies» s'abattent donc sur l'humanité pendant cette «fausse paix» qui précède l'avènement de l'antéchrist, prévues par les trompettes et les coupes de l'Apocalypse. Ces belles perspectives trouvent une singulière résonance avec Le Message de La Salette, en guise d'Avertissement du Ciel avant les châtiments que nous pouvons déjà voir apparaître.

Mais il n'est pas de notre ressort de faire l'apologie des misères du monde; celles-ci s'inscrivant, malgré nos technologies de pointe, nos progrès médicaux, dans le sens inéluctable des temps prophétiques. Ce qui est écrit s'accomplira: «La terre et le ciel passeront, a dit le Christ, mais mes paroles ne passeront pas». Après avoir examiné l'intense vision d'un futur catastrophique, autour des différents critères poussant dans notre «descente à l'abîme», si des mesures énergiques ne sont pas prises, nous pouvons nous attendre à une période critique entre l'an 2000 et 2030. Les plus optimistes diront que l'homme s'est toujours adapté aux pires situations. Soit! Seulement c'est faire fi de l'accélération des phénomènes qui vont à l'allure rapide d'un torrent avant la chute. C'est pourquoi, nous pouvons dire, avec Jean Robin, que ce «quelque chose» sera rapide et entraînera un changement radical de la vie humaine: c'est certain, puisque la chronologie prophétique nous indique que nous parvenons au «septième temps». Ce n'est plus un changement mais une **transformation universelle** du monde à laquelle il faut nous attendre. Ce «Jour» sera ou ne sera pas. «Que l'on repousse maintenant cette «foi-espérance», de la Parousie, écrit Jean De Bronac(*), on se heurte infailliblement au dilemme suivant à:

- 1) ou les apôtres se sont trompés sur l'enseignement reçu
- 2) ou Jésus leur a bien enseigné cela.


-1) Si les apôtres se sont trompés... Adieu l'inspiration des Ecritures au sens où l'a toujours entendu l'Eglise. L'Ecriture n'est plus qu'un document humain comme les autres et l'Eglise perd le plus sûr de son fondement.

- 2) Si Jésus s'est trompé, il n'est pas Dieu; il n'y a plus rien à retenir de l'épopée religieuse judéo-chrétienne qu'un beau rêve évanoui.

...Et avec cet «effondrement» disparaît aussi notre Espérance. Mais heureusement pour nous, qui croyons en Dieu, l'Evangile nous apporte le véritable éclairage de l'âme, et par cet éclairage se fait jour la Révélation divine, repoussant loin les ténèbres envahissantes.

---

(*) Jean de Bronac: «Le Règne millénaire dans l'Ecriture et la Tradition». auto-édition.

Eu égard à tout ce que nous venons de prendre connaissance, et malgré toutes les vicissitudes du temps présent et des preuves encore à venir, n'oublions pas que «seule la foi vivra». Ce qu'il en restera. Mais Dieu agit déjà parmi «les Apôtres des derniers temps» afin d'établir la Restauration du monde.

# III

## CHAMP D'ACTION ILLIMITE DE LA PUISSANCE OCCULTE

Nous dirons quelques mots en ce qui concerne les «enlèvements par les extraterrestres» auxquels il n'y a d'ailleurs pas grand-chose à ajouter par rapport à tout ce que nous venons de dire. Ils sont à considérer au même titre que tout l'ensemble des mises en scène prodiguées par l'intelligence qui manipule le phénomène OVNI dans le but que nous connaissons maintenant.

Ces interventions n'auront jamais d'explications selon notre logique, tout comme les phénomènes spirites ou du même genre; incontestablement, c'est la même intelligence subtile de manipulation qui entre en œuvre. Nous sommes toujours confrontés à cette puissance d'illusion, capable d'agir sur certaines zones sensibles et secrètes du cerveau, de l'inconscient en particulier, mais aussi de produire une fausse réalité par des «apparences technologiques» ou scénarios absurdes, n'ayant pas de consistance réellement matérielle. Pour procéder à ces actes de magie, cette intelligence possède en réserve toute une panoplie de possibilités extraordinaires, puisqu' elle peut agir sur les éléments de la matière, l'espace et le temps (en vérité, elle n' est pas soumise au temps et à l'espace).

De ce fait, les créatures, ou plus exactement les «substances spirituelles», répondant de cette intelligence, peuvent transférer leur mode d'action instantanément, d'un point à un autre de l'espace, sans déplacement, puisque non soumises au déterminisme temporel de notre univers. En tant que «substance - ou énergie - spirituelle», ces créatures se modelant à la forme qu' il convient, selon les circonstances ou le but recherché, se placent par conséquent sur un plan supérieur au nôtre, régies par le temps et l'espace. Ainsi tout est possible, pour cette intelligence, de nous montrer autant d'illusions et faux miracles qu'elle le désire; tant d'une manière intrinsèque par voie psychique que d'une manière extrinsèque, en actionnant les éléments de la nature. La voie psychique passe généralement par des actions suggestives, obsessionnelles, ou d'induction psychique, faisant appel à une impression hypnotique, quand elle n'est pas directement menée, plus active, sur l'inconscient par images mentales, ou d'une manière plus surprenante encore, en incluant dans la psyché, une sorte de «cinéma paranormal». C'est ce qui relève, en règle générale, des «expériences vécues à l'intérieur d'un OVNI», véritable simulacre, car en fait, rien ne se déroule dans notre réalité, mais plus surement dans une réalité virtuelle. Mais cette intelligence occulte peut aller plus loin encore dans la manipulation, en dressant l'illusion d'images panoramiques, d'un lieu ou d'une zone imaginaire, laissant croire à la personne concernée, d'entrer dans un «autre espace»... ou univers «spatio-temporel», chers aux auteurs de fiction. On se perd en conjectures sur la manière d'opérer par cette intelligence, capable de présenter des «constructions magiques», empruntes d'une surprenante réalité, d'un «réel vécu» par la victime. A ce stade, le respect du libre arbitre devient précaire, car il y a intrusion dans la personnalité intime et la plus noble de l'être, c'est-à-dire le cerveau.


D'autre part, concernant plus spécialement certains lieux «privilégiés» de manifestations OVNI (par exemple, au Col de

Vence dans la région niçoise), plutôt que d'autres, ces manifestations se présentent soit de manière sporadique ou permanente, comme c'est aussi le cas avec les phénomènes de hantise, ou encore des «lieux maudits», si ces manifestations y exercent un maléfice. Nous pouvons l'expliquer par le fait - dans ce que nous enseigne la théologie - que ces puissances prennent possession de ce lieu ou de cet objet, c'est-à-dire **qu'elles l'occupent.** Cela est également valable pour l'homme; cette «occupation» se nomme communément la possession. C'est généralement le cas des mediums à incorporation. Mais la plupart des médiums sont des «canaux», ou «channels» dans le cas appliqué au channeling de relation avec ces entités. C'est-à-dire qu'ils servent d'intermédiaires ou d'instruments, permettant à ces «substances spirituelles», ou entités, de se manifester à nous par transfert, en utilisant le canal médiumnique, la partie inconsciente et subconsciente du cerveau.

Des cas de possessions diaboliques se rencontrent fréquemment dans les annales de l'histoire, et dans le Nouveau Testament, en particulier l'Evangile qui nous décrit en effet, de nombreux cas de possédés libérés par l'autorité du Christ sur eux (voir notamment Marc au chapitre 5). Ces faits sont à rapprocher à ceux de sorcellerie des XVI et XVIIème siècles, outre là-aussi, des phénomènes d'illusions fomentés par cette même puissance occulte: les écrits relatant des séances de sorcellerie mentionnent quelquefois que la simple invocation du nom de Dieu, par des témoins ayant assisté aux sabbats, a fait brusquement s'évanouir la scène se déroulant devant eux. On y retrouve aussi des cas d'enlèvements ou de «transports dans les airs» par des créatures ou entités, capables de changer de forme, d'exercer un pouvoir magique sur les éléments naturels. Ce simple et rapide aperçu montre bien que nous avons affaire à la même intelligence, agissant selon le contexte et l'époque. Mais cette intelligence est aussi malicieuse, trompeuse, obscure, agissant d'une manière subtile, secrète, car invisible. Pour cette raison, le terme de «Puissance occulte» semble bien lui convenir. Opérant de cette manière, elle ne peut être animée que de mauvaise intention, dans un but bien déterminé, connu désormais du lecteur. Si tel n'était pas le cas, la construction de leurres n'y trouverait pas sa raison d'être.

Mais cette Puissance occulte ne se laisse pas dévoiler aussi facilement et change sa «technique» de manipulation, ou transforme ses leurres au fur et à mesure que nous découvrons et dévoilons sa façon d'agir. Ce qui expliquerait sans doute qu'il n'y ait plus tellement «d'atterrissages d'OVNI avec présence d'humanoïdes» depuis que la version «extraterrestre» a été quelque peu mise en faiblesse. Mais il se peut aussi que cette étape soit parvenue à son stade final, comme je l'ai déjà dit, le mythe E.T. étant désormais installé dans les consciences, après avoir été banalisé par les médias. Dans ce cas, en poussant les limites d'aveuglement plus loin, en faisant tomber les écailles des yeux du plus grand nombre (mais le pouvoir médiatique ne semble pas aller vers cette tendance), l'action décisive de cette intelligence - qui n'a pas intérêt à se dévoiler dans sa véritable identité - ne devrait pas tarder à faire connaitre le but recherché par elle. Autrement, pourquoi tant de facéties aussi absurdes? Aujourd'hui il est à craindre que cette puissance spirituelle s'incruste dans bien des consciences, et que des actes irrationnels se précisent de plus en plus. Ce qui semble être le cas auprès de certains gurus de sectes, avec leur pouvoir de contrôle sur leurs adeptes. Ces meurtres orchestrés et suicides, comme ce fut le cas avec l'Ordre du Temple Solaire, ne seraient pour ainsi dire pas gratuits. Mais, placés sous le contrôle de cette Puissance, à partir de l'influence du guru, ils seraient comme des holocaustes livrés à l'exigence des dieux immortels. De même que le sorcier investi par de plus en plus de puissance, ou pouvoirs psychiques, devient davantage esclave de son dieu, ou esprit. Car cette Puissance occulte est aussi une puissance de contrôle psychique, ne permettant plus à l'adepte d'une secte luciférienne, de rester en contact avec la saine réalité, mais d'être un instrument là encore, ou au pire, un esclave de son guru et le guru de cette Puissance, ou les deux en interaction avec celle-ci. Il y a, dans tous les cas, **asservissement de l'esprit.**

Enfin, en ce qui concerne les «enlèvements par les OVNI» et les «expériences vécues à bord de ces véhicules», pour en dire un dernier mot en finalité, précisons que ce leurre associé à l'OVNI, se passe de commentaires en fonction de ce que nous venons de dire au sujet des possibilités d'action de la Puissance occulte. En effet, l'OVNI n'est là que pour faire croire à un rapt effectué par des créatures extraterrestres. Il fait partie du décor habituel de la «présence OVNI». Un ufologue français, Jean Sider, étant parvenu à sortir du contexte matérialiste inhérent au mythe «extraterrestre», évoque la notion «d'enlèvements » qui peut se trouver dans les récits de nos traditions populaires, perpétrés aux siècles derniers par d'extraordinaires créatures aux étranges pouvoirs. En consultant les écrits des folkloristes, mentionne-t-il, on peut constater que ces entités sont présentées comme possédant un corps qui leur servait surtout **de véhicule,** capables de se déplacer à des vitesses fantastiques quasi instantanées, et qu'elles avaient la possibilité de se **transformer** à volonté en être humain - bien souvent en nain - en animal connu, voire en monstre. J'ai moi-même recueilli un témoignage direct, en 1981, dans la selva péruvienne, concernant l'apparition d'une sorte d'animal mythologique, s'enfuyant, puis soudain se redressant, et se transformant en prenant l'attitude d'un être humain, puis tout disparut. Ces phénomènes sont plus courants que l'on pourrait le croire en certaines contrées encore préservées de la civilisation industrielle. Ce ne sont ni des mirages ni des hallucinations, mais des formes d'énergie ou «substances spirituelles», capables de prendre n'importe quelle forme ou plus exactement de produire, par leur propre énergie, tous les effets et formes possibles en agissant sur le mouvement local de la matière.

Pour en revenir aux témoignages «d'enlèvements» ou «rapts», perpétrés par les soi-disant extraterrestres, c'est un peu plus complexe du fait que, comme nous l'avons déjà dit, cette action peut être simulée simplement dans le psychisme ou avoir été vécue, du moins partiellement, dans la réalité physique. Autrement, comment expliquer que des ravis d'OVNI se soient retrouvés à plusieurs kilomètres de l'endroit initial d'où ils ont fait une «rencontre rapprochée» d'OVNI? L'enlèvement à bord de l'OVNI n'a peut-être pas de réalité physique, mais le déplacement d'un point à un autre - y compris même hors du temps - ne peut guère s'expliquer autrement, bien que les «ressources» de l'Intelligence OVNI dépassent tout ce que l'on serait en droit d'imaginer. Pour en donner une certaine illustration, relatons l'expérience survenue, au début de l'année 1978, à deux jeunes garçons brésiliens, dans la ville de Piranhas, dans l'état de Goiás: ceux-ci jouaient au football avec d'autres enfants de leur âge, d'une dizaine d'années, quand un objet lumineux, ayant la forme de deux soucoupes renversées, se posa près d'eux. Ils furent paralysés, les autres enfants purent s'enfuir. L'un des deux enfants se retrouva à Rondonopolis (Mato Grosso), à 500 km de Piranhas, tandis que son compagnon resta introuvable. Il raconta qu'ils furent «transportés dans l'OVNI» (*) (Comment?) et qu'à l'intérieur de celui-ci ils se trouvèrent dans une salle où il y avait seulement un siège et une sorte de bouton électrique, occupée par huit petits personnages avec des visages humains». Ce «mobilier» simpliste fait partie de la mise en scène classique, et il y a tout lieu de penser qu'à partir du moment où s'effectue l'apparition de l'OVNI, cette réalité, qui s'inscrit en souvenir dans le conscient, est fausse. Et que la translation d'un lieu à un autre, sur 500 km, quant à elle, est réelle. Comment s'est-elle effectuée, c'est là une autre histoire, au même titre que la disparition et la réapparition «inexpliquée» du caporal chilien, Valdès (relatée page 203). L'OVNI n'est lui-même pas nécessaire, sinon pour permettre à la force occulte de se manifester, projeter un effet hypnotique paralysant et opérer son tour de magie, avec le simulacre habituel. A d'autres époques, et sous d'autres formes, des «transports» ou «enlèvements» d'humains se perpétraient. C'est ce que laissent aussi transparaître les traditions et mythologies des cultures anciennes, nordiques en particulier.

Des centaines d'histoires du genre remplissent les annales de l'ufologie et nos dossiers poussiéreux en regorgent, surtout entre les années 1976 et 1979, où il semble y avoir un «pic» dans les statistiques, relevant de ces phénomènes. Tandis qu'entre la décennie cinquante et soixante ce furent les «atterrissages fortuits» d'OVNI avec humanoïdes, (en vérité parfaitement orchestrés par l'intelligence qui les manipule) ayant un ou deux témoins en des lieux isolés. Ce processus graduel laisserait supposer que cette Puissance occulte s'ingénierait à nous inculquer une présence extraterrestre parmi notre société, en vue de modifier notre système de pensée, voire diriger notre attention vers une nouvelle forme de croyance; ou nous préparant un évènement majeur, dans la finalité du dernier acte et qui, dans ce

(*)    (page 305) Extrait du Journal «A Notizia» de Rio, du 13.03.1978.

cas, ne pourrait venir que du ciel. Dans cette hypothèse, rejoignant les convictions de l'auteur, nous convions le lecteur à se reporter à l'APPENDICE (page 338), où l'intention, et les buts de cette puissance, y sont clairement exposés.

Enfin, pour en terminer avec ces scénarios «d'enlèvements» par lesdits «extraterrestres», citons encore deux exemples extraits au hasard de nos dossiers. Le lecteur, désormais averti, pourra facilement y déceler les différents facteurs de manipulation et de tromperie, soulignés a son intention.

La première affaire est extraite d'une revue américaine, spécialisée sur les OVNI, «International UFO Report», d'octobre 1977, période propice à ce genre d'intervention remontant à plus de 40 ans maintenant. Elle concerne une jeune famille, un couple et leur bébé de quatre mois qui auraient été «enlevés» et «examinés» par des humanoïdes, alors qu'ils roulaient en voiture vers le Colorado, dans la traversée de l'Ouest Kansas, à quelques miles de Colby. Sans entrer dans la liste des détails, nous paraissant inutiles pour ce que nous avons à dire, voici dans les principales lignes comment s'est déroulée l'intervention - avec le «scénario classique» - pourrions-nous préciser:

C'est d'abord l'apparition de trois «lumières» à l'arrière de la voiture qui semblent se rapprocher, puis elles se séparent. Ensuite c'est quatre grosses «étoiles» qui survolent le véhicule, deux disparaissent inexplicablement. Survient ensuite un autre phénomène lumineux sur la route, à l'avant de la voiture, le conducteur se range alors sur le bas-côté et voit un objet ressemblant à une «barre jaune», suivi de deux boules brillantes, venant droit sur le véhicule et se plaçant à la hauteur de celui-ci, puis s'élève dans le ciel et disparait. Ce qui est décrit ici c'est le témoignage classique d'une observation nocturne d'OVNI, rapportée à l'état conscient. Certes. Mais que s'est-il passé exactement? l'inconscient va nous livrer le «scénario secret». En effet, s'étant soumis à l'hypnose, voici ce que révèlent les deux témoins, d'une manière quasi concordante, à quelques détails près:

**«Sans savoir pourquoi,** le conducteur, appelons-le Joe, accompagné de sa femme Carol, quitte la route pour se garer dans un champ, puis dirige son véhicule vers un bois avoisinant. Dix minutes plus tard, il s'arrête au cœur d'une clairière, près d'un petit ruisseau ou un énorme «engin spatial» se trouve à une dizaine de mètres d'eux. **Sans avoir débouclé leur ceinture de sécurité,** et se demandant comment cela à pu se faire, Joe et Carol marchent vers le mystérieux engin.

Voici maintenant la suite du scénario relatif à «l'enlèvement» proprement dit, enfin au plus profond de l'inconscient, d'abord avec le récit de Carol:

«Ils passent une large porte donnant sur une salle de grande dimension, très éclairée où se trouvent des appareils **ressemblants vaguement à des ordinateurs,** émettant des flashs de lumière contre les parois. Une chaise métallique avec garnitures de cuir est vue placées face à une «fenêtre». Un gros tube brun opaque part du plafond jusqu'au plancher. Plus loin, derrière le «tube», il y a une grosse boîte d'apparence métallique. Une sorte de collier ou de pince était suspendu à un crochet.

Aucun occupant n'est remarqué dans la pièce, mais Carol perçoit un «message télépathique» qui lui demande de gagner une salle, en empruntant un corridor, où se trouve une table avec un éclairage situé au-dessus de celle-ci. Un «ordre mental» réclame à Carol de s'y allonger et alors ses mains et ses bras lui donnent l'impression d'être engourdis par un serrement aux poignets. Un tube vient se placer horizontalement sur son dos (étant étendue sur le ventre) et semble exercer une pression. Puis, répondant à un nouvel «ordre mental» se rend dans une autre pièce, obscure cette fois-ci. Carol marche en rond dans cette pièce, criant qu'elle veut rentrer chez elle et revoir son fils. Alors, apparaît un humanoïde portant l'enfant, ce qui la calme. Elle regarde par la «fenêtre» et, à son grand étonnement, aperçoit bien au-delà, des étoiles filantes, et surtout la terre qui s'éloigne au loin. Bientôt, il fait complètement noir à l'extérieur et même les étoiles ne sont plus visibles. Un peu plus tard, «l'engin» exécute son atterrissage et Carol peut revoir les arbres à travers la «fenêtre». Alors l'humanoïde lui remet le bébé et par télépathie lui assure que leurs intentions sont bonnes et qu'ils ne seront retenus que peu de temps.

Il y a maintenant deux créatures qui chahutent et jouent avec le bébé. Un autre «ordre mental » et on la soumet à un autre «examen», de nouveau étendue sur une table. Alors qu'elle commence à s'endormir, elle est saisie par l'une des créatures qui la porte vers la sortie de l'engin, pour l'installer ensuite à l'arrière de la voiture, garée sur le cote d'une route près d'une borne kilométrique marquée du chiffre 32 (miles). Alors qu'initialement, à l'état conscient, le conducteur avait stoppé son véhicule près d'une borne marquée du chiffre 37. Nous reviendrons sur ce détail.

Placé lui-aussi sous hypnose, Joe fit un récit de son «enlèvement» à peu près similaire, mais centralisé sur «l'expérience» qu'il subit, comportant autant d'éléments et détails de «structures» tout aussi insolites quant à leurs fonctions. Il traversa cinq salles, après avoir été guidé par deux créatures le long d'un corridor, avant de parvenir à la sortie de «l'engin». Un des occupants qui se trouvait face à lui, émit une «spire» de lumière et sentit, à ce moment-là que son esprit était attiré vers cette source d'énergie et qu'il «se fondait» dans l'esprit de l'humanoïde. Il ressentit une sorte de «paix béatifique» et eut conscience que «ces créatures n'avaient aucun défaut et étaient pacifiques». Il remarqua que Carol était portée jusqu'à la voiture par une troisième créature, puis placée à l'intérieur. L'étrange personnage poussa le scrupule jusqu'à fermer lui-même la portière. Une fois réintégré à l'intérieur de la voiture, Joe vit encore l'un des humanoïdes tourner autour du véhicule, puis faire un signe de main comme pour saluer. Ce qui rendit Joe un peu triste, comme s'il quittait quelqu'un qu'il aurait aimé! Il démarra et traversa le bois, puis le champ et grimpa sur l'accotement gravillonné de l'autoroute pour reprendre le trajet interrompu».

Voici donc pour les «informations» recueillies à l'état d'hypnose, mais après avoir stoppé leur véhicule sur le bas-côté de la route, à l'état conscient, et repris celle-ci - après «l'enlèvement» dont Joe et Carol n'avaient aucun souvenir - ils remarquèrent, avec étonnement, que la borne kilométrique, à l'endroit où ils s'étaient arrêtés, était marquée du chiffre 32. Quelques instants plus tard, ils stoppèrent a une station-service, après s'être rendus compte qu'ils semblaient être «suivis par une étoile clignotante». Ils réalisèrent alors avec stupéfaction que les premières lueurs de l'aube apparaissaient. Se souvenant parfaitement avoir quitté Colby vers 1h00 du matin, ils auraient dû entrer dans le Colorado vers 2h00 au plus tard. C'est à partir de ce moment-là qu'ils se rappelèrent que quelque chose d'anormal venait de se passer, quelque chose d'irrationnel et d'inquiétant, corroboré par des effets psychiques et apparitions furtives auxquels le jeune couple fut confronté par la suite, mais aussi par d'étranges marques physiques découvertes sur leur corps, peu après la rencontre avec l'OVNI.

Les traces physiques se révélèrent être des marques d'aiguilles sur les bras de Carol, des traces en fer à cheval autour du poignet droit, meurtrissures et égratignures sur les bras, la peau craquelée aux environs du nombril. Son mari portait également des marques d'aiguilles à côté du nombril, des traces sur différentes parties du corps en forme de rectangle, des traces de ponctions au creux du coude. Plus tard, alors qu'il roulait sur une route près de Denver, une étrange voix profonde émanant de Joe aurait prononcé cette phrase: «Ceci est ma planète». Joe lâcha le volant de surprise et pendant quelques minutes fut sujet à une vive agitation, gesticulant de façon désordonnée, pendant que la voiture, livrée à elle-même, n'en poursuivait pas moins sa course en ligne droite, à cent km/h. Rentrés chez eux nos deux témoins, montrèrent les traces corporelles à un jeune pasteur et manifestèrent leur crainte d'avoir été enlevés par les occupants d'un OVNI. Curieusement, le pasteur se contenta de leur faire un sermon sur la terre corrompue, les nuisances de la musique rock, le tabac... etc. Sans doute influencé par le sermon, le couple se débarrassa de tous leurs enregistrements de musique moderne et décida de ne plus fumer. Sans doute aussi par le pasteur, Joe et Carol furent mis en garde contre un éventuel interrogatoire sous hypnose, ce qui mettrait leur esprit sans défense pour faire face à une éventuelle intrusion du démon. Durant les nuits qui suivirent Carol dormit les lumières allumées et la Bible sous son oreiller.

Par la suite des phénomènes d'ordre psychiques se manifestèrent: apparition d'une forme lumineuse, semblable aux créatures vues dans l'OVNI qui «regardait» l'enfant et s'évanouit quand Carol se mit à crier. Celle-ci entendit également des voix lui assurant que «les êtres étaient bons».

D'une façon générale, dans le schéma d'ensemble, cette aventure ressemble à celle survenue auprès d'un autre couple américain, Barney et Betty Hill, le 19 septembre 1961. Cet «enlèvement» fit le tour de la presse du monde entier. C'est d'ailleurs depuis ce cas que l'interrogation sous hypnose, à partir d'expériences du genre, fut pratique courante. Des centaines d'interrogations sous hypnose ont ainsi été employées sur des personnes ayant fait l'objet d'une «rencontre inhabituelle». Ce qui ne rend pas le témoignage plus crédible, outre les influences subjectives qui peuvent s'y interpénétrer, il est quasi certain que l'intelligence de manipulation des esprits - c'est ici le cas de le dire – peut très bien installer tout ce scénario dans le psychisme des victimes (on dit maintenant «abductées» de l'anglais «abduction», enlèvement), de façon à ce qu'elles prennent des vessies pour des lanternes; une duperie une fois de plus. En effet, il n'est pas impossible que cette intelligence sache qu'on y recherche le simulacre enfoui dans l'inconscient du sujet. On conviendra qu'il y a beaucoup de zones floues dans ces témoignages «d'enlèvement», paraissant sortir d'un cauchemar, notamment il n'est jamais précisé la façon dont les «abductées» entrent dans le «vaisseau» et en ressortent. Ils se retrouvent là où ils virent l'OVNI, avec souvent un décalage dans le temps, généralement de deux heures, mais aussi dans l'espace.

Il n'est donc pas certain que ces scénarios se passent de la manière dont «on» voudrait nous l'imposer. Cette fausse réalité en cache une autre, la vraie. Du fait que l'hypnose soit le «révélateur» de «l'expérience vécue», il n'est pas déraisonnable de supposer que cette sorte de film paranormal soit imprimé dans le psychisme de la victime choisie. Ce n'est certes pas impossible pour une intelligence supérieure, connaissant bien mieux que nous les zones secrètes de notre psyché. Dans ce cas tout serait imaginaire, fictif. Mais le phénomène OVNI, lui, n'est pas imaginaire, le fruit d'hallucination, il existe réellement, bien qu'il se présente sous des apparences intentionnelles, étrangères à sa véritable nature qui serait plutôt de forme «énergétique». Le phénomène étant trompeur par lui-même, il est donc plus certain que cette fausse réalité, des scénarios «d'enlèvements extraterrestres», en cache une autre, plus conforme à la source de connaissance théologique, pour le peu qu'on veuille bien y adhérer, en conformité de ce que nous en avons dit jusqu'ici.

Il y a donc tout lieu de penser que ces expériences se passent réellement, mais **hors de notre réalité physique,** c'est-à-dire dans «l'autre réalité», celle où des créatures non humaines, agissent en toute liberté, dans leur propre univers, hors de l'espace et du temps. Lesdits «abductées» vivraient donc leur cauchemar en N.D.E.(*), dans une expérience similaire aux «après-vie», mises en évidence par le Dr. Moody. Ce qui expliquerait, d'une part l'impossibilité d'obtenir une preuve matérielle depuis «l'intérieur» de l'OVNI, d'autre part, qu'une fois revenues dans notre réalité temporelle, les victimes se retrouvent avec un décalage dans le temps, ne se souvenant de rien entre le moment où elles voient apparaître et disparaître l'OVNI. Entre les deux faits, il y a ce fameux «missing Time», cette perte de conscience - à rapprocher également des états altérés de conscience -. Donc, ces témoins d'une rencontre rapprochée d'OVNI n'ont pas conscience de ce qui leur est exactement arrivé, si ce n'est que

---

(*) Experiences «hors corps».

parfois, grâce à des repères, ils s'aperçoivent qu'il y a un «trou» dans leur emploi du temps ou dans le kilométrage. En quelque sorte, ils ont été pris dans l'attraction d'une puissante force hypnotique. Effectivement, on note chaque fois que le témoin est **attiré** vers l'OVNI, souvent une source de lumière, comme ce fut le cas dans l'exemple cité ci-dessus: «Sans savoir pourquoi, le conducteur quitte la route, puis dirige son véhicule vers un bois avoisinant». Dans un autre témoignage, une femme d'une trentaine d'années, fonctionnaire dans un ministère à Washington, voit au cours d'une expérience «d'enlèvement», mais depuis l'intérieur de chez elle, apparaître trois créatures ayant un regard terrifiant, ce qui la frappe ce sont **«leurs yeux** noirs, ovoïdes, qui leur font ressembler à de grandes sauterelles métalliques». A partir de cet instant, elle tombe comme en état d'hypnose, incapable de bouger ou de crier. Et l'incroyable arrive: elle est entraînée par ces créatures - démons-sauterelles - **en passant à travers le mur** de sa chambre, pour se retrouver dans leur vaisseau, allongée sur une table... etc., le scénario «classique», pourrions-nous dire! L'intéressant ici, c'est que la victime (on peut réellement qualifier ces personnes «choisies» de victimes) s'est vue passer à travers le mur, ce qui tend bien à prouver que ces «expériences» ne se déroulent pas dans le champ temporel et physique de notre univers. Et qu'il y a donc, chaque fois, un effet hypnotique permettant une «sortie hors du corps», comme dans les expériences de N.D.E. Il est aussi fort possible que cette Puissance de contrôle, depuis ces créatures, n'étant pas elles-mêmes réellement physiques, efface intentionnellement le «scénario» de la mémoire, sachant très bien qu'en réutilisant la technique hypnotique, on viendrait y retrouver l'information, ce qui accréditerait d'autant plus cette sordide expérience, sachant selon **notre** logique, que si on la cache c'est qu'on la désire secrète. Donc plus de chance d'être reçue comme telle. A priori, cette astuce semble porter ses fruits, dans son absurdité la plus absolue, auprès des spécialistes, comme Budd Hopkins, peintre sculpteur américain - dont la plupart de ses toiles représenteraient des «temples, lieux de magie» - qui s'est effectivement spécialisé dans ces «abductions».

Selon un reportage de Marie-Thérèse De Brosses, dans «Paris-Match» (no 2260 du 17.09.92), une véritable psychose de «l'enlèvement extraterrestre» frapperait un grand nombre de citoyens américains. Soit un américain sur cinquante, ce qui équivaut à peu près à 2% de la population. Le phénomène n'intéresse pas les psychiatres, car les personnes sujettes à ces phénomènes, ne sont pas folles ni névrosées, et les scientifiques ne s'y attentionnent guère moins, à cause du caractère d'absurdité des faits enregistrés, et ne répondant pas à nos connaissances; ce qui se comprend bien, sachant que le phénomène est spécifiquement occulte. Budd Hopkins qui a beaucoup enquêté sur ces enlèvements, pense en finalité de ses recherches que «ces aliens appartiennent à une très vieille race épuisée, qu' ils veulent régénérer en faisant des hybrides avec les humains, et c'est ce qui explique, dit-il, toutes leurs expériences génétiques». Selon lui, «des femmes sont inséminées artificiellement, elles sont enceintes et, au bout de deux mois les aliens leur enlèvent le fœtus. Je connais plus de deux cents cas de fœtus disparus, de grossesses interrompues sans que les femmes aient avorté» (Paris-Match). Il paraît tout aussi absurde, pour des êtres sensés dotés de connaissances supérieures à nous, de se livrer à des expériences se déroulant d'une manière si archaïque, fait remarquer le reporter de «Paris-Match», dans son interview auprès d'Hopkins. Certes, c'est évident, d'où l'hypothèse émise, **selon toute logique,** par l'américain. A moins - et ici nous avancerons une autre hypothèse plus probable, toujours fondée sur les bases théologiques - que ces créatures, n'étant pas réellement physiques (bien que prenant une forme matérielle), ne puissent créer la vie. La vie n'appartient qu'à Dieu, et elles ne sont elles-mêmes que des créatures, même si n'étant pas soumises aux mêmes lois que nous, à l'espace et au temps, échappant à notre condition de mortels. En admettant, par leur pouvoir sur la matière, qu'elles désirent fabriquer des sortes de robots biologiques, en vue peut-être de nous préparer **la finalité** de leur plan occulte (car il y en a bien un), d'un «débarquement d'extraterrestres», dépendant directement de leur contrôle absolu (le libre arbitre n'intervenant plus), on est en droit de s'interroger plus sérieusement sur toute cette manigance d'irréalité.

Quoi qu'il en soit, toutes ces expériences traumatisantes, ni plus ni moins que des interventions démoniaques, utilisant les sens psychiques de l'âme, la chimie du cerveau, ne représentent-elles pas un viol psychique, une manipulation sans égard de la personnalité humaine? Comment cela se peut-il? l'explication réside sans doute non dans le domaine physique mais **spirituel.** S'il y a une «ouverture» ou faiblesse psychique, il doit bien y avoir une cause. Et c'est cette cause qu'il convient de découvrir.

L'erreur des ufologues réside dans le fait qu'ils se soient plus intéressés aux indices d'étrangeté du phénomène, c'est-à-dire à l'aspect séducteur du «fantastique merveilleux» plutôt qu'aux personnes concernées. Mais comment pouvait-il en être autrement puisque cette prodigieuse et subtile intelligence, manœuvrant ces scénarios de tromperie, devait nécessairement compter sur les «ouvriers d'iniquité», afin de conduire à l'erreur le plus grand nombre de gens, attendant au fond d'eux-mêmes, une réponse du ciel matériel à leur interrogation: La désertion de la foi devait bien conduire à cette «puissance d'égarement», dont l'Apôtre Paul avait soin de nous avertir... de ses «illusions puissantes qui nous feront croire au mensonge».

Ainsi, cette puissance de fascination a-t-elle déjà jeté son dévolu auprès d'un converti à la foi chrétienne? Absolument pas! Et l'une des premières questions à poser aux victimes de cette manipulation, aurait été de savoir si ces personnes ont reçu le Baptême de l'Esprit. Notons aussi qu'aucun scientifique ne fut pris, jusqu'ici, dans l'attraction de ces manifestations occultes. Mais ceci pour d'autres raisons: il ne serait pas bon que la contrefaçon de cette «super technologie» se découvre trop clairement, ou trop rapidement, le temps que le simulacre «extraterrestre» soit progressivement acquis dans les consciences, via les promoteurs et l'assistance médiatique. Depuis cinquante ans, les différents actes du plan ont largement abouti à cela. L'intelligence n'a plus tellement lieu de présenter ses marionnettes sur la scène, afin d'aveugler ceux qui sont déjà dans l'enténèbrement. Après avoir atteint un point culminant jusqu'à la fin de la décennie soixante-dix, en marge de la décennie suivante, cette intervention s'est estompée. Un coin du voile s'est levé, occulte. Mais il reste sans doute encore que le rideau tombe sur l'acte final, pour qu'enfin le **mystère d'iniquité s'accomplisse au temps marqué**. En parodie du plan de Salut divin, les «extraterrestres, sauveurs de l'humanité», viendront-ils recueillir leurs élus sur les «nuées du ciel»?

Avant d'accéder plus en profondeur dans cette ô combien délicate réflexion, est-il vraiment encore utile de prendre un second exemple «d'abduction», pour fortifier notre conviction? Sans aller plus loin, car à quoi cela servirait-il? En tout cas rien en faveur de la Vérité, telle que nous la comprenons ici. Persévérer dans ces exemples, très spécifiques d'absurdités, serait incontestablement contribuer, malgré nous, à l'enténèbrement des esprits, en faveur de la manipulation intentionnellement voulue par l'intelligence, s'ingéniant à tirer les ficelles derrière les coulisses. Le meilleur service qu'on pourrait lui faire, c'est de lui rendre cet honneur; ce que la «vulgarisation ufologique» s'enorgueillit déjà de faire.

Justement, pour en terminer, nous prenons tout à fait au hasard, extrait de la revue «Lumières dans la Nuit» (dont le but initial était l'alimentation saine et la «spiritualité», type maison «La Vie Claire», ceci au début des années cinquante, alors que le responsable de la revue, à l'époque, était membre «d'OURANOS») le cas suivant, avant le point final (LDLN no 323). Cette «affaire» se passe au Brésil, aux environs de Palhano, à une bonne centaine de kilomètres, au sud-est de Fortaleza, le 5 mars 1992:

«Deux hommes chassaient, l'un, soldat dans la police militaire, l'autre technicien en électronique. Ils remarquèrent dans le ciel une vive lumière qui s'approchait assez vite, sans bruit.

Comprenant que la «chose» s'intéressait à eux, les deux chasseurs prirent la fuite. L'un s'enfuit en se cachant dans les buissons, l'autre voulut sauter une barrière donnant sur une route. C'est alors qu'il fut comme paralysé à la jambe. Il voulut regarder vers le haut, mais tomba au sol. **Lorsqu'il reprit conscience** (souligné par l'auteur), il se trouvait dans une salle de forme arrondie et était lui-même à l'intérieur d'une «bulle». Devant lui se tenaient cinq personnages qui parlaient entre eux dans une langue qu'il ne comprenait pas. Au bout d'un temps assez long, l'un de ces personnages se tourna vers lui, et dit en portugais: «N'ayez pas peur, nous ne vous voulons pas de mal. Nous venons de Cantadoris Decnius (?). Nous sommes les descendants d'un peuple qui a habité sur terre il y a 353.000 ans (allez donc!)... Nous avons un temple construit sur terre il y a très longtemps. Nous sommes à la recherche de nos ancêtres. (...) Les terriens ne découvriront jamais ce secret, qui ne peut être révélé».

Parlant de ce temps, le personnage montra une petite pyramide (*) lumineuse, comme s'il s'agissait d'une maquette de cet édifice, et la créature poursuivit: «Vous connaissez neuf planètes dans le système solaire, mais en réalité il y en a douze» - prodigieuse «révélation»! Passons la description desdits «personnages»: petits, chauves avec de grands yeux rougeâtres en amande, nez aplati, petite bouche en forme de bec, visage triangulaire, bras descendant plus bas que les genoux... etc., bref parfaits petits démons, très éloignés de l'humain fait à l'image de Dieu. On ne peut être très fiers si nos descendants sont destinés à devenir ainsi dans quelques milliers d'années!

Apres ce «scénario», classique du genre de manipulation, notre chasseur brésilien **se retrouva au sol,** dans un état de stupeur intense. Il avait aux bras des brûlures et éprouvait une forte douleur aux hanches».

Ce cas considéré comme digne de foi après enquête menée par un juge militaire et la police brésilienne, nous dévoile, comme dans toutes les autres expériences «d'enlèvements OVNI», un tissu grossier d'absurdités. Nous l'avons déjà montré, il y a plus de vingt ans dans la revue «OURANOS», le phénomène OVNI est en premier lieu **absurde** lorsqu'il cherche à communiquer, à s'exprimer. Dans la compréhension que nous en avons, ceci peut s'expliquer si nous considérons ces, ou cette, intelligence(s) dépourvue(s) «d'identité spirituelle» propre, détachée du «regard

(*) La pyramide représente la source de la puissance occulte.

divin» de l'Esprit; elles n'ont que le choix d'une stupide singerie pour tenter de s'identifier à nous. Même dans leur prodigieuse machination elles n'y réussissent pas vraiment. Il y a semblant de moqueries et d'intelligence inadéquate à une prétendue «race supérieure» très ancienne. Cette intelligence déconsidère l'être humain, en le manipulant sans indulgence, le rangeant plus bas qu'un animal. Fonction de tout ce que j'ai pu dire, dans ce livre, le lecteur ne peut plus guère s'en étonner, vu la place qu'occupe l'homme dans la création, et son devenir. Malgré le dualisme de sa condition, et son penchant pervers naturel... puisqu'il est fautif mais non coupable, d'avoir pêché contre Dieu sans intention mais **par séduction,** dépourvu de la vision globale de l'ange. Alors que Lui, l'Ange, savait de son choix amener la rébellion dans l'univers.

Le scénario OVNI est un «classique» dans les annales de l'ufologie. Il se déroule hors de notre réalité. Est-il seulement réel? Tout s'inscrit dans le souvenir conscient ou inconscient du sujet à partir du moment où il perd pied, justement, avec notre réalité: «Il voulut regarder vers le haut, mais tomba au sol. Lorsqu'il reprit conscience, il se trouvait dans une salle...etc.». Je l'ai déjà montré au cours d'une autre démarche, le vecteur de manipulation part d'un stimulus sur le cerveau, depuis une source lumineuse, voire d'un rayonnement ou champ d'induction inconnu. Entre cette action initiale, la «victime choisie» est manipulée dans son psychisme où s'inscrit le scénario se déroulant sur un autre plan de réalité, ce qui ne veut pas dire qu'il n'a pas lieu, mais c'est un «montage», une tromperie voulue dans un sens déterminé... «extraterrestre». Seulement ces mises en scène, tant internes qu'externes dans le leurre, ne peuvent assurément durer qu'un temps. A la fin le «piège» finit par être éventé. Hormis les contactés - liés par un «pacte d'alliance» - depuis quelque temps, de plus en plus d'ufologues commencent à se ranger à cette évidence des apparences. Mais le pas essentiel, le plus difficile à franchir, c'est de reconnaître que cette Puissance d'égarement des esprits - qu'aurait aussitôt discerné Saint Paul en son temps - est de nature démoniaque, qu'elle connaît l'homme mieux qu'il ne se connaît lui-même, et que si elle ne peut l'atteindre directement dans son esprit, elle contourne cet interdit en l'aveuglant par manipulation psychique, la «sphère» la plus fragile, la plus sensible de l'être humain, sans être la plus noble.

A cause de leur caractère absurde et de tromperie, ayant pour but la manipulation des esprits, ces actions ne peuvent être que l'œuvre d'une intelligence étrangère à la source divine, du fait même que Dieu se trouve à l'opposé des forces du mal. Il ne peut châtier lui-même, mais Il peut très bien laisser agir les forces des ténèbres envers les hommes, responsables de leurs fautes. C'est aussi, à ce niveau, qu'intervient le mystère d'iniquité.

Enfin, pour dire un dernier mot sur les humanoïdes vus près des OVNI, les nombreux éléments de témoignages rassemblés permettent de dire, de manière définitive, que ceux-ci ne sont là que pour le décor, afin de dresser le «scénario extraterrestre». Le regard froid, sans expression, inhumain, de ces créatures, quand il a pu être observé, témoigne qu'il n'y a pas de véritable vie en elles. Tous ces éléments qu'on a pu noter au cours des observations - et de nombreux témoins ont pu être interrogés - montrent inexorablement que ces «animés» sont des créations artificielles. Ce ne sont pas des corps vivants mais plutôt des **golems,** non animés du souffle de l'Esprit de Dieu, comme il en a été pour l'homme, selon la Genèse, mais **par l'esprit satanique**, ce qui explique leur comportement limité et imité de nous-mêmes. Or, «le Dictionnaire des symboles» définit le golem de la façon suivante:

«Golem: Dans la légende judéo-kabbalistique, signifie une sorte d'homme-robot. Le golem est l'homme créé **par des moyens magiques ou artificiels en concurrence avec la création d'Adam** par Dieu. Cette création du golem s'effectue par imitation de l'acte créateur divin et peut se présenter en conflit avec lui. **Le golem est muet**...» (Le Golem p. 481).

C'est on ne peut mieux plus explicite, concernant ces humanoïdes, d'allure robotique, précisément, et tout particulièrement ces entités biologiques, sans fonctions définies, dont un exemplaire mort, autopsié, nous a été présenté lors d'une émission télévisée en 1995, à l'occasion de cette fameuse affaire dite de «Roswell». Ces «constructions», ne pouvant sans doute être maintenues «animées» que durant un temps déterminé, ne sont que des subalternes, les instruments des véritables intelligences qui les manipulent. En fait, ces créatures, toutes supérieures qu'elles sont, jalousent l'homme pour des raisons déjà exposées, et on comprend mieux qu'elles aient si peu de considération, et beaucoup d'indifférence, envers les humains.

La manipulation «extraterrestre» exerce donc son pouvoir de deux manières distinctes; par des scénarios fictifs de formes matérialisées, en agissant sur certaines zones secrètes du cerveau, l'inconscient. Dans le premier cas l'intelligence, instigatrice de ces scénarios , fait agir, temporairement, quelques marionnettes, types humanoïdes, dans l'environnement d'un OVNI, ayant l'**apparence** d'une «technologie spatiale». Ce sont des «matérialisations spontanées», une action de génie, du génie infernal, par laquelle les forces occultes des ténèbres trompent les humains par des illusions fabriquées, des leurres, afin de nous égarer et de nous occulter sur leur véritable but. Prodiges de fascination d'autant plus inquiétants, que l'intérêt passionné pour ces questions, conduit lui-même à l'aveuglement, créant une **dépendance psychique**, et par ce biais, à **une emprise sur l'esprit.** Bien entendu, le problème n'est absolument pas perçu de cette façon par les tenants de l'ufologie, afin de «ne pas discréditer le problème», selon les termes de l'un des «défenseurs», ou encore d'adopter une «attitude négativiste», selon d' autres.

Afin d'illustrer notre démarche sur les interventions de leurres matérialisés, nous citerons quelques extraits de rapports d'enquêtes de la «Commission OURANOS» - mais avant cela - face aux interrogations que ces manifestations imposaient, voici ce qu'à propos le Comité d'études de la Commission écrivait, en 1976:

*«Les humanoïdes n'ont pas fini de nous étonner. Ordinairement leur démarche souple peut aussi apparaître lourde et mal aisée. Dans plusieurs cas, les occupants d'OVNI ont de singuliers comportements: ils peuvent se mouvoir à quelques centimètres au-dessus du sol, **en glissant** ou **en flottant,** parfois dirigés par un rayon de lumière, ou encore voler avec la plus grande aisance. Cette nouvelle caractéristique peu commune ne manquera pas de nous surprendre, mais des cas du genre ont été signalés dans plusieurs pays(...) Ces créatures n'ont pas besoin de moyens spécifiques pour se maintenir de la sorte dans l'air (mis à part ce rayon ou «colonne de lumière» qui, parfois relie ces êtres à leur «véhicule» comme d'un support ascensionnel...) puisent-elles, elles-mêmes, avoir la force nécessaire pour réaliser de tels exploits?»*

Voici donc maintenant quelques extraits de rapports d'observations ayant trait à ces «êtres magiques»:

- A **Tonnerre** (Yonne), le **4 septembre 1953,** Madame D. aperçoit deux objets, l'un rond, l'autre allongé. Puis surgissent trois petits personnages d'environ 1,50 m, coiffés de casques et chaussés de bottes **qui courent comme s'ils ne touchaient pas le sol.** Aussitôt les êtres réintégrèrent la sphère et, **en quelques secondes, disparut dans le ciel.**

Question intéressante de Madame D.: «Pourquoi ces êtres se donnaient-ils la peine de faire des mouvements de jambes comme nous, alors qu'ils ne touchaient pas le sol? Nous répondrons: tout simplement pour mieux concrétiser (grossièrement) le leurre, suivant le scénario classique. Dans le **Kansas,** en **septembre 1954,** le jeune John J. Swain, 12 ans, fils d'un fermier, revenait des champs à 20h sur le tracteur de son père, quand il vit surgir un être de la taille d'un enfant de 5 ans, à moins de dix mètres de lui. **La créature ne touchait pas le sol et semblait voler** vers un objet en forme de «soucoupe». Le petit être plongea à l'intérieur, l'objet s'éclaira et s'éloigna à la vitesse de l'éclair.

A **Viamas** (Brésil) **en janvier 1958** -Témoins: cinq personnes. Apparition **soudaine** d'une forme circulaire lumineuse surgie d'un embrasement du ciel (...) scénario habituel de deux êtres, puis de trois autres, apparus soudainement, vêtus d'une combinaison blanche faite d'une seule pièce. Les cheveux tombaient sur les épaules, ils ressemblaient à des «anges», selon l'expression du témoin. La présence de ces créatures près du disque fut **spontanée, comme une matérialisation** (terme repris du rapport original), la disparition fut de même. Ces créatures ne touchaient pas le sol... elles donnaient l'impression d'être comme portées par les eaux quand la marée est montante, selon les dires de l'un des témoins.

Traces relevées au sol: empreinte de pas (alors que les êtres ne touchaient pas le sol?), comme produites par des pieds nus aux orteils très longs, certaines, plus petites, semblaient correspondre à un talon lisse et une semelle représentant au milieu **une sorte d'étoile à cinq branches**, dont l'une était dirigée à l'avant de la chaussure. Ce petit détail ne manquera pas de nous faire penser à l'empreinte laissée par l'être vu par G. Adamski, en 1952, de même description et «type angélique»: on y releva aussi un symbole ésotérique, en l'occurrence le **svastika;** indications intéressantes, aussi anodines soient-elles, sur la «signature occulte», si l'on peut dire, concernant la nature et provenance de ces êtres. Mais pour en revenir à l'étoile à cinq branches, ce symbole est plutôt significatif de la signature occulte. En effet, il signifie que c'est l'esprit qui possède la matière. Il génère le pentagone - étoile à cinq branches - que l'on retrouve dans une pomme coupée selon l'équateur. Il représente cette faculté de **l'illumination luciférienne** comme Adam et Eve mangeant la pomme, fruit de la Connaissance. On représente souvent Satan sous la forme d'un bouc avec une étoile à cinq branches sur la tête. L'esprit qui possède la matière est donc l'esprit luciférien qui est dans l'ordre naturel, avec son pouvoir d'action sur la matière et sur les hommes.
- A **Bouzais** (Cher) le **25 septembre 1954,** un vigneron ressent une sorte de vibration. Au même moment une masse de feu s'abat à une cinquantaine de mètres de lui. La lumière s'atténue et apparaît alors un engin d'une dizaine de mètres de diamètre. Trois petits êtres surgissent, le témoin est paralysé. **Puis tout s'éteint...** fin du scénario.

Il nous semble inutile de poursuivre la liste de ces apparitions d'OVNI, déjà anciennes, mais le «figuratif» est toujours quasiment le même; une très abondante littérature y a déjà été consacrée. Les expressions des témoins qui reviennent couramment sont: «comme une lampe qui s'éteint», «tout s'est éteint» ou encore «comme l'écran d'un poste de télévision qu'on débranche»... Ce qui laisse penser que lorsque les êtres sont vus réintégrant l'engin - parfois en «plongeant» - et qu'ensuite celui-ci s'éloigne à la manière d'un objet propulsé (alors qu'il n'y a aucun système de propulsion). Ce n'est qu'un scénario de plus, nous laissant ainsi croire à l'existence de vaisseaux extra planétaires, visitant notre planète, nous «auscultant». Ce qui paraissait fort évident lors des années cinquante. Par la suite, les scénarios varièrent quelque peu, puis il y eut la période plus «agressive» des enlèvements, à partir des années soixante-dix, les fameux «abductées» dont nous parlions précédemment. Mais dans pratiquement tous les cas, ces apparitions furtives et silencieuses relèvent plus de «l'illusion magique», par manipulation de l'énergie-matière, accompagnées tantôt de «golems», tantôt de créatures angéliques matérialisées dans notre univers, car elles en ont aussi le pouvoir.

Bien des hypothèses ont été émises au sujet de ces apparitions - car on peut bien parler ici d'apparitions - plus ou moins nébuleuses, car observées selon des versions par trop matérialistes. Et comment pourrait-il en être autrement? Puisque le phénomène, «programmé» par l'Intelligence occulte, exécute ces scénarios par rapport à ce que nous sommes susceptibles de croire ce «qu'ils» sont. En d'autres époques les apparitions inexpliquées se présentent différemment, sous d'autres «structures» et les écrits anciens, la plupart des textes sacrés, suivant les traditions, les croyances de l'époque, fourmillent d'exemples similaires. Les démonstrations magiques, se jouant à l'aise des lois physiques, nous illusionnent forcément. Notre conscience n'est pas «éveillée» à cette autre réalité, et nous sommes placés sur un plan d'existence diffèrent, **inférieur par sa matérialité**. Alors que nous avons ici affaire à une Puissance occulte surnaturelle, ou plus exactement préternaturelle, du fait qu'elle cherche à tromper les humains en toute indifférence et dépit. Il ne nous semble pas difficile de dire que cette tromperie - dont nous connaissons désormais le but - est de nature satanique. Apparemment pas mauvaise, comme me le fait remarquer Didier Gomez, un ufologue se rangeant à notre conviction, au moment où s'écrivent ces lignes. Pas mauvaise certes, car elle n'atteint pas directement à la vie, mais néanmoins **pernicieuse,** car c'est l'esprit humain qui est visé dans l'ensemble. Or, nous l'avons déjà dit, l'esprit est la parcelle de vie, **inhérente à l'âme, principe de vie**, donc substance immortelle, tandis que le corps va à sa dégradation, dans sa condition déchue, meurt et retourne à la terre. Il y a donc une raison évidente, fondamentale, que nous avons mise en lumière, dans un chapitre précèdent, faisant que cette intelligence s'attaque plus à l'esprit, en infiltrant le psychisme, qu'au corps. Le danger, en tombant dans l'attraction de ces puissances, est donc proprement **spirituel** et rien d'autre. C'est la vie spirituelle qui en dépend, vie qui nous rattache à Dieu, mais qui n' est pas une «déité créatrice» nous faisant des dieux, autrement nous retombons dans la séduction originelle, **mais toujours la même** de cette intelligence qui nous dit. «vous serez comme des dieux» (Genèse). Mais l'esprit d'enténèbrement et rationnel vous dira encore de laisser au placard tout ce folklore qui encombre notre mental, car la conscience humaine est maintenant suffisamment évoluée pour ne plus croire à toutes ces sornettes. Les influences seront toujours là, suggestives, obsédantes et tenaces dans les esprits, afin de nous faire détacher de l'essentiel. Mais c'est l'affaire de chacun de se rendre responsable, sachant que La Vérité, en elle-même spirituelle, va là où elle sera reçue en vérité.

# VOYAGER DANS LE TEMPS SOUS HYPNOSE

La technique «moderne» de soumettre les «abductées» sous hypnose n'offre aucune crédibilité à l'information puisée dans l'inconscient. On ne sort pas de la tromperie paranormale. Outre le fait que l'intelligence sait y inscrire le leurre - que celui-ci soit purement illusoire ou se déroulant «hors du temps» - nous savons que l'inconscient est utilisé, en servant de canal médiumnique à la force occulte pour s'extérioriser auprès de nous. Le médium en est un instrument. Que l'émetteur soit «extraterrestre» ou «l'esprit» (dans le cas du spiritisme), quelle importance? Les sectes occultes, du genre de celle de l'Ordre du Temple Solaire, appellent la «force cosmique» (ou les «énergies») en se mettant en cercle pour un «voyage»... vers Sirius, en choisissant les «fenêtres solsticiales». L'adepte, investi par cette force satanique, est tout autant manipulé, sous emprise psychique, que celui ou la force hypnotique de l'OVNI a jeté son dévolu, pour un voyage hors du temps. Mis à part que dans le premier cas on ne revient pas du voyage. L'adepte pense s'unir au «principe suprême» ou «conscience universelle», dans lequel le moi se perd dans l'infini d'un «Absolu divin» ou dans un état de sérénité absolu, persuadé d'échapper ainsi aux aléas des incarnations terrestres. La réincarnation est en effet une croyance acquise par la grande majorité des sectes ésotériques.

Le canal médiumnique est donc la condition requise pour le «contact occulte». Les contactés d'OVNI ne sont-ils pas eux-mêmes des médiums? Télépathiquement, ils reçoivent des messages d'entités se prétendant extraterrestres. Dès lors que l'entité se nomme, transmet son nom **comme un code** pour établir le contact, nous pouvons être assurés qu'un pacte d'alliance est effectif. Les «communications» ne se passent guère différemment dans les cercles de spiritisme, au cours des rituels afro-brésiliens, où l'on invoque l'esprit, ou le dieu finit par incorporer le médium, dans une double personnalité. La voix qui s'exprime est différente de celle du sujet, devenu un instrument. Dans le cas d'un «contact OVNI» avec présence d'un OVNI et humanoïde, pour le folklore, lorsqu'il y a relation avec le témoin, celui-ci s'effectue aussi par transmission de pensée. Nous sommes quasiment certains que l'entité agit **par transfert**, en utilisant le cerveau du témoin, ou du médium, selon le cas qui se présente. Mais en dehors de la forme, le processus du «contact psychique» est toujours le même et est aussi vieux que le monde. Le plus illustre exemple de spiritisme ancien est celui connu de la Pythie de Delphes, où l'on venait de loin pour consulter les oracles. Nous avons aussi, dans l'Ancien Testament, celui de la prophétesse d'Endor (Samuel 28:8).

Dans de nombreux cas de régression hypnotique, les sujets se sont mis à parler dans des langues étrangères qu'ils ne connaissaient pas, et souvent même des langues anciennes, comme l'araméen, aussi en latin. Le plus souvent, là-aussi, la voix du sujet est différente. Donc, qui s'exprime à sa place? phénomène d'autant plus troublant que, la plupart du temps, les sujets racontent des faits historiques peu connus, dont ils n'ont manifestement jamais entendu parler avant d'entrer en transe hypnotique. L'absence des «explications normales» dirigent sur le paranormal.

Dans tous les cas, que ce soit lors d'un «contact OVNI», avec scénario d'enlèvement, de spiritisme médiumnique, de régression «post mortem», les sujets se trouvent, à des degrés divers, dans un état extatique de déconnexion consciente, en état altéré de conscience. Ils représentent donc un «canal» d'une force intelligente et intemporelle, capable de puiser des informations dans le passé culturel individuel et collectif, puis de les «redistribuer» par transfert. Les informations ainsi «distribuées» sont alors parfois vérifiables, admises comme authentiques, et d'autres fois elles sont insuffisantes ou erronées. On retrouve toujours, dans ce contexte, le facteur prépondérant de «vrai» et de «faux», très caractéristique de l'occulte. L'émetteur est donc mensonger dans son intention d'induire en erreur, c'est la perpétuelle tromperie que l'on retrouve toujours dans «l'univers OVNI».

Quoi qu'il en soit, des expériences de «contacts» avec l'occulte, par une perte de conscience (contacts OVNI) ou d'altération de la conscience, d'état de transe (médiumnité, hypnose...), il en ressort que l'esprit se détache de toute réalité extérieure, le conscient s'efface (déconnexion du néocortex) au profit de la partie inférieure du cerveau, l'inconscient, dont le siège serait le paléocortex, en état alpha, entre la veille et le sommeil, pouvant aller jusqu'au niveau vibratoire thêta (les ondes du cerveau étant classées en quatre catégories de fréquences distinctes). Il y a donc **totale inversion**, en passant, en quelque sorte, de la vie normale, ordinaire, à la vie inconsciente, paranormale; de l'ordre naturel à la vie chaotique. Cette ouverture **inversée,** ce «canal» débouche fatalement dans l'univers ténébreux, où précisément les forces occultes semblent avoir l'autorité du contrôle; terrain propice à la manipulation mentale, connu aussi des gurus de sectes, sachant qu'en affaiblissant la résistance du conscient, par le lavage de cerveau, par exemple, amplifié par une alimentation exclusivement végétarienne, ils peuvent asservir leurs adeptes, en les plaçant sous leur dépendance psychique. L'hypnose et l'autohypnose (transe) y sont aussi souvent pratiquées. Le problème c'est que ces états altérés de la conscience ouvrent les portes extra-sensorielles, et que, même une fois «réveillé», le sujet reste dans l'état médiumnique, rendant favorable «l'intervention occulte», sous dépendance de l'hypnotiseur ou de la force occulte qui a produit cet état: les portes de l'E.S.P. sont ouvertes. En effet, la transe permet la réception d'informations paranormales, depuis l'émetteur, que celui-ci soit humain, ou issu de «l'énergie cosmique». Cela fait que certains (les choisis) sont sensibles aux manifestations occultes, quand d'autres y sont complètement hermétiques. Par ailleurs, dans le cas d'un contact télépathique, il y a nécessairement synchronisation des ondes cérébrales entre émetteur et récepteur, en état alpha d'altération de la conscience, impliquant une mise en résonance vibratoire avec les vibrations subtiles de la force occulte, d'origine non humaine, en prise directe avec les fonctions du champ psy. **Ce principe de résonance est d'ailleurs valable pour tous les genres de vibrations**, les ondes de forme et les ondes psycho-vibratoires. D'une manière générale, dans ces relations «psychiques», l'inconscient occupe une place prépondérante, mettant en cause certains mécanismes neurochimiques du cerveau dans l'apparition des états altérés de conscience, indispensables à la relation paranormale. Ainsi, avec le consentement du sujet (qui accepte ou recherche le contact occulte), et en utilisant cette inversion de l'ordre naturel neurochimique du cerveau, les forces occultes, que nous connaissons, peuvent parvenir, par ce biais, à obtenir un certain contrôle de l'esprit, ou du moins à le placer **sous emprise** de leur puissance d'attraction, tout en utilisant la «séduction du dedans». La seule façon de nous garantir de ces influences, est d'affermir notre conscience spirituelle, par l'éveil de l'esprit, en quête de la véritable Connaissance divine. On y fait totalement obstruction.

# LE SUBLIMINAL EN RECOURS DES EXPERIENCES TRANSPERSONNELLES

Quel que soit le vecteur de résonance, stimulant le cerveau sur la source d'attraction hypnotique, les états altérés de la conscience représentent, semble-t-il, la condition nécessaire pour la relation paranormale. Ces expériences, à l'instar du contact OVNI, viennent donc confirmer l'importance des mécanismes neurochimiques du cerveau, suivant la technique utilisée, de manière intrinsèque (hypnose régressive, transes, yoga ou autres pratiques psychiques) ou extrinsèque (champ de rayonnement d'un OVNI). Ce sont des états d'illumination plus ou moins développés, neurochimiques, obtenus à la suite d'une mystérieuse alchimie physico-chimique dans le cerveau, ayant plus particulièrement pour siège l'inconscient et le subconscient: une voie ouverte vers le monde des ténèbres et du désordre psychologique, du chaos. En cela, toute pratique psychique, faisant appel au mental, est extrêmement dangereuse pour l'équilibre de l'être, du fait de sa rupture avec l'ordre naturel des fonctions humaines. Le «self control», la maîtrise de soi est volontairement abandonnée, produisant un phénomène de résonance avec la source de fascination hypnotique, en se mettant en contact avec les «puissances cosmiques», n'étant autres que les forces occultes démoniaques, sous camouflet de séduction.

Les expériences OVNI se rangent donc dans la même catégorie que les expériences psychiques, d'autant plus que la mise en pratique de celles-ci permette d'établir la relation avec l'intelligence OVNI. Ce sont des puissances exerçant leur emprise sur le psychisme, la «substance inférieure» de l'âme, celle des sens, détachés de la volonté, du fait que la maîtrise de soi est abandonnée, laissant la porte ouverte à ces «puissances de contrôle», spirituelles malfaisantes, que l'Ecriture appelle «esprits séducteurs». En dehors du fait que le «contact occulte» aboutit généralement à un «pacte», où l'initié revêt une partie de cette puissance, en échange de son identité spirituelle, les conséquences des influences occultes sont graves pour l'équilibre psychologique, du fait de cette «empreinte» indélébile sur le psychisme: troubles d'ordre physiques ou psychiques; dépressions, angoisses, oppressions, cauchemars, affaiblissement de la volonté, épilepsie, suggestion au suicide, et bien d'autres maux indéfinissables et inguérissables.

Parallèlement, la psychologie des profondeurs, dévoilée par les drogues psychédéliques, le L.S.D. (acide lysergique, alcaloïde extrait de l'ergot de seigle) en particulier, remplacé aujourd'hui par des drogues encore beaucoup plus puissantes, destructives, montre que les recherches qui ont été menées dans ce domaine par des psychiatres, sont venues confirmer que cet univers dans lequel évolue la conscience altérée, véhicule les mêmes expériences transpersonnelles. Par exemple, les recherches entreprises par le Dr. Stanislav Grof, en Tchécoslovaquie, poursuivies aux U.S.A., permirent d'établir que les drogues psychédéliques constituent **un puissant amplificateur chimique de l'inconscient**, permettant d'accéder aux zones les plus mystérieuses du psychisme humain, et de vivre notamment des expériences transpersonnelles d'identification au cosmos, de voyage dans le temps, de réincarnation, parmi d'autres («Royaumes de l'inconscient humain» par S. Grof, Ed. du Rocher, 1983).

On peut donc comprendre, pour amplifier l'action de ces puissances, que l'emploi des drogues psychédéliques, comme le L.S.D., fut associé à la musique rock. Par exemple, «l'Acid

Rock» des Beatles, avec «Yellow Submarine» (le sous-marin jaune, hallucination psychédélique), et des Rolling Stones avec «Brown Sugar» (Cocaïne). Un pas de plus était fait dans la désorganisation du processus mental. Mais pour «accorder les violons» avec la «fréquence occulte», il fallait rajouter à cette action, une dernière touche, en l'occurrence celle qui conduit à l'occulte, au culte satanique, afin d'établir la connexion, en résonance vibratoire, avec cette Puissance cosmique qui manœuvre le phénomène OVNI. Nous y relèverons la même relation démoniaque, dans la manipulation psychique et ce, toujours en utilisant la partie inconsciente et subconsciente du cerveau. Ce dernier accord qui manquait, entre la drogue et la musique rock satanique, était **le subliminal.**

C'est avec les Beatles, que pour la première fois dans l'histoire du disque, on introduit des messages subliminaux pour transmettre «l'évangile de Satan». Parmi les «initiés» en la matière, il faut mentionner Mick Jagger, archiprêtre satanique des Rolling Stones, Black Sabbath, Led Zeppelin. Il est connu que les compositeurs de musique rock furent eux-mêmes initiés au cours d'un rituel occulte. Mick Jagger est membre de l'Ordre de la «Golden Dawn» fondée par Aleister Crowley. A partir des années quatre-vingts, on a vu prendre naissance une forme de musique rock dont le but était de pousser les auditeurs au suicide, à la violence collective et aux meurtres. Cette action occulte se faisant par l'émission de messages subliminaux, échappant aux sens extrêmes, mais pénétrant dans le subconscient. Cette technique est donc aussi un viol de la conscience, puisque comme dans les expériences sous hypnose que nous avons vues, la volonté est complètement mise de coté. C'est même de l'hypnose vicieuse, pour diffuser un message dans le subconscient qui le décode, et le restructure pour le transmettre à la conscience. Le processus est quasiment le même dans les scénarios OVNI, quand l'intelligence occulte, par entités interposées, inscrit une scène banale dans l'inconscient du témoin, qui va être retrouvée sous hypnose. Dans tous les cas, le canal E.S.P. étant ouvert, le message (ou le scénario) reste inscrit.

Comment ne pas reconnaître dans ces techniques subliminales, l'œuvre de ces mêmes puissances occultes, des ténèbres, sur le psychisme afin d'atteindre l'esprit, par ce biais, en le plaçant sous contrôle de cette puissance? Œuvre de manipulation et de déstabilisation de l'esprit. Il y a quelques années, lors d'une interview, les Beatles disaient: «Notre musique est capable de causer une instabilité émotionnelle, un comportement pathologique, voire même la révolte et la révolution». N'est-ce pas l'aveu d'une influence néfaste sur le comportement, susceptible, quand elle est dirigée sur les masses, la société en général, d'orienter la pensée et la volonté des personnes, en la galvanisant? Cela nous rappelle le courant nazi, issu de la société secrète de Thulé, et le rôle joué par Hitler sur l'influence des foules... et les conséquences qui en résultèrent: l'esprit nazi y fit des ravages. L'esprit de révolte, c'est l'esprit luciférien qui est aussi une action de puissance sur les esprits, en créant une dynamique hystérique collective. Et comment ne pas encore retrouver un rapprochement dans les mises en scène rock avec les symboles et la musique des nazis? Ces mêmes symboles occultes que nous retrouvons aussi, parfois, dans certaines apparitions d'OVNI? Tout ce travail de l'ombre est subtilement et efficacement mené. Comment toucher les racines d'un peuple si ce n'est par sa jeunesse? Que ce soit par la musique rock, la drogue, les pratiques occultes, les contacts OVNI, c'est en premier lieu, les plus jeunes qui sont concernés. Ils représentent en plus, la société du New Age, où l'esprit impersonnel se substitue à l'Esprit personnel du Dieu vivant. Seulement, une telle société ne peut perdurer longtemps; l'issue fatale va au contrôle des masses **et à la destruction par la violence, le déclin moral** et **spirituel**. Toute cette action, concertée et habilement menée par ceux qui tirent les ficelles derrière les coulisses, va de manière progressive, palier par palier, préparer le terrain de l'Antéchrist, qui aura à peine le temps d'inaugurer l'ère nouvelle du Verseau, en pensant s'installer sur le déclin et la disparition du christianisme. Toute cette action, dans sa globalité tend à cela. L'esprit n'étant plus ce qu'il était, qui encore peut le comprendre? Ce stade de dégradation des authentiques valeurs, dites autrefois chrétiennes, nous semble déjà dépassé, le point de non-retour atteint. Tandis que les devants de scènes ne sont que **des marionnettes, ignorant même ceux qui, dans l'ombre, les font animer**. Hors du fait que, depuis un certain temps déjà, les médias vont dans le sens à dénaturer tout ce qui relève du christianisme, à mettre en doute les Evangiles, la Résurrection du Christ, l'authenticité du Suaire du Rédempteur, pendant que les promoteurs du New Age, les agents de l'occulte et des OVNI, préfèrent voir dans les tablettes en terre cuite, cunéiformes, de Sumer, le commencement de l'humanité par les «dieux célestes», et que la Bible, elle-même falsifiée, constitue un «recueil» de cette origine. Terminons par un court extrait du «Devil's White Album» des Beatles disant que: «le christianisme va disparaître, il va régresser, se désagréger; j'ai raison et l'histoire me donnera raison. Déjà nous sommes plus populaires que Jésus-Christ... etc.» Qui peut encore en être choqué dans le nouvel esprit actuel, si ce n'est que le tout petit reste, fidèle à la Tradition de l'Eglise primitive, issue des apôtres et des apôtres du Christ qui en est le fondement de base, la pierre de faîte de cette Eglise?

# LE GRAND COMBAT DANS LE CIEL ET SUR LA TERRE OÙ LES «O.V.N.I.» ENTRENT EN ACTION, SELON l'INTERPRETATION DE l'ECRITURE CONFORME A LA PENSEE CONTEMPORAINE

Le phénomène OVNI a été abordé dans sa dimension spécifiquement satanique, aussi largement que possible, par rapport à l'Ecriture (Ancien et Nouveau Testament) qui nous apporte un certain éclairage au sujet de ces forces des ténèbres: celles-ci étant présentes sur terre depuis le début de l'humanité. Mais tout n'a pas été dit, et je suis bien conscient de mes limites dans ce qui peut se dire - et aussi des moyens mis à ma disposition - sans courir le risque à des oppositions, en contre-réaction, à cause de l'ignorance intentionnellement entretenue parmi la grande majorité («donnez-leur des jeux et du pain... et - de nos jours - la T.V.) et de l'enténèbrement des esprits, qui ne peuvent donc percevoir (ou recevoir) la vérité sans la grâce divine. Ils sont donc totalement fermés à cette grâce par l'aveuglement et la séduction, permettant aux manipulateurs de l'ombre de le prendre en main, en attendant de le contrôler totalement, grâce aux nouvelles sources magnétiques de l'informatique. Nous sommes parvenus à ce temps ultime, où nous allons voir la phase finale de l'Ecriture s'accomplir. Ce qui signifie que notre humanité suit un dessein irrévocable que l'Éternel seul connaît, mais qui a eu la sagesse, pour ceux qui en ont aussi l'intelligence, de nous prévenir dans les textes inspirés des grands prophètes, et par le Verbe incarné, en son temps, de ce que nous devons retenir de son enseignement, contenu dans le dépôt sacré des quatre Evangiles.

Face aux limites qui s'imposent et des barrières à franchir pour aller plus loin, je pense néanmoins avoir suffisamment montré l'aspect négatif du phénomène OVNI. Dans une conférence, donnée imprudemment en milieu ufologique, qui voit des extraterrestres dans les parfaits petits démons (c'est d'une telle évidence! et quel aveuglement!), je me suis rendu compte que cette négativité ne peut être comprise parmi les «partisans»: je faisais l'expérience (pas la seule) d'une inversion de «polarité spirituelle». Ce n'était pas le même Esprit. Autant parler dans un désert! Ce petit fait, apparemment anodin, me montrait où nous en étions; cette fameuse fermeture de l'esprit... et que finalement plus rien ne retient celui qui doit venir. Le terrain étant pratiquement prêt à le recevoir.

Tout n'a donc pas été dit, mais l'essentiel des OVNI, et de leur environnement, a été fixé sur ce papier. C'est un problème de grande envergure, possédant différentes facettes; lorsqu'on tire sur ce «fil d'Ariane» du bon côté, tout vient avec. Après beaucoup de temps à y consacrer cependant, et avec la puissance de l'esprit, on peut parvenir à découvrir ce qui se trame derrière les coulisses du monde, qui n'a plus besoin de penser. La vidéo a remplacé la véritable Connaissance contenue dans les bons livres, parmi les plus anciens, le domaine des sens, celui de l'Esprit. D'une génération à l'autre, une «nouvelle forme de pensée» s'est installée dans les consciences, de ceux destinés à l'Ere nouvelle. Normalement ce nouvel esprit s'attache à une autre compréhension, une nouvelle conscience... cosmique (du cosmos, qui en grec, signifie ordre), d'un **nouvel ordre du monde.** Donc, sur les ruines de l'ancien. Qu'est-ce à dire? Sinon que les maîtres du monde, détenteurs de la puissance occulte, voient (pensent) leur dessein parvenir à ses fins: la civilisation judéo-chrétienne, et plus deux mille ans de christianisme en particulier, disparaître par leur travail de sape progressif. Le christianisme noyé dans le syncrétisme des religions, d'un même dieu, où Adonaï est Lucifer et Lucifer est Dieu, suivant toujours ce renversement de polarité spirituel. Lucifer est effectivement **un** dieu, un dieu parmi les dieux, où il est le chef de file, depuis qu'il est «tombé sur terre», à l'origine du grand combat qui s'est déroulé dans le ciel. Entre les bons anges et les mauvais anges (aujourd'hui, en parodie du prochain grand combat sur terre entre les «bons» et «mauvais» extraterrestres: la race des grands blonds nordiques, de type slave, contre les «gris»).

Saint Jean écrit, en effet, dans son Apocalypse: «Alors s'engagea un combat dans le ciel: Michaël et ses anges combattaient contre le Dragon. Le Dragon combattit ainsi que ses anges, mais ils n'eurent pas le dessus, **et leur place ne se trouva plus dans le ciel»** (12:7-8) et Jean poursuit: «Et il fut précipité, le grand Dragon, l'antique Serpent, celui qu'on appelle Diable et Satan... il **fut précipité sur la terre, et avec lui ses anges furent précipités».** Et plus loin, il ajoute: «et il s'en alla **faire la guerre** contre ceux qui restaient de sa postérité» (v. 17), de la Femme, de Marie, ou encore de l'authentique Eglise, corps mystique du Christ. Suivant d'autres versions (Bible de Jérusalem): «contre le reste de ses enfants, ceux qui obéissent aux ordres de Dieu et possèdent le témoignage de Jésus (IESCHOUA, en hébreu)».

Chassés du ciel, tous les dieux, ou «anges-démons», sont donc «exilés» sur la terre (et son environnement) livrant un combat incessant - de manière visible et invisible - contre tous ceux qui restent fidèles à la Parole de Dieu, et contre l'Eglise du Christ, installée sur le Roc de Pierre et d'une manière plus mystique, dans le cœur de Jean, qui est le cœur du Christ. C'est un combat d'ordre spirituel qui parvient à son paroxysme actuellement, rendant les esprits confus et détachés de la foi, se laissant séduire par des doctrines de démons. Saint Paul à Timothée écrit: «Dans les temps à venir (les nôtres) certains abandonneront la foi, pour s'attacher à des esprits (ou démons) séducteurs et à des doctrines diaboliques enseignées par d'hypocrites imposteurs... car, dit-il encore aux fidèles qui sont à Ephèse: «ce n'est pas contre des adversaires de sang et de chair que nous avons à lutter, mais contre les Principautés, les Puissances, contre les Régisseurs de ce monde de ténèbres, contre les esprits du mal répandus dans l'air» (6: 11-12). Il s'agit donc bien des «démons de l'air », connus de la Grèce antique, dont Apollon (fils de Zeus) était «le prince de la puissance de l'air», dans le panthéon des dieux. Apollon est précisément nommé par Saint Jean dans son Apocalypse, désigné comme étant «l'Ange de l'Abîme», celui qui ouvre le «puits», d'où s'échappe une fumée comme celle d'une immense fournaise (souvent associée au feu et au soufre dans les textes bibliques) d'où surgirent des «sauterelles-démons» qui se répandirent sur toute la terre (... martyriser les hommes qui n'ont pas le sceau de Dieu sur leur front» (Apo. 9:1-11). Qu'est-ce que cela signifie? Si ce n'est qu'elles sont autorisées à séduire, pour les perdre spirituellement, tous ceux qui ne sont pas marqués du signe de la croix sur leur front, c'est-à-dire qui ne sont pas baptisés? non ouverts à la grâce sanctifiante?

Ce combat spirituel (et physique extérieurement) fait donc rage sur terre au fur et à mesure où la horde démoniaque, de Lucifer-Apollon, voit son délai parvenir à expiration, en ce temps de la miséricorde divine qui prend fin. Après que l'Evangile ait été prêché au monde entier, après que le dernier Exode de la Diaspora juive ait regagné Israël, venant de l'ex U.R.S.S., en 1989, date clé dans la chronologie eschatologique de Daniel, des 2520 ans (7 x 360), depuis le commencement du «temps des rois» (nations), sous le règne de Nabuchodonosor, quand Daniel eut à interpréter la «statue» du Songe, en l'an 603 av. J.C. Ce qui nous amène bien à 1917, marquant la fin du temps des nations, après l'Avertissement de La Sainte Vierge à Fatima, en 1917, marqué par les 2520 ans. Parallèlement, le retour d'Israël en Terre Promise durera aussi 72 ans: de 1917 à 1989. Or, 2500 ans avant notre époque, dans Ezéchiel (36:24), l'Éternel dit: «Je vous retirerai d'entre les nations, je vous rassemblerai **de tous les pays** et je vous emmènerai dans votre terre». Et plus précis encore, dans Jérémie (23: 3-8): «L'Eternel est vivant Lui qui a fait monter et qui a ramené la postérité de la Maison d'Israël **du pays du Septentrion** (Russie) et ils habiteront dans leur pays.»

A moins de faire mentir l'Ecriture, nous sommes bien parvenus au terme de la chronologie des temps, dans sa phase finale, où les hordes démoniaques, le sachant, œuvrent de toute leur puissance pour entraîner un maximum d'âmes à leur perte, avec elles, avant de réintégrer le «puits de l'abîme» d'où elles sont sorties. Avant le Jugement final, quand le livre du temps sera roulé comme un rouleau, en rappel du linceul du Christ, trouvé roulé dans le tombeau par Saint Jean, qui vit et crut.

Avec le retour des juifs en Palestine (terre des Philistins), la fin des 72 ans de communisme, de la guerre froide Est-Ouest (intentionnellement créée en vue d'atteindre la finalité du Plan en temps voulu, afin de transformer le communisme en mondialisme, **qui procède de la même idéologie** installée sur le fondement du culte de l'homme, de la créature à la place du Créateur), avec la chute du mur de Berlin (le symbole), s'accomplissait la prophétie des «sept temps» de Daniel: «Va, Daniel, car ces discours sont fermés et scellés **jusqu'au temps marqué...**» 1989 termine donc bien le temps de la fin des nations. D'ailleurs, deux années plus tard, le 17 janvier 1991, à 0h40 une guerre programmée éclata avec l'Irak contre le Koweït (ancienne Babylone, de surcroît), mettant en action les troupes alliées, du mondialisme, placées sous commandement américain; le but évident était de permettre à **George Bush d'officialiser le Nouvel Ordre Mondial.**

Nous sommes donc bien dans la phase finale du dessein de l'humanité; celle-ci se terminera sûrement par l'intervention des «hordes de l'invisible» dans le visible, au cours d'un troisième et dernier conflit planétaire, permettant à un gouvernement mondial de s'installer sous le règne de l'antéchrist. La perversité bat son comble, les ténèbres ont envahi les esprits. C'est le temps de la grande confusion et de l'égarement des esprits... ne sachant plus à quel saint se vouer. On ne croit plus ni à Dieu ni au diable, mais à la séduction et à la jouissance des biens matériels, répondant à la satisfaction des sens, et au faux spirituel (des sectes) pour combler le vide de l'âme. C'est encore écrit dans Daniel (12:4): «Daniel serre ces paroles et scelle le livre **jusqu'au temps de la fin.** Un grand nombre errera et l'iniquité grandira». Mais aussi (v. 10): «Les méchants ne comprendront point, les doctes comprendront».

D'autre part, si nous considérons que le temps des grandes tribulations commence à partir du moment où le **peuple juif retrouve une nation, en 1948**, (parallèlement, la même année de la découverte des manuscrits de Qumran), en correspondance des sept années de Tribulation de Daniel, il serait bien possible que 1997 soit l'année cruciale de la crise globale, du temps de détresse. Les sept années de Tribulation de Daniel peuvent également être mises en correspondance (d'inversion) des sept fois sept ans = 49 années qu'il aura fallu pour reconstruire Jérusalem et le deuxième temple (redétruit par Titus en l'an 70 de notre ère). Si on transpose ces 49 ans dans la restauration complète de l'état d'Israël, à partir de 1948, après la redistribution des «colonies» juives aux Palestiniens, nous parvenons en 1997, clôturant le temps de la Grande Tribulation, mais s'ouvrant sur une grande détresse. Il est en effet dit, dans Saint Matthieu (24:21) «qu'en ces temps (les nôtres) la détresse sera si grande qu'il n'y en aura point eu de pareille **depuis le commencement du monde** jusqu'à présent et qu'il n'y en aura jamais plus». Est-ce la disparition de la foi, cette grande crise spirituelle, mentionnée sans nul doute, dans le troisième Secret de Fatima, ou cette détresse serait-elle due - «pour qu'il n'y en aura point eu de pareille depuis le commencement du monde» - à un danger plus grand, inclus également dans «le Secret»? Conséquence d'un troisième conflit mondial? Un danger extérieur, venant de l'espace? Sans nul doute cela se dévoilera peu de temps avant qu'il n'arrive, mais qui pourrait survenir brutalement.

En tout cas, pour revenir à notre sujet de base, les OVNI (dont on ne peut détacher du contexte général), il nous paraît certain que l'assaut furieux des «hordes démoniaques» se livrera au sein du conflit mondial susceptible de s'engager, non plus dans le ciel, comme au commencement, mais sur la terre.

D'ailleurs, ce grand combat est parfaitement illustré dans l'Apocalypse de Saint Jean (16:13), où il est dit que «les démons qui font des prodiges, et vont vers les rois (nations) de toute la terre, afin de les rassembler pour **le combat du Grand Jour** du Dieu tout puissant». Il est ici question du «Jour de l'Éternel» qui mettra un terme au règne de Satan sur terre. Mais cette question fera l'objet d'une publication à part, qui suivra de peu cette «introduction en la matière».

L'Apocalypse de Saint Jean - qui ne l'oublions pas est le livre de La Révélation, qui se dévoilera quand l'Ecriture s'accomplira au «temps marqué» - trouve une singulière résonance avec les messages de La Salette et de Fatima. En fait, ces deux messages du ciel n'en font qu'un, et en cela le troisième Secret de Fatima se trouve sûrement également contenu dans celui de La Salette (qui a subi de fortes oppositions de l'Eglise au départ) marquant le terme des Avertissements par Celle qui terrassera le Dragon, en dernier lieu: le mal est entré dans le monde par la première Eve, et il sera vaincu par la nouvelle Eve. C'est pourquoi Elle vient avertir ceux de Sa postérité, ceux restés fidèles aux fondements de l'Eglise du Christ, qui auront cru à sa Parole de Vérité. Le 19 septembre 1846, Notre-Dame De La Salette vient effectivement conforter le «petit reste» (pour ce temps), «apôtres des derniers temps», déjà mentionné par Grignon de Montfort, disant: **«Combattez** enfants de lumière, vous petit nombre qui y voyez, car voici le **temps des temps, la fin des fins»**. Le Message de La Salette ne s'adressait pas pour la fin du 19ème siècle, comme certains tendent à le croire et ont cru ainsi enterrer le Message, mais bien pour cette fin des siècles. J'ai donné les raisons dans une analyse plus complète, en rapport avec l'Apocalypse de Saint Jean et l'Ecriture Sainte, d'une manière générale. En vérité, le Message de La Salette - dont on a tenté de rappeler, malgré les fortes oppositions des forces de l'ombre, à l'occasion du 150ème anniversaire, le 19 septembre 1996 - est un «Rappel» (comme celui de Fatima), de l'Apocalypse de Saint Jean. Un Rappel **et un Avertissement**, avant les calamités annoncées, et le châtiment divin dans la finalité. Ce rapprochement laisse d'ailleurs prétendre à une «Apocalypse Mariale», mais bien sûr, il n'y a qu'une Apocalypse, celle transmise à Patmos, à celui qui a pris la Mère du Christ avec lui, après La Passion.

Mais revenons au Message de Notre-Dame de La Salette: la plupart de ce qui est annoncé dans le Message est déjà accompli, ou en cours d'accomplissement, ce qui montre bien qu'il répond au temps actuel. Sous une autre description, les OVNI (abréviation d'une appellation en rapport avec la pensée moderne) y sont largement mentionnés, en étroite résonance avec les «sauterelles», sortant du «puits de l'abîme», déjà indiquées en Apo.9:1-11), c'est-à-dire des «antres infernaux», de l'Enfer, pour reprendre un terme plus conforme à la théologie catholique. Terme d'ailleurs employé par l'Apparition de La Salette, auprès des voyants, Mélanie et Maximin. N'en déplaise à ceux, de tendance protestante qui ne voient pas Marie dans l'accomplissement de l'Ecriture; Elle y est néanmoins, discrète. A Fatima, Elle nous dit «qu'à la fin Son Cœur immaculé triomphera». L'Ecriture dit que «La Femme», (Marie) écrasera la tête du Serpent. De même, toujours dans l'Apocalypse de Jean (12, 9 en rappel): «Le diable est descendu chez vous animé d' une grande fureur (v. 12) et il s' en alla faire la guerre contre ceux qui restaient de sa postérité (ou «lignée», suivant les traductions) (v. 17), de La Postérité de La Femme. L'Ecriture l'atteste. Sa postérité c'est l'Eglise, la vraie, du moins ce qu'il en reste à la fin des temps qui sont les nôtres. Cela dit, le passage qui nous intéresse, en premier lieu, du

Message en rapport direct du chap. 9, v. 1 à 6 de l'Apocalypse, est celui-ci: «En l'année 1864, Lucifer avec un grand nombre de démons seront détachés de l'Enfer: ils aboliront la foi peu à peu et même dans les personnes consacrées à Dieu: ils les aveugleront d'une telle manière, qu'à moins d'une grâce particulière ces personnes prendront l'esprit des mauvais anges». Dans Apo: «Le cinquième ange de l'Apocalypse sonna de la trompette; et je vis (Jean) une étoile qui était tombée du ciel sur la terre» (suivant le symbolisme biblique habituel, une «étoile» désigne un ange, ici certainement l'un des principaux démons aux ordres de Lucifer. Nous verrons plus loin qu'il est désigné sous le nom de «l'ange de l'abîme»: Apollon, **le précurseur** donc **de l'antéchrist**, dont parle également Notre-Dame de La Salette (Rappelons-nous aussi les excursions spatiales sur la lune (en 1969) curieusement nommées «Apollo», sous la présidence de John Kennedy), et on lui donna à cette étoile, la clef du puits de l'abîme. Elle ouvrit le puits de l'abîme (...) s'échappèrent sur la terre des sauterelles, et il leur fut donné un pouvoir (...) et on leur ordonna de nuire seulement aux hommes qui n'ont pas le sceau de Dieu sur leur front (...). Elles ont à leur tête, comme roi, l'ange de l'abîme, qui se nomme en grec «Apollyon». Reprenons le Message de Notre-Dame de La Salette: «les mauvais livres abonderont sur la terre, et les esprits de ténèbres répandront partout un relâchement universel pour tout ce qui regarde le service de Dieu; ils auront un très grand pouvoir sur la nature: il y aura des églises pour servir ces esprits. Des personnes seront transportées d'un lieu à un autre par ces esprits mauvais... etc.». **Toute cette partie du Message est accomplie**: les livres d'occultisme, entre autres se sont largement diffusés, des librairies spécialisées dans l'ésotéro-occulte se sont même ouvertes, les pratiques psychiques, le spiritisme, les contacts avec ces esprits, se sont développés; un très net engouement pour tout ce qui touche l'occulte. Quant aux églises, c'est-à-dire **les sectes,** pour servir ces esprits, il y en a plus de 300 en France officiellement répertoriées, surtout concentrées dans les villes. Leurs gurus sont «branchés» avec ces esprits. Des «personnes transportées d'un lieu à un autre par les esprits mauvais», nous en avons donné des exemples dans ce livre; les soi-disant «extraterrestres» sont donc bien ces «mauvais esprits». «On fera ressusciter des morts et des justes», poursuit le Message: Effectivement, le spiritisme moderne sait maintenant employer la «magie» de l'électronique pour faire parler, et apparaître en images (floues, il est vrai) des morts qui seront reconnus par leurs proches (transcommunication), en fait des esprits démoniaques. Nous en avons aussi parlé. «Il y aura en tous lieux des prodiges extraordinaires parce que la vraie foi s'est éteinte et que la fausse lumière éclaire le monde». Il fut un temps - plus particulièrement au cours des années 70 - où de nombreuses apparitions inexpliquées eurent lieu un peu partout, en France et dans le monde, pas seulement des OVNI, mais des formes bizarres; même la figure du Christ semblait se dessiner sur des murs en certains endroits. Ces prodiges étant d'ordre spécifiquement préternaturel, car le Message de La Salette précise: ... «parce que la vraie foi s'est éteinte et que la fausse lumière éclaire le monde.» Cette «fausse lumière» c'est celle d'une pseudo-spiritualité, véhiculée par les doctrines pernicieuses, depuis les sectes, les «nouveaux guides», les philosophies (et techniques) orientales, les médiums, faux prophètes, prêchant un autre Evangile, la gnose; toutes ces influences d'un «autre esprit», indiquant que l'homme peut se sauver par lui-même: «La sainte foi de Dieu, étant oubliée, chaque individu voudra se guider par lui-même».

Il faut croire que ce déclin moral et spirituel de la société humaine atteindra une crise grave globale, amenant un désordre sans mesure, perversion à tous les étages. Ce que nous entrevoyons déjà aujourd'hui, outre la drogue et les sectes touchant les plus jeunes et les plus fragiles, le terrorisme aveugle de groupes politiques ou religieux voulant imposer ses lois. Le Message de La Salette annonce alors une succession de fléaux et un châtiment universel, une «dernière guerre qui sera alors faite par les dix rois de l'antéchrist, lesquels rois auront tous un même dessein et seront les seuls qui gouverneront le monde». Il est ici fait allusion au troisième conflit mondial mené par dix états alliés à l'antéchrist, qui installeront un gouvernement mondial sur le chaos, afin d'instaurer le Nouvel Ordre du monde.

Cette partie du Message concorde parfaitement avec le premier combat eschatologique de l'Apocalypse de Saint Jean (Apo. 19:19): «Je vis alors la Bête, avec les dix rois de la terre et leurs armées rassemblées pour engager le combat contre le Cavalier (le «cheval blanc», verset 11) et son armée». De même au chap. 17:12: «Et ces dix cornes-là, ce sont dix rois (...) ils recevront un pouvoir royal pour une heure seulement avec la Bête (antéchrist) (...) Ils mèneront campagne contre l'Agneau», contre le Christ, tel qu'IL est ainsi désigné dans l'Apocalypse. Au chap. 16:14, c'est plus clair encore, à propos de trois esprits impurs qui sortent de la gueule du Dragon: «Ce sont des esprits démoniaques, des faiseurs de prodiges, qui s'en vont rassembler les rois du monde entier pour la guerre, pour le Grand Jour de Dieu», le fameux Jour de l'Eternel qui rassemblera toutes les nations alliées à l'antéchrist et coalisées contre Israël, qui est une **«pierre d'achoppement pour toutes les nations»**. Ils se rassembleront à Harmaguedon pour le dernier combat. «Voici la Bête avec ses sujets, se disant Le «Sauveur du monde», nous dit Notre-Dame de La Salette.

Il s' agit donc bien d'un conflit mondial de grande envergure qui verra engager les armes les plus modernes et destructives, **à flux d'énergie, laser, et certainement nucléaire**. Les OVNI dans tout cela? Eh bien, les initiés parlent aussi d'un combat qui aurait lieu entre les «bons» extraterrestres, alliés avec les puissances terrestres (avec les «dix rois?») contre les «gris», et aussi d'un «enlèvement des élus», dans d'immenses vaisseaux cosmiques antigravitationnels, suivant le «Plan Aquarius» (...). Or, «Aquarius» (le Verseau) était précisément le nom de code d'une organisation secrète américaine de l'U.S. NAVY; «Majestique» - M.J.12, créée en 1947 et constituée de 12 personnes chapeautées par un amiral. Cette organisation secrète aurait été mise sur pied à la suite de «l'incident de Roswell» la même année: le «crash» d'un engin «extraterrestre», dont on aurait récupéré les occupants... Certainement, on ne saura jamais si cette information est vraie ou si on laisse courir ces rumeurs pour intoxiquer les esprits. Néanmoins, elle entre bien dans le contexte ufologique... et comme on dit, il n'y a pas de fumée sans feu et il y a une raison à tout. Les puissances démoniaques ont très bien pu «construire» ce montage pour amener les autorités militaires U.S. à croire aux extraterrestres, en vue de préparer la finalité, sans doute proche, qui se traduira par la venue de l'antéchrist et de son «armée», allié aux «dix rois» (nations) qui instaureront leur gouvernement mondial totalitaire, et qui livreront le «combat du Grand Jour » (Apo. 16:14-15). Quoi qu'il en soit, 1947 marque le point de départ de l'intervention des OVNI dans l'actualité, depuis la célèbre observation de Kenneth Arnold, le 24 juin de cette même année. Certainement, toutes ces «mises en place» font partie d'un plan secret, en vue - soixante dix ans après - de nous préparer à une «présence extraterrestre, sachant par ailleurs qu'il existe aussi des «soucoupes volantes» de technologie terrestre, dérivées des prototypes construits par le troisième Reich, d'un autre ordre secret; le «groupe Vril» ayant travaillé sur des engins spaciaux, comme le V.7 («Vergeltungswaffe n° 7), mais aussi sur d'autres prototypes, très secrets, comme le A. 10 et le non moins mystérieux L.V.B., sans compter les travaux sur les champs magnétiques, effectués par des savants comme le Dr. Miethe. (...). Plusieurs questions se posent: que sont devenues ces recherches expérimentales? D'où venaient - sur quelles «inspirations» - ces connaissances de «technologie avancée», détenues par les savants allemands? Verra-t-on apparaître ces «technologies», se confondant aux OVNI d'origine différente, au cours du conflit eschatologique final, décrit dans les Ecritures, et dans l'Apocalypse en particulier?

Comme on le voit le «dossier OVNI» pose beaucoup de questions, il est le «fil d' Ariane» qui conduit aux interrogations fondamentales, mais qui trouvent leur limitation par le cerveau linéaire, rationnel. Pour comprendre l'envergure, titanesque, du problème, il faut sortir de l'enclos habituel, et surtout éviter les influences de l'information - ou désinformation - mensongères, qui ne conduisent qu'à l'intoxication des esprits, déjà si enténébrés et confondus par la fausse lumière, de l'esprit d'erreur:

*«Ne croyez pas à tout esprit; mais voyez par l'épreuve si les esprits sont de Dieu, car plusieurs faux prophètes sont venus dans le monde. Vous reconnaîtrez à ceci l'esprit de Dieu: tout esprit qui confesse Jésus-Christ venu en chair est de Dieu; et tout esprit qui ne confesse pas ce Jésus n'est pas de Dieu: c'est celui de l'antéchrist, dont on vous a annoncé la venue et qui maintenant est **déjà dans le monde** (...) celui qui est en **vous** est plus grand que celui qui est dans le monde».*

*(1 Jean 4: 1-6).*

Quant à moi, j'espère avoir donné les éléments suffisants de réflexion au lecteur, sur des fondements inhabituels, et en tout cas fort éloignés des vues ufologiques. Je pense d'ailleurs que cette «discipline», (l'ufologie), née de l'influence OVNI, parvenue à bout de souffle, après avoir épuisé toute la matière d'œuvre des thèses et théories possibles, est prête à célébrer ses obsèques, fixée comme elle l'est sur «l'énergie d'erreur », abusant de la naïveté et de la «stérilité spirituelle» de ses promoteurs. Certes, il est vrai que je fus moi-même induit en erreur, durant des années en étudiant le phénomène sur le terrain, pris dans son attraction. Comme je l'ai déjà dit, au début de ma démarche, il faut sortir de cet «aura» pour voir enfin l'arbre qui cache la forêt. Et encore faut-il que la Sainte Providence puisse agir, si Dieu le juge digne. Tout dépend de l'intention qui nous conduit à rechercher les questions sur nous- mêmes, à l'intérieur de nous-même, et dont finalement toutes les réponses sont enfermées dans le dépôt sacré de l'Ecriture. Si ce n'était vrai, les fausses doctrines sectaires, antichristique, n'utiliseraient pas cette source de Vérité, en la contrefaisant, en la falsifiant, en y opposant un Nouvel Evangile. Et du côté des entités OVNI, le grand manipulateur ne viendrait pas parodier le plan divin de salut des âmes. Le combat, le véritable combat c'est celui-là, invisible, mais il fait rage: la perdition spirituelle, de la mort éternelle des âmes, d'un côté, et Le Salut, pour la Vie éternelle des âmes, de l'autre. Puisse donc, la grâce divine, venir éclairer bien des âmes égarées dans les ténèbres de la «nébuleuse de l'occultisme», dont les OVNI sont, avant qu'elles ne tombent, **irréversiblement,** dans le puits de l'abîme.

Il existe tout un ensemble de faits convergents qui paraissent nous dire que nous aboutissons au «temps marqué» de Daniel, et de la Révélation de Jean. Dans ce dernier chapitre j'ai intentionnellement voulu introduire la question des OVNI dans le contexte eschatologique, convaincu que le phénomène ne s'inscrit pas seulement avec les «signes dans le ciel» et les «visions effrayantes», mentionnés par Saint Luc (21:11).

Les OVNI sont aussi ces «puissances de l'air» dont parle Saint Paul, les acteurs de l'invisible, du futur «Grand Coup», prophétisé par tous les grands mystiques de ces derniers temps, depuis le 17ème siècle, et dont avait aussi parlé l'Abbé Combe, dans son journal, après avoir vécu un certain temps près de la Bergère de la Salette. Seulement, il s'est fourvoyé dans son pronostic en pensant (comme Mélanie Calvat au début) que les évènements annoncés auraient lieu à la fin du 19ème siècle. Cette «marque d'erreur» a rassuré certaines autorités ecclésiastiques opposées à La Salette. N'oublions pas que dès la fin de l'année 1852, quelques années seulement après le Message, la plupart des cardinaux et évêques, de Lyon et de Grenoble notamment, entreprennent une offensive contre le «Secret de La Salette». Son occultation reste encore de nos jours, parmi les «modernistes». Preuve en est qu'actuellement, à La Salette même - devenue un grand lieu de pèlerinage - le «Secret» demeure complètement occulté... Comme l'est, par excellence, pour notre temps, le Message de Fatima (3ème secret), prolongation de celui de La Salette. Et, concernant Lourdes, Mélanie Calvat disait que si le «Secret» avait été reconnu, (en son temps) au lieu d'être rejeté et nié, tous les miracles de Lourdes auraient eu lieu à La Salette». Lourdes est donc un «substitut» de miséricorde. La Salette était le «Message salvateur». Seulement la conspiration satanique a exercé toute sa puissance pour qu'il ne soit pas connu. Nous sommes bien au temps de la Passion de l'Eglise, d'où le déclin du christianisme; nous connaissons sur quoi cela aboutira, selon l'Ecriture et Le

Livre de La Révélation de Jean qui ferme le Testament de La Nouvelle Alliance.

Le Message de La Salette-Fatima revêt donc une importance capitale au sein de la crise actuelle. Son «Secret» est rejeté, occulté par le Prince des ténèbres et ses «suppôts» sur terre. Il incarnera (possèdera) bientôt, en parodie, un fils d'homme pour se présenter en Sauveur, face à l'angoisse des peuples, qui attendent cet instant salvateur qui pourrait bien venir du ciel sur la «montagne sacrée», où toute la cohorte de ses élus seront appelés, répondant à la résonance vibratoire du lieu. Rappelons-nous le film de S. Spielberg (curieusement (?) son nom signifie «montagne du jeu»), jouant le rôle (comme Roy Thinnes, le David Vincent de «Les Envahisseurs» qui trouve son prolongement dans «Independence day», film de fiction - ou de conditionnement? - sur l'invasion de la terre par les «extraterrestres» sorti début juillet 1996 à l'occasion de la fête nationale des U.S.A.) non dérisoire dans la préparation psychologique des masses. Thèse et antithèse se confrontent comme il se doit: d'un côté les «envahisseurs», «méchants» extraterrestres en butte des «bons», sauveurs de l'humanité. Tout semble bien prêt pour l'ultime scénario de la finalité, dans la chronologie du temps de Daniel: L'intervention d'un antéchrist, **précurseur du vrai** - comme l'annonce Notre-Dame de La Salette - afin que le vrai soit réellement pris pour le Sauveur de l'humanité. C'est pourquoi le «Grand Coup» ne se réfère qu'aux prophéties privées; l'Ecriture ne pouvait contenir ce qui est apocryphe. Et que ce «Grand Coup» précèdera le «Grand Combat eschatologique» ou «Jour de l'Éternel». Ces évènements sont proches, les «hordes infernales» se trouvent désormais dans la nécessité de se découvrir dans le visible.

Nous comprenons que Notre-Dame de La Salette lance un ultime Avertissement - le dernier viendra du ciel - aussitôt occulté, repris par Notre-Dame de Fatima. La coupe déborde, la miséricorde divine a ses limites, nous entrons dans le temps de la justice divine, où tout ce qui est perverti tombera. Enfin, pour conclure, rappelons encore l'avertissement du Seigneur: «Je vomis les tièdes» (Apo. 3:15-16, voir aussi 22:15 et 21:8). Ce qui implique un engagement total, dans leur foi, les véritables chrétiens. «Seule la foi vivra», prévient Notre-Dame de La Salette. C'est là que réside toute l'Espérance de la délivrance - et de toute la nature en souffrance - car, pour ceux ayant su résister à toutes les séductions du «Maître de la terre», après ces dures épreuves, et le châtiment du ciel, vient le «Règne spirituel», où tout ce qui était perverti sera effacé. Non pas détruit, mais subira une restauration universelle, de l'humanité, de la création toute entière. Et cela, seule la Puissance de Dieu peut le faire. Que le lecteur non converti y réfléchisse avant qu'il ne soit trop tard, dans sa prise de position et engagement -conversion? - face aux bouleversements eschatologiques qui marqueront le «Jour de YHWH (yeoua).

Quant à ce qui concerne plus précisément les dits prétendus OVNI, ils sont à classer dans la catégorie des phénomènes extraordinaires sataniques; une puissance d'égarement, du point de vue de l'éclairage chrétien. Ils auront d'une certaine façon, tenu leur rôle au moment où l'humanité entrait dans l'ère spaciale nucléaire qui allait orienter les nations vers la nécessité d'instaurer le mondialisme sous l'autorité d'une oligarchie apatride régissant d'un plan en faveur d'un universalime, ou Nouvel Ordre Mondial, placé sous cette même autorité.

Jean-Michel LESAGE (juin 1996)

# BIBLIOGRAPHIE

«Le monde des esprits, anges et démons» - Arcivum angelicum, B. Marie Maréchaux, 1993.

«Le Monde Invisible», Lepicier.

«L'Imagination et les Prodiges, Mgr. E. Meric, 1905.
«Guerre à Satan», A.M.D.C., 1892.

«Contre les Hérésies», Irénée de Lyon, éd. du Cerf 1991.

«Défense et explication du secret de Mélanie de la Salette», publié en novembre 1879 par sœur Marie de la Croix.

«Bible de Jérusalem»

«Dictionnaire du symbolisme chrétien» par les Bénédictines de St Louis du Temple (1934-37).

«Le Grand Livre des OVNI», Pierre Delval, Ed. De Vecchi, 1976.

«Contact du 4ème type», Pierre Delval, Ed. De Vecchi, 1979.

Revue «OURANOS» et cahiers thématiques, archives de la C.E. OURANOS.

«La Séduction du Serpent», publie par la C.E. OURANOS.

«Le Diabolique secret des OVNI», publie par la C.E. OURANOS.

En complément de cette étude, il fut déjà publié:

- «Le Monde Occulte du Surréel Paraphysique», C.E. OURANOS, 1981 – (épuisé)
- «La Manipulation Occulte», J. M. Lesage, Ed. Atlantic, 1989
- «La Séduction du Serpent», J.M. Lesage C.E. OURANOS, 1995 (épuisé)
- «Le Diabolique Secret des OVNI», J.M. Lesage, C.E. OURANOS, 1995

Les «Cahiers d'OURANOS» sur des thèmes spécifiques d'études et de réflexion thématiques, service interne C.E. OURANOS.

La Commission d'Etudes OURANOS, issue de l'ex Commission d'Enquêtes Internationale, fondée en 1951, avait pour objectif de s'opposer à l'enténèbrement des esprits par le courant néo-spirituel et la poussée de l'occultisme en général, la manipulation psychique par les sectes et les pratiques occultes, les fausses connaissances ou fausses doctrines véhiculées par les «nouveaux guides» du New Age. La Commission a aujourd'hui cessé ses activités après plus de 70 ans d'enquêtes et de recherches.

Pour les lecteurs qui désireraient en savoir davantage sur les questions soulevées dans cet ouvrage, certaines de ces publications aujourd'hui épuisées peuvent être disponible de nos archives en format PDF. Documentation disponible sur demande, en prenant contact à l'adresse suivante:

Ouranos77@pm.me